CRIMINOLOGÍA E INVESTIGACIÓN FORENSE

DENISE GAUTHIER-DUMOIS, J. D.

CRIMINOLOGÍA E INVESTIGACIÓN FORENSE

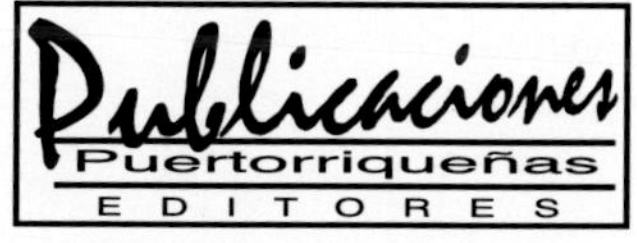

Créditos editoriales

Reimpresión edición 2010 (POD)

Segunda edición, 2003

Primera edición, 1998

ISBN 1-881713-64-4

Producido en Puerto Rico

Impreso en Publicaciones Puertorriqueñas, Inc.

Editor: palomares@publicacionespr.com
ANDRÉS PALOMARES

Diseño Tipográfico: gotay@publicacionespr.com
EVA GOTAY PASTRANA

Portada
EVA GOTAY PASTRANA

Publicaciones Puertorriqueñas, Inc.
Calle Mayagüez 46
Hato Rey, Puerto Rico 00919
Tel. (787) 759-9673 Fax (787) 250-6498
e-mail: pubpr@publicacionespr.com

INDICE

UNIDAD TERCERA
ETAPA INVESTIGATIVA

PRÓLOGO

En la segunda edición se incluyen nuevos temas de interés didáctico para los estudiantes, agentes de la uniformada policiaca, abogados criminalistas y a todo aquél que esté relacionado e interesado de una manera u otra con la criminología y la investigación forense. Para un investigador criminal debe ser un instrumento para la práctica.

Como referencia se han utilizado las Constituciones[1], las Leyes, las Reglas Procesales, la jurisprudencia, los distintos tratadistas y conocedores en el campo, los usos y las costumbres que se usan en nuestro país. Para un conocimiento macro del estudio de la criminología e investigación criminal, se hace referencia a otros países, su utilidad o su futura utilidad en Puerto Rico.

Para facilitar el estudio de la materia, el texto se divide en cuatro (4) unidades. La primera unidad incluye un capítulo que presenta el tema de criminología y como es la situación de la criminalidad en nuestra sociedad. Se explica la responsabilidad social y jurídica para controlar el gran problema que aqueja a nuestro pueblo y cómo debe ser la respuesta social a dicho problema. Se definen términos

---

1 Constitución del Estado Libre Asociado de Puerto Rico y la Constitución de los Estados Unidos. Ver Apéndice 2 y 3 de la misma edición.

como: crimen, criminología, justicia criminal y sus componentes e investigación criminal y cuál es la participación del investigador criminal.

En la segunda unidad se analiza la labor de un investigador en la escena del crimen tipos de tipos de registros, estimación de la hora en que falleció el occiso. La importancia de adquirir evidencia y preservarla hasta el momento en que sea admitida ante un tribunal.

En la tercera unidad se explican con detalle las etapas investigativas anteriores al arresto, a los interrogatorios y las admisiones.

La cuarta unidad nos lleva a la conclusión del proceso investigativo: el arresto. En este capítulo se ilustra la culminación del trabajo investigativo, y por eso es de vital importancia en el mismo hacer mención de nuestra Constitución como también de la Constitución de los Estados Unidos y de los principios procesales en la etapa del arresto. También se incluyen algunos procesos legales que se llevan a cabo en los tribunales. En esta última unidad podemos encontrar una breve información sobre la evolución del terrorismo y del Bioterrorismo, como algunas ventajas de los agentes biológicos y tipos de armas biológicas.

Para facilitar el estudio de la materia al finalizar cada capítulo se incluye una evaluación. La misma le servirá como referencia de los conocimientos adquiridos.

Se incluye como apéndice los cánones de ética policíaca, los cuales deben ser leídos con detenimiento. Y la Constitución del Estado Libre Asociado de Puerto Rico de los Estados Unidos.

Como mención de reconocimiento por la ayuda recibida durante la preparación de este libro educativo, deseo agradecer a la Policía de Puerto Rico especialmente al Negociado de Servicios Técnicos División de Estadísticas. Y a la división de Huellas Dactilares y Fotografías. A mis estudiantes, quienes fueron mi inspiración, si a los profesores y colegas compañeros de la profesión legal por sus correcciones al trabajo. A los doctores Aracelis Ortiz y Carlos Sariol. También deseo agradecer a mi familia y muy especialmente a mi hija Beatriz Irizarry por su eterno amor y apoyo. Ami padre el Dr. Rodulfo Gauthier, autor del capítulo de Bioterrorismo.

PRIMERA UNIDAD

CRIMINALIDAD Y RESPONSABILIDAD JURÍDICA

LA CRIMINALIDAD

La misteriosa muerte de Lucía Feliciano, una adolescente de apenas 15 años, es uno de los crímenes que ocurren con frecuencia en Puerto Rico.

Aparece en los periódicos diarios de más circulación en el mercado; "Matan a Fulano de Tal en...", "Puerto Rico la Capital del Crimen", y así vemos cómo la actividad criminal crece y crece sin límite ninguno. Las estadísticas no son alentadoras. Y es entonces cuando nos preguntamos, ¿por qué ocurren los crímenes y cómo los podemos prevenir? Ver Datos Estadísticos de la Policía de Puerto Rico, al final del capítulo.

Para obtener una respuesta a la anterior pregunta primero tenemos que definir términos como criminalidad, criminal, crimen y delito. Definimos primeramente el término crimen debido a que los demás términos se derivan de este. El crimen es uno de los problemas más antiguos con los que, los seres humanos nos hemos enfrentado. Este es una ofensa muy grave contra la moral o la ley, castigada por las leyes o reprobada por la conciencia. A pesar de lo simple que parece este significado, es extraordinariamente difícil por su amplitud. El diccionario Webster's New Universal Unabridge Dictionary (New York, 1972) nos provee cuatro significados útiles para el termino crimen. Estos son los siguientes:

1. un acto cometido en violación a una ley que lo prohibe, o una omisión en violación a una ley

que así lo ordena; su comisión puede conllevar distintas formas de penas o restricciones.

2. una violación extrema de la ley; de naturaleza criminal, como lo sería una traición, la cual afecta a un grupo de personas y no solamente los derechos de una sola persona; esta se puede distinguir de un delito menos grave[1].
3. una ofensa en contra de la moral; un pecado.
4. los actos de un criminal[2].

Si excluimos la cuarta definición, la cual define él termino crimen como los actos que comete un criminal, por lo que define como criminales a todo aquel que comete un crimen. Nos restan dos posiciones básicas del concepto criminal:

1) Una ofensa grave castigada por las leyes y,
2) un crimen es una ofensa contra la moral y reprobada por la conciencia.

En el concepto del crimen en donde nos explica que un crimen puede ser *malum in se,* esto es inherentemente malo. U otros en donde la ofensa no es básicamente inmoral, es que simplemente el Estado que la regula, la hace mala.

Podemos concluir que el acto criminal, es un acto u omisión el cual el estado condena, el cual podría tener o debería tener una dimensión ética o moral.

---

[1] El Código Penal nos clasifica los delito en menos graves y en graves. Es delito menos grave todo aquel que apareja pena de reclusión por un término que no exceda de seis meses y/o de una multa quinientos dólares, o ambas penas a discreción del tribunal. 33 L.P.R.A. sec. 34-37.

[2] Distinguir entre el concepto criminal y delincuente. Un delincuente, es aquella persona que comete un delito. Por lo que delincuente puede ser cualquiera de nosotros.

Criminal significa que pertenece al crimen, es todo aquel que de una manera u otra está involucrado en el acto u omisión.

Criminalidad es la calidad o circunstancia que hace una acción criminosa. Por último delito es una culpa, ofensa o quebrantamiento de la Ley.[3]

Estos términos están interrelacionados entre sí y todos se derivan de la ciencia descriptiva conocida como, criminología. Todos son necesarios para entender los componentes del Sistema de Justicia Criminal.[4]

Un Sistema de Justicia Criminal es un conjunto de componentes que se interrelacionan para intervenir en una forma justa y equitativa en el proceso que se sigue contra una persona imputada de algún delito.[5]

Dicho supuesto de que se interviene de una forma justa y equitativa, al que nos referimos anteriormente es nada menos que el término **justicia**.

Podemos decir que justicia es dar a cada cual lo que le pertenece. La misma surge del derecho, de la razón y de la equidad. Según Platón, en **La República**, justicia es dar a cada uno lo que es debido. Así la justicia establece formas de recompensas y de castigos o lo que tanto hemos oído: derechos y deberes (obligaciones).

Los derechos y deberes de un pueblo se basan en sus valores, en la moral, en las costumbres y en la ética. De estos principios normativos de los individuos que conviven, es

---

[3] Ignacio Rivera García, *Diccionario de Términos Jurídicos,* p. 57 y 64, 1976.

[4] Luis Marco del Pont, *Derecho Penitenciario,* p. 23, 1995.

[5] Definición de sistema - es un conjunto de reglas o principios sobre una materia enlazados entre sí. Ignacio Rivera García, *Diccionario de Términos Jurídicos,* p. 267, 1976.

que surge que algunos actos sean antijurídicos y otros no, dependiendo de la sociedad en que viven.

Estos principios normativos se desarrollan con una noción dinámica del tiempo histórico y el espacio geográfico en que vivimos. Con el florecimiento de la civilización dichos actos anti-jurídicos se comenzaron a penalizar y se desarrolló el término criminal. Este se desarrolla de las experiencias condicionadas por la sociedad y por las actitudes culturales. Por ejemplo, vamos a considerar el acto de asesinar (con *mens rea* —estado mental intencional—) a otro ser humano, en nuestra sociedad este inferir este tipo de acto seria uno penalizable y mal visto. Sin embargo en sociedades primitivas se utilizaba como una retribución privada o una venganza. Actualmente algunas otras culturas como por ejemplo en Arabia Saudí una persona que cometa un asesinato la familia tiene potestad de pedir la muerte de esa persona y la forma que debe ser asesinado.

Otro factor que se toma en consideración al medir la naturaleza del acto lo es, el estado mental de la persona, si esta padece de su capacidad mental, ya sea por locura o por incapacidad mental, al momento de cometer el acto. La sociedad tiende a ser más leniente con estas personas aunque el resultado delictivo fue el mismo, una muerte.

Otro ejemplo podría serlo el canibalismo, practicado por tribus actuales en nuestra civilización occidental esto podría ser calificado como una barbarie y juzgado por un tribunal. Pero considerando todas las posibilidades y las distintas situaciones que se pueden dar entre los seres humanos, incluso en nuestra sociedad, podemos llegar a considerar el canibalismo e incluso aceptarlo. En 1884, aunque parezca lejano la ocurrencia de los hechos que narraré, en la época en que sucedieron, el canibalismo no era una práctica en Inglaterra. En este sentido el ejemplo lo considero útil para la explicación actualizada dos siglos después. Este es el caso conocido como *Queen v. Dudley and Stephens*, decidido por la Corte Suprema de Inglaterra. Los hechos acaecidos son los siguientes; tres hombres ingleses y un niño se encontraban en el medio del océano perdidos en un barco salvavidas sin provisiones, después de un rato estos confrontaron la realidad de que pronto se morirían si no hallaban una forma de poder alimentarse. También era obvio que el más joven del grupo moriría primero, así que dos de los hombres le dieron muerte cortándole el cuello con un cuchillo. Los tres hombres se alimentaron con la carne y bebieron de la sangre. Fueron rescatados un día después de que habían consumido por completo al joven. La corte declara culpable de asesinato a los dos hombres que mataron al niño. Varias preguntas nos debemos hacer en este caso: ¿Él haber matado al joven fue por preservar la especie y no existía ningún motivo maligno al hacerlo, por lo cual fue correcta la decisión? También vemos que el territorio en donde se toman las decisiones es importante, si estos mismos hechos los hubiera juzgado una corte en una tribu caníbal, ¿cual usted cree que hubiera sido la determinación del rey caníbal de la tribu?

EL DELITO

El delito es el acto que da comienzo al proceso penal.[6]

El Delito, según el art. 9 del Código Penal vigente en Puerto Rico, se define como, "el acto cometido u omitido en

[6] Se refiere al "conjunto de los actos regulados por la ley procesal y dirigidos a conseguir la decisión del juez acerca de la imputación de un delito y acerca de todas las particulares relaciones que de él dependen y que exigen igualmente la intervención y decisión judicial. (Sabatini, Principi, p. 6).

violación de alguna ley que lo prohibe u ordena, aparejando, al ser aprobado, alguna pena o medida de seguridad". 33 L.P.R.A. Artículo 9.

La referida ley especifica qué actos son antijurídicos (delitos) para que así el violador o infractor de las mismas las conozca, por estos mismos actos son por los que la Policía de Puerto Rico podrá detener a un sospechoso.[7] En teoría, cuando un agente de la Policía de Puerto Rico detiene a una persona debe conocer el Código Penal de Puerto Rico que contiene los delitos y los clasifica según su naturaleza. Tiene que tener una definición precisa del comportamiento criminal del sospechoso por el cual lo detuvo, así como todo tipo de evidencia necesaria para identificar al sospechoso con el delito cometido o su tentativa.[8] De ese modo, en su día, se podrá enjuiciar al sospechoso ante un tribunal imparcial.

EL CONTROL

¿Quién o quiénes son los responsables de mantener o establecer un control con relación a la creciente tasa de criminalidad en Puerto Rico?

El poder controlar la criminalidad en Puerto Rico apareja o supone que varios programas o instituciones operen armónicamente a los fines de obtener algunos logros o metas en común. Para que todos estos programas e instituciones logren un mismo fin, hace falta un encargado principal

[7] 33 L.P.R.A. art. 8.

[8] El Código Penal establece de manera normativa las penas y medidas de "seguridad". Tentativa: El Art. 26 del Código Penal define la tentativa, como una acción u omisión inequívocamente dirigida a la ejecución de un delito, el cual no se consuma por circunstancias ajenas a su voluntad.

que establezca los medios, métodos y procedimientos en los cuales se debe enfocar la búsqueda, para solucionar o aliviar el problema de la criminalidad o del crimen en Puerto Rico.

Así pues, el **primordial** encargado de controlar la criminalidad es el Gobierno. Gobierno es el órgano colegiado formado por el Presidente de Gobierno, el Vicepresidente, o vicepresidentes, en su caso los Ministros y los demás miembros que establezca la Ley.[9]

Esto no significa que es únicamente un problema que atañe al Gobierno; la criminalidad es una calamidad y un problema que afecta a la comunidad entera. El alto crecimiento en la incidencia criminal es indicativo de problemas y deficiencias en las agencias policiales, en las escuelas, en las iglesias, en las agencias de servicios sociales y en otras instituciones.

Por lo que la sociedad como unidad o conjunto tiene que comenzar a actuar creando **conciencia** de sus propios males e ir trabajando con ellos para combatirlos o modificarlos.

Todo Gobierno crea unos parámetros de actuación y dichos parámetros se basan en la sociedad misma. Es la sociedad por medio de sus valores, creencias, costumbres y moral la que crea las leyes que regulan a toda una comunidad.[10] La gran mayoría de la comunidad seguirá y estará dispuesta a regirse por las leyes creadas, porque estas son una respuesta a necesidades tales como: la cultura, la idiosincrasia, y la religión que son los componentes del ser

---

[9] Espasa Calpe, *Diccionario Jurídico Espasa,* p. 458, 1991.

[10] Una comunidad organizada la denominamos como el Estado. Estado es una comunidad organizada en un territorio definido y garantizado por un poder jurídico, autónomo y centralizado, que tiende a realizar el bien común en el ámbito de esa comunidad. id. p. 387.

humano como individuo social que tiene una necesidad intrínseca de convivencia. Para que esa convivencia pueda efectuarse de una manera ordenada, se necesita entonces que esos parámetros establecidos a los cuales se les ha llamado leyes, estén al día con las realidades sociales y sicológicas de un pueblo en determinado momento.

El proceso de creación de parámetros es uno dividido pero al mismo tiempo unificado y balanceado, ya que está concebido al amparo de un sistema republicano de gobierno fundamentado sobre los pilares de la interacción de sus tres ramas. Tres ramas con distintos poderes conferidos por nuestra Ley Suprema, la Constitución del Estado Libre Asociado de Puerto Rico. Constitución del Estado Libre Asociado art. II, IV y V.[11]

Todos estos poderes que trabajan acordes para erradicar o luchar en contra de la criminalidad y establecer justicia, es lo que llamaremos el **Sistema de Justicia de lo Criminal.**

SISTEMA DE JUSTICIA DE LO CRIMINAL

El sistema de justicia de lo criminal es el conjunto de componentes que se relacionan para intervenir en el procesamiento justo y equitativo que se sigue en contra de la persona imputada del, o de los delitos.

Podemos decir, que ese sistema consta de cuatro(4) componentes importantes.

El **primero** que discutiremos es el **ordenamiento judicial** que constituye el marco de operación del Derecho

[11] Se recomienda la lectura de dichos artículos de nuestra Constitución, para poder conocer los poderes específicos que se le confieren a cada una de dichas ramas.

Procesal Penal.[12] Su creación y sus poderes emanan de la Constitución de Puerto Rico, específicamente del artículo V secs. 1, 2, 3, 5 y 7, entre otros. Al mismo se le llama Tribunal General de Justicia y le corresponde juzgar y entender las causas criminales, al mismo tiempo que dilucidar y poner fin a las controversias que surjan entre las partes.

El Tribunal General de Justicia se compone de mayor a menor grado jerárquico, del Tribunal Supremo de Puerto Rico, que es el tribunal de última instancia y el único que crea nuestra Constitución, pues los demás tribunales son establecidos por las leyes[13]; el Tribunal de Circuito de Apelaciones, que es el tribunal intermedio apelativo; y el Tribunal de Primera Instancia, donde se inician los procedimientos.[14]

Al oír hablar de tantos tribunales, tenemos que pensar en los mismos de una manera piramidal, ya que uno no puede existir sin el anterior, pero cada uno desempeña una función específica. (Ver Diagrama 1)

Lo que significa, expresándonos jurídicamente, es que el Tribunal General de Justicia es uno unificado con jurisdicción para entender todo tipo de controversia que se le presente. Es decir, todos los tribunales de justicia de Puerto Rico podrán interpretar los derechos fundamentales que emanan de las siguientes leyes, según su orden preferente: la Constitución de los Estados Unidos

---

[12] El Derecho Procesal - determina el camino a seguir, desde el investigador hasta el juzgador de los hechos incluso al momento de la sentencia. Esto es así, ya que, el Derecho Procesal es el conjunto de normas para aplicar la ley sustantiva.

[13] Constitución del Estado Libre Asociado art. V, Poder Judicial.

[14] Para conocer la naturaleza, composición, competencia, organización y los sueldos de los distintos jueces, se puede utilizar como referencia la Ley número 11 del 24 de junio de 1952, según enmendada (1994).

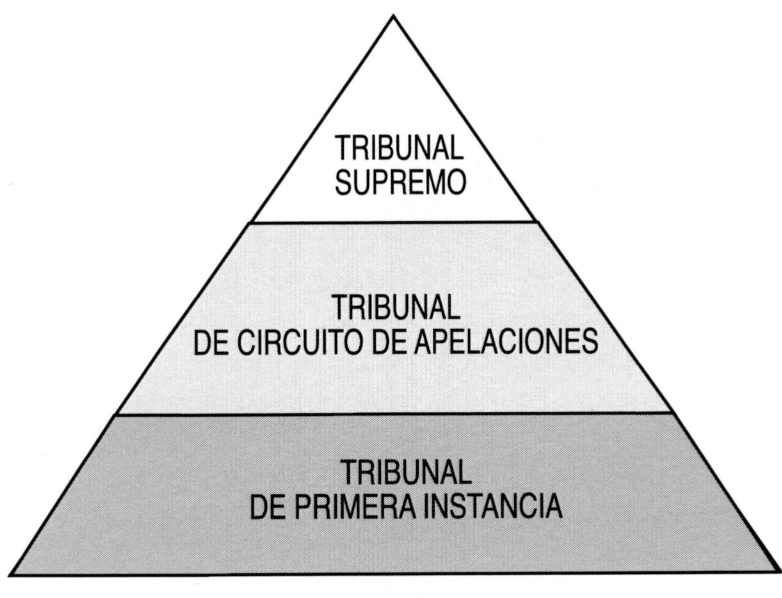

Diagrama 1

de América[15], la Constitución del Estado Libre Asociado de Puerto Rico, las leyes creadas por la legislatura de Puerto Rico, la jurisprudencia (la casuística que establece un precedente legal) y los reglamentos u ordenanzas. Se llama **jurisdicción** a la autoridad y al poder soberano de los tribunales para poder aplicar las anteriores mencionadas leyes, al adjudicar casos y tramitar asuntos controvertibles (cualquier delito cometido en su territorio - según definido en el Art. 3 Código Penal de Puerto Rico, con efectos en Puerto Rico o cometido por un funcionario en cumplimiento de su deber, según el Art. 2 del Código Penal de Puerto Rico). Un ejemplo de jurisdicción es que cualquier acto, sin

[15] Constitución de Los Estados Unidos de América - obliga en cuanto a derechos fundamentales de las personas, pero tiene fuerza persuasiva en todo lo demás.

importar donde se cometiere el mismo, podrá ser visto en cualquier tribunal de Puerto Rico.

En la realidad práctica, la tramitación de los casos se hace de una manera ordenada a través de los tribunales, y a este concepto se le llama **competencia.** Un ejemplo de competencia es que los casos, excepto los recursos extraordinarios, como por ejemplo el Hábeas Corpus o un Recurso de Certiorari, comenzarán a ventilarse en el Tribunal de Primera Instancia.

Por lo tanto, todos los tribunales de Puerto Rico, constituirán un sistema judicial unificado en lo concerniente a jurisdicción, funcionamiento y administración.

Como dijimos, la operación contra el crimen es una unificada. Por eso, a través del poder de legislación, se han creado otros sistemas para establecer una justicia de lo criminal.

Estos son:

1. la Policía de Puerto Rico,
2. la Fiscalía y
3. Sistema de Correción.

El segundo componente lo es, La Policía de Puerto Rico, una gran institución creada en Puerto Rico desde el pasado siglo, la cual ha ido madurando hasta crearse la actual Policía de Puerto Rico, mediante la Ley número 53 del 10 de junio de 1996, enmendada en septiembre de 1997. La citada ley en su Artículo 3 señala: "Se crea en el Estado Libre Asociado de Puerto Rico un organismo civil de orden público que se denominará 'Policía de Puerto Rico' y cuya obligación será proteger a las personas y a la propiedad, mantener y conservar el orden público, observar y procurar la más absoluta protección de los derechos civiles de los ciudadanos, prevenir, descubrir, **investigar** y perseguir el delito; y dentro de la esfera de sus atribuciones, compeler obediencia a las leyes y ordenanzas municipales y reglamentos que conforme a esta se promulgen".

Pero sus responsabilidades son aun más amplias, ya que el propio reglamento de Personal de la Policía enumera en su sec. 5.2 del artículo 5 once (11) deberes y responsabilidades que no hemos mencionado anteriormente y de las que incluimos las siguientes:

- observar en todo momento una conducta ejemplar
- tomar las providencias necesarias para garantizar la protección de los que así la requieran
- tratar cortésmente al público y prestar la debida ayuda a las personas que la requieran
- prestar la debida protección al pueblo reunido legalmente para cualquier fin lícito
- obedecer las órdenes legalmente emitidas por sus superiores
- ser puntual en sus compromisos oficiales y diligentes en el cumplimiento de su deber
- actuar siempre de una manera ecuánime, serena y justa.
- orientar y aconsejar al público sobre el mejor cumplimiento de la ley, así como sobre lo que concierne a la seguridad pública.

Podemos resumir que, dicha institución tiene las siguientes funciones: proteger a los ciudadanos y sus propiedades dentro del territorio de Puerto Rico, ayudar en la prevención del crimen y en el esclarecimiento de los mismos y hacer cumplir las leyes por medio de los agentes policíacos.

En la etapa investigativa su rol es muy importante, ya que recopilan la información necesaria para relacionar al actor de los hechos delictivos con los resultados: el delito.

Para que la Policía de Puerto Rico pueda cumplir con las referidas responsabilidades enumeradas, se establece una organización funcional y administrativa. Puede verse la composición de esa organización en el diagrama provisto por la Policía de Puerto Rico.

La evidencia que se va acumulando será utilizada posteriormente por el tribunal, cuando se celebre un juicio que deberá ser justo e imparcial y al que tiene derecho todo acusado. La fiscalía se encargará de llevar esa evidencia al tribunal.

El tercero es, el Ministerio Público es un funcionario adscrito al Departamento de Justicia, el cual es nombrado por el Gobernador de Puerto Rico con consentimiento y consejo del Senado.

Su poder se deriva de la Constitución del Estado Libre Asociado de Puerto Rico, de su sección 4, artículo IV, y consagra el deber del Primer Ejecutivo cuando menciona que el mismo tendrá el deber de *"cumplir y hacer cumplir las leyes"*. El Primer Ejecutivo de nuestro país cumple con este deber a través del Secretario de Justicia de Puerto Rico. Por esa razón, este funcionario, a tenor con el artículo 64 del Código Político, desempeña las siguientes funciones:

> *"representará al Estado Libre Asociado de Puerto Rico, bien personalmente o por medio de auxiliares o cualquiera de los fiscales, en todas sus demandas y procesos civiles o criminales en que fuere parte; y cuando fuere requerido por el Gobernador o por cualquier jefe de Departamento, podrá también, ante cualquier Tribunal, o cualquier*

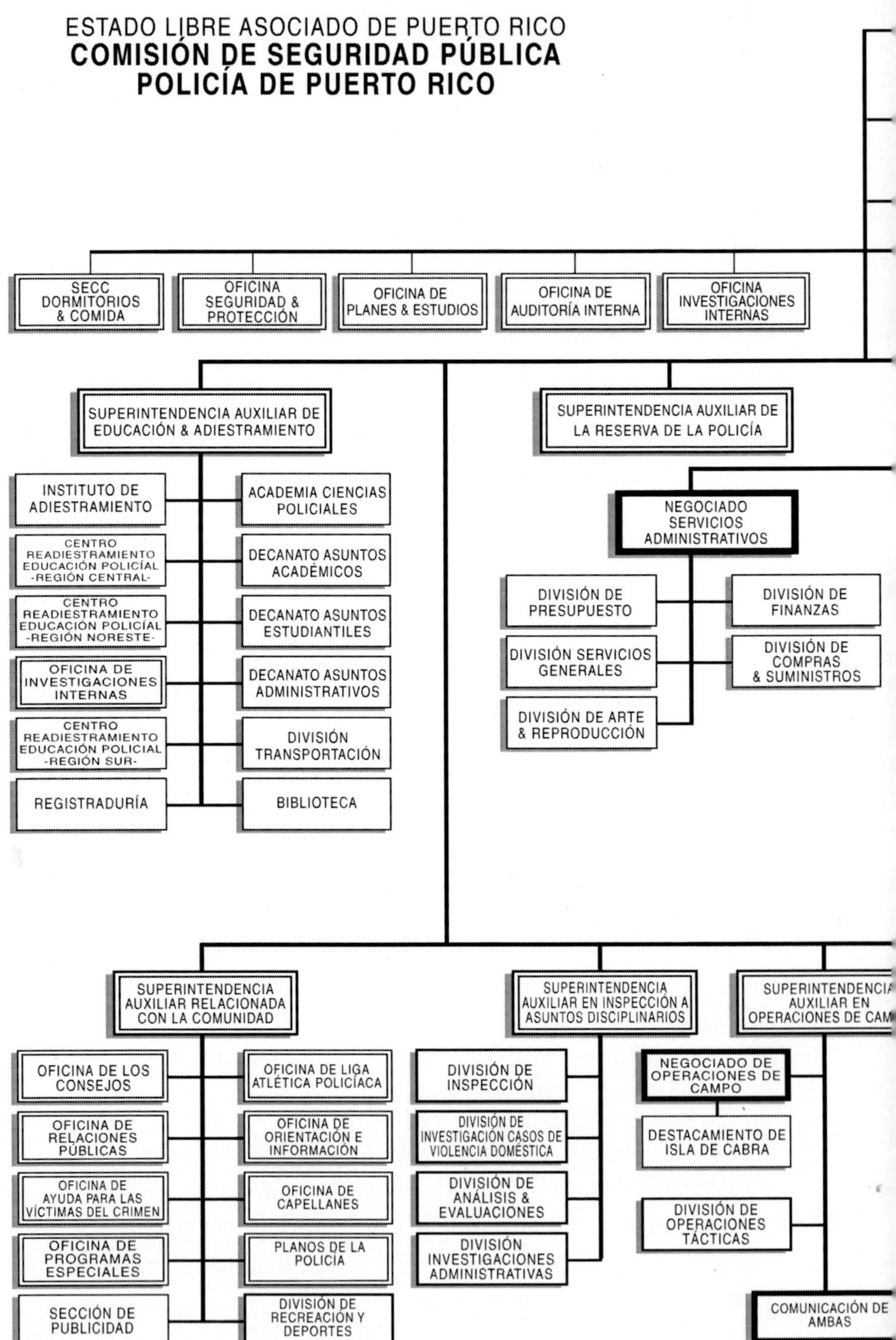
ESTADO LIBRE ASOCIADO DE PUERTO RICO
COMISIÓN DE SEGURIDAD PÚBLICA
POLICÍA DE PUERTO RICO
SECC DORMITORIOS & COMIDA
OFICINA SEGURIDAD & PROTECCIÓN
OFICINA DE PLANES & ESTUDIOS
OFICINA DE AUDITORÍA INTERNA
OFICINA INVESTIGACIONES INTERNAS
SUPERINTENDENCIA AUXILIAR DE EDUCACIÓN & ADIESTRAMIENTO
INSTITUTO DE ADIESTRAMIENTO
CENTRO READIESTRAMIENTO EDUCACIÓN POLICÍAL -REGIÓN CENTRAL-
CENTRO READIESTRAMIENTO EDUCACIÓN POLICÍAL -REGIÓN NORESTE-
OFICINA DE INVESTIGACIONES INTERNAS
CENTRO READIESTRAMIENTO EDUCACIÓN POLICIAL -REGIÓN SUR-
REGISTRADURÍA
ACADEMIA CIENCIAS POLICIALES
DECANATO ASUNTOS ACADÉMICOS
DECANATO ASUNTOS ESTUDIANTILES
DECANATO ASUNTOS ADMINISTRATIVOS
DIVISIÓN TRANSPORTACIÓN
BIBLIOTECA
SUPERINTENDENCIA AUXILIAR DE LA RESERVA DE LA POLICÍA
NEGOCIADO SERVICIOS ADMINISTRATIVOS
DIVISIÓN DE PRESUPUESTO
DIVISIÓN SERVICIOS GENERALES
DIVISIÓN DE ARTE & REPRODUCCIÓN
DIVISIÓN DE FINANZAS
DIVISIÓN DE COMPRAS & SUMINISTROS
SUPERINTENDENCIA AUXILIAR RELACIONADA CON LA COMUNIDAD
OFICINA DE LOS CONSEJOS
OFICINA DE RELACIONES PÚBLICAS
OFICINA DE AYUDA PARA LAS VÍCTIMAS DEL CRIMEN
OFICINA DE PROGRAMAS ESPECIALES
SECCIÓN DE PUBLICIDAD
OFICINA DE LIGA ATLÉTICA POLICÍACA
OFICINA DE ORIENTACIÓN E INFORMACIÓN
OFICINA DE CAPELLANES
PLANOS DE LA POLICIA
DIVISIÓN DE RECREACIÓN Y DEPORTES
SUPERINTENDENCIA AUXILIAR EN INSPECCIÓN A ASUNTOS DISCIPLINARIOS
DIVISIÓN DE INSPECCIÓN
DIVISIÓN DE INVESTIGACIÓN CASOS DE VIOLENCIA DOMÉSTICA
DIVISIÓN DE ANÁLISIS & EVALUACIONES
DIVISIÓN INVESTIGACIONES ADMINISTRATIVAS
AUXILIAR EN
OPERACIONES DE
NEGOCIADO DE OPERACIONES DE CAMPO
DESTACAMIENTO DE ISLA DE CABRA
DIVISIÓN DE OPERACIONES TÁCTICAS
COMUNICACIÓN DE AMBAS

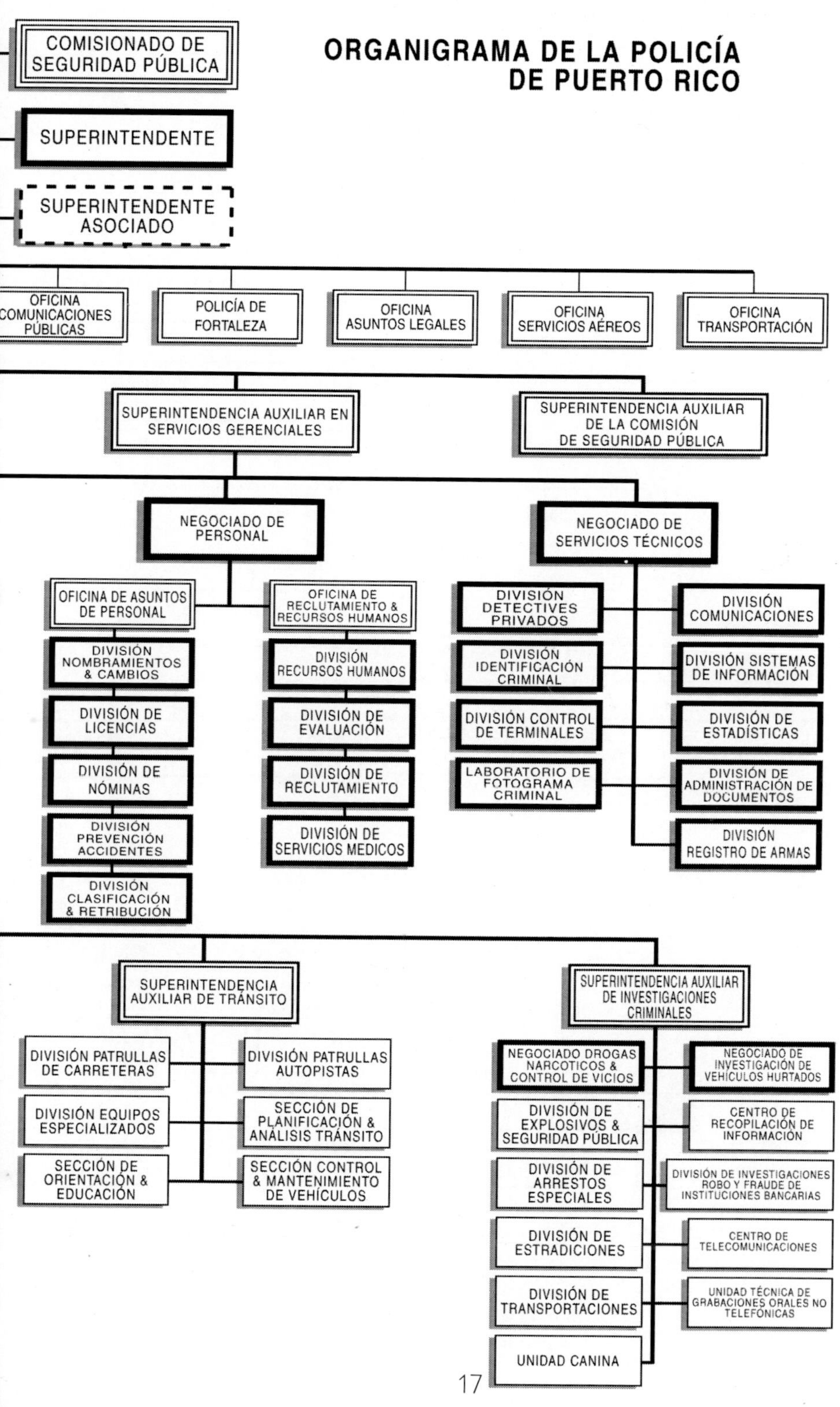
ORGANIGRAMA DE LA POLICÍA DE PUERTO RICO
COMISIONADO DE SEGURIDAD PÚBLICA
SUPERINTENDENTE
SUPERINTENDENTE ASOCIADO
OFICINA COMUNICACIONES PÚBLICAS
POLICÍA DE FORTALEZA
OFICINA ASUNTOS LEGALES
OFICINA SERVICIOS AÉREOS
OFICINA TRANSPORTACIÓN
SUPERINTENDENCIA AUXILIAR EN SERVICIOS GERENCIALES
SUPERINTENDENCIA AUXILIAR DE LA COMISIÓN DE SEGURIDAD PÚBLICA
NEGOCIADO DE PERSONAL
NEGOCIADO DE SERVICIOS TÉCNICOS
OFICINA DE ASUNTOS DE PERSONAL
OFICINA DE RECLUTAMIENTO & RECURSOS HUMANOS
DIVISIÓN NOMBRAMIENTOS & CAMBIOS
DIVISIÓN DE LICENCIAS
DIVISIÓN DE NÓMINAS
DIVISIÓN PREVENCIÓN ACCIDENTES
DIVISIÓN CLASIFICACIÓN & RETRIBUCIÓN
DIVISIÓN RECURSOS HUMANOS
DIVISIÓN DE EVALUACIÓN
DIVISIÓN DE RECLUTAMIENTO
DIVISIÓN DE SERVICIOS MEDICOS
DIVISIÓN DETECTIVES PRIVADOS
DIVISIÓN IDENTIFICACIÓN CRIMINAL
DIVISIÓN CONTROL DE TERMINALES
LABORATORIO DE FOTOGRAMA CRIMINAL
DIVISIÓN COMUNICACIONES
DIVISIÓN SISTEMAS DE INFORMACIÓN
DIVISIÓN DE ESTADÍSTICAS
DIVISIÓN DE ADMINISTRACIÓN DE DOCUMENTOS
DIVISIÓN REGISTRO DE ARMAS
SUPERINTENDENCIA AUXILIAR DE TRÁNSITO
DIVISIÓN PATRULLAS DE CARRETERAS
DIVISIÓN EQUIPOS ESPECIALIZADOS
SECCIÓN DE ORIENTACIÓN & EDUCACIÓN
DIVISIÓN PATRULLAS AUTOPISTAS
SECCIÓN DE PLANIFICACIÓN & ANÁLISIS TRÁNSITO
SECCIÓN CONTROL & MANTENIMIENTO DE VEHÍCULOS
SUPERINTENDENCIA AUXILIAR DE INVESTIGACIONES CRIMINALES
NEGOCIADO DROGAS NARCOTICOS & CONTROL DE VICIOS
DIVISIÓN DE EXPLOSIVOS & SEGURIDAD PÚBLICA
DIVISIÓN DE ARRESTOS ESPECIALES
DIVISIÓN DE ESTRADICIONES
DIVISIÓN DE TRANSPORTACIONES
UNIDAD CANINA
NEGOCIADO DE INVESTIGACIÓN DE VEHÍCULOS HURTADOS
CENTRO DE RECOPILACIÓN DE INFORMACIÓN
DIVISIÓN DE INVESTIGACIONES ROBO Y FRAUDE DE INSTITUCIONES BANCARIAS
CENTRO DE TELECOMUNICACIONES
UNIDAD TÉCNICA DE GRABACIONES ORALES NO TELEFÓNICAS

ESTADO LIBRE ASOCIADO DE PUERTO RICO
POLICIA DE PUERTO RICO
COMANDANCIA DE ___________

ORGANIGRAMA AREA DE ________

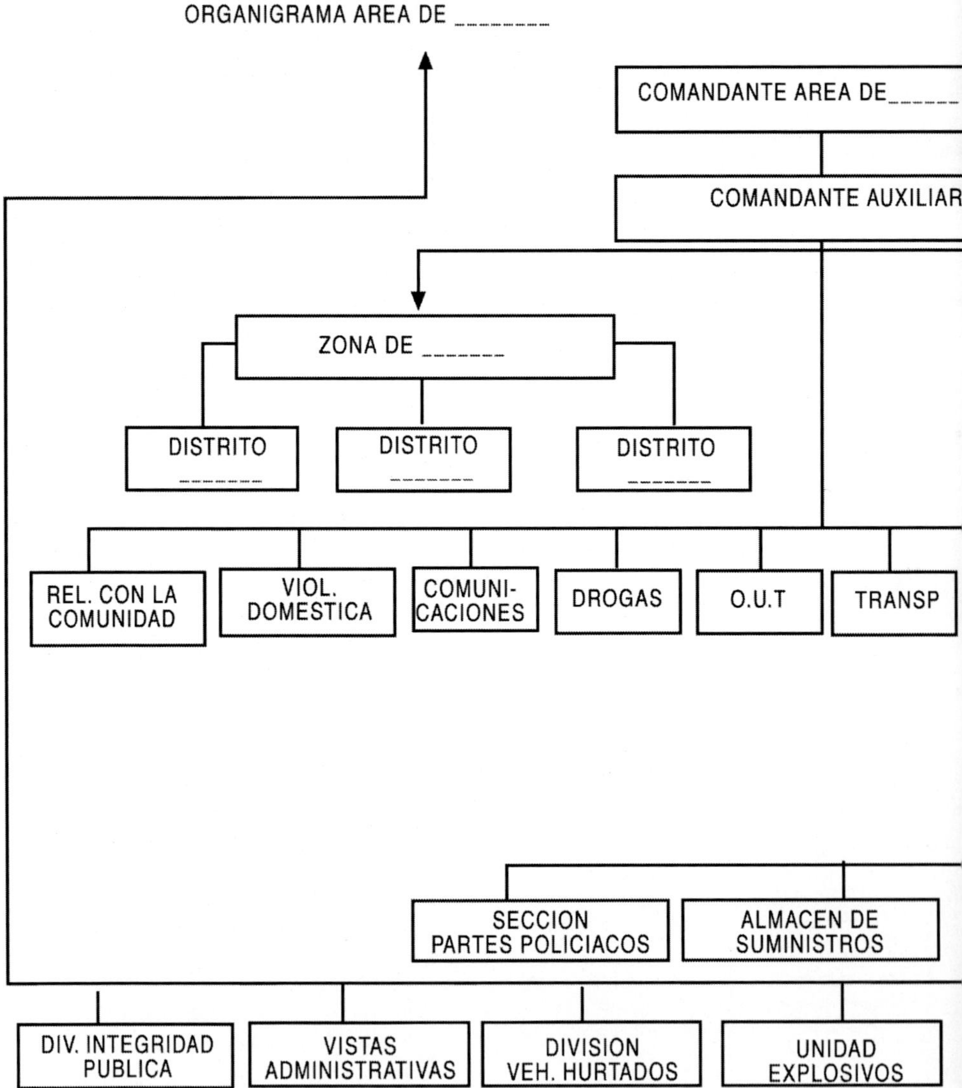

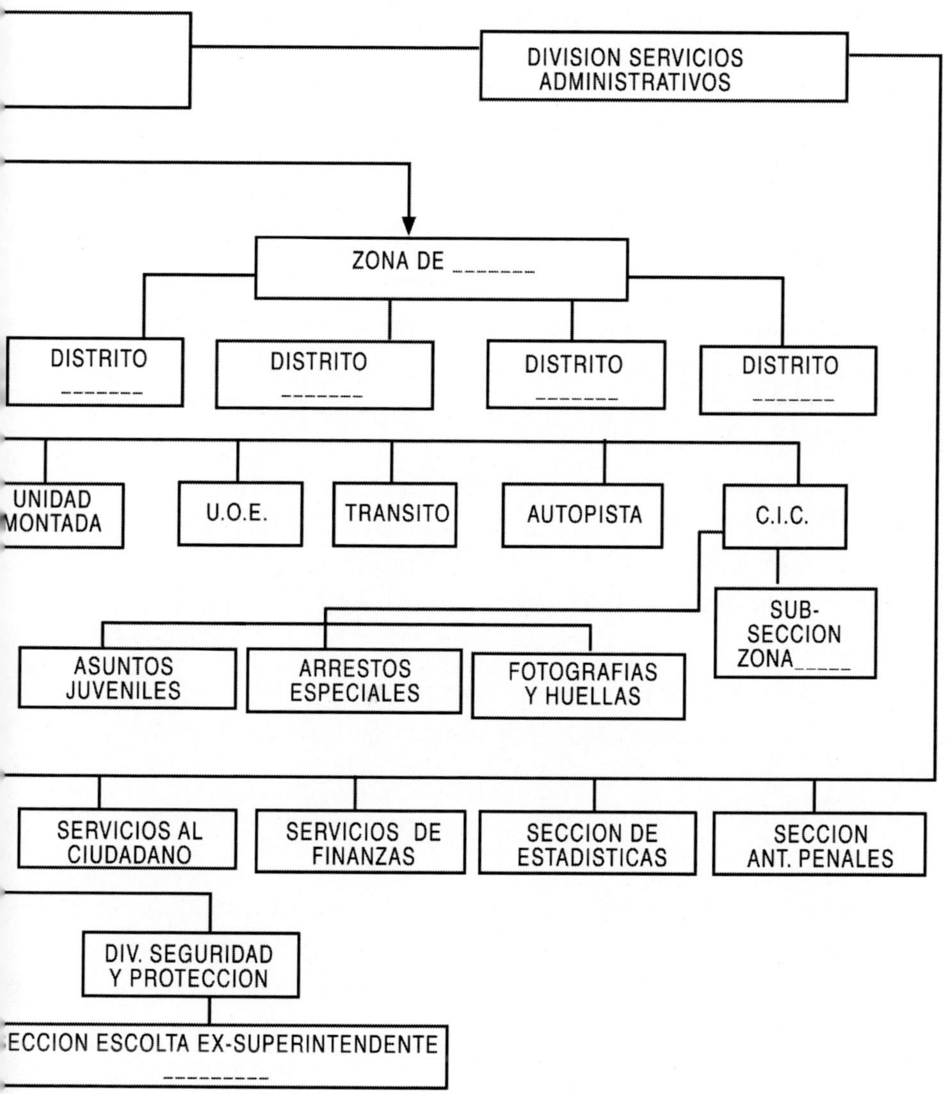
DIVISION SERVICIOS ADMINISTRATIVOS
ZONA DE ______
DISTRITO ______
DISTRITO ______
DISTRITO ______
DISTRITO ______
UNIDAD MONTADA
U.O.E.
TRANSITO
AUTOPISTA
C.I.C.
SUB-SECCION ZONA____
ASUNTOS JUVENILES
ARRESTOS ESPECIALES
FOTOGRAFIAS Y HUELLAS
SERVICIOS AL CIUDADANO
SERVICIOS DE FINANZAS
SECCION DE ESTADISTICAS
SECCION ANT. PENALES
DIV. SEGURIDAD Y PROTECCION
ECCION ESCOLTA EX-SUPERINTENDENTE ________

funcionario, empleado o agente del gobierno Estatal que demandare o fuere demandado en su capacidad oficial; y se dispone que los procesos criminales, excepto en determinado caso, serán promovidos por el fiscal correspondiente sin especial autorización del Secretario de Justicia, aunque en todos los casos el Secretario de Justicia puede intervenir en interés del público".

Añade la sección 3 de la Ley del 3 de marzo de 1904 que, en relación a la intervención de la fiscalía en favor del interés del público, es deber inherente de fiscalía procesar a todos los sospechosos de la comisión de un delito.

La función del fiscal es investigar y formular las acusaciones a los sospechosos de la comisión de algún delito, cuando se sospecha y se tiene alguna prueba que conecte el crimen cometido con el sospechoso. Por lo tanto, de las funciones de la fiscalía la primordial será el investigar la comisión de los delitos y su función indirecta será servirle al Pueblo de Puerto Rico ante los tribunales, como su abogado desde el inicio del caso hasta su finalización.

Es importante tener en mente que todos los funcionarios, tanto los del ministerio público como los demás dentro del tribunal (jurado, abogado defensores y jueces), deben trabajar al unísono en el proceso para que se haga justicia por igual.

Un caso comienza cuando se comete un acto antijurídico, es decir **un delito**. Inmediatamente después pasamos a la investigación, que es la columna vertebral de un caso. Una vez la investigación nos guía con evidencia suficiente para poder aprehender al sospechoso, hacemos una denuncia o una acusación, según el tipo de delito que se haya cometido. Una vez hecho lo anterior, pasamos a arrestar al sospechoso de la comisión del delito y a juzgarlo ante un Tribunal que impartirá justicia mediante su resolución y sentencia. Si alguna de las partes no estuviera de acuerdo, dependiendo de las circunstancias particulares, podrá utilizar alguno de los Recursos de Alzada.[16]

Para entender más claramente el proceso que se sigue en todo acto antijurídico cuando se comete y se avisa a la policía; puede enumerarse de la siguiente manera:

1. Comisión del delito
2. Aviso a la Policía e inicio de la investigación
3. Denuncia o acusación
4. Arresto
5. Juicio
6. Sentencia o resolución
7. Recursos de Alzada

Para desempeñar un trabajo más eficiente, se clasifica la fiscalía de la siguiente manera:

1. Fiscal Especial General
2. Fiscal Auxiliar para el Tribunal Superior
3. Fiscal Auxiliar para el Tribunal de Distrito
4. Fiscal
5. Fiscales Especiales Generales I, II y III
6. Procurador de Menores
7. Procuradores Especiales de Relaciones de Familia

[16] Recurso de Alzada: En términos generales puede decirse que es el que se interpone ante el juez superior para impugnar la resolución del inferior. Manuel Osorio, *Diccionario de Ciencias Jurídicas Políticas y Sociales*, España, 1996, p. 843.

Por último, tenemos el **Sistema de Corrección,** institución encargada de la custodia y rehabilitación moral y social de los confinados. Para poder llevar a cabo su labor desempeña las siguientes funciones:

1. Servicios de Evaluación
2. Servicios de Asesoramiento
3. Servicios de Consultoría
4. Servicios de Tratamiento

A medida que se elabora el libro, se analizan las etapas procesales en que actúan e interaccionan las diversas instituciones que intervienen en el proceso criminal.

PERSONAS RELACIONADAS CON UN CRIMEN

Hay tres (3) tipos categorías de personas relacionadas entre si en la perpetración de un crimen son:

1. los autores y cómplices
2. los testigos y encubridores
3. las víctimas[17]

[17] Autor - persona que comete el delito. Espasa Calpe, *Diccionario Espasa*, 1991, p. 103. Cómplice - el que coopera en la ejecución del hecho, con actos anteriores o similares. Es castigado con la pena inmediatamente inferior en grado a la señalada al autor del delito. id., p. 184. Testigos - persona física (no jurídica ni moral) llamada a declarar en el proceso penal. id. p. 961. Encubridores – auxilian a los delincuentes para que se aprovechen de los efectos de los delitos o faltas, o se aprovechan para sí mismos. id., p. 376. Víctimas - personas que sufren un daño.

FIN DE LA CRIMINALIDAD

Según, la creencia popular, la criminalidad no puede solucionarse solamente por el sistema de justicia criminal, sino que para que la alarmante cifra disminuya, todos y cada uno de los ciudadanos que viven en esta hermosa Isla tienen que trabajar unidos con el gobierno. También, de acuerdo con los estudiosos de la criminología, es importante que eliminemos las causas del problema para ponerle fin al mismo. Esas causas, o las principales causas que escuchamos de distintos criminólogos, son la pobreza y las condiciones de vida.

Otros prefieren decir que la mejor cura para este mal social se logra mediante castigos o penas más severas.

La realidad es que el ciudadano actuará según lo educa el propio gobierno. Aún en una sociedad donde se garantizan constitucionalmente ciertas libertades, como en Puerto Rico, dichas libertades están enmarcadas, protegidas y definidas por el gobierno. Por esta razón el rol del gobierno es tan importante para resolver el problema de la criminalidad. No obstante, el ciudadano en general debe ser más tolerante con el gobierno y más cooperador. El hecho de que el sistema no haya podido resolver el problema hasta el momento, o de que exista corrupción en el mismo, no significa que no se pueda mejorar, a través de los nuevos profesionales. Eso queda en sus manos, mis lectores.

Datos Preliminares
Del 1ro. de enero al 31 de diciembre

POLICIA DE PUERTO RICO
DELITOS TIPO 1 COMETIDOS EN PUERTO RICO
AÑOS 1998 Y 1999

		SAN JUAN	ARECIBO	PONCE	HUMACAO	MAYAGÜEZ	CAGUAS	BAYAMÓN	CAROLINA	GUAYAMA	AGUADILLA	UTUADO	FAJARDO	TOTAL
TOTAL	1999	17868	7372	7307	3158	4921	6023	16289	6634	3204	4475	1777	2826	81854
	1998	20741	7749	7849	3252	5614	6005	16699	7092	3129	4504	1812	2527	87020
	cambio	-2873	75	-589	-94	-693	18	-410	-458	75	-29	-35	299	-5166
	%	-13.9%	-4.9%	-7.5%	-2.9%	-12.3%	0.3%	-2.5%	-6.5%	2.4%	-0.6%	-1.9%	11.8%	-5.9%
Asesinato, Homicidio	1999	159	30	81	22	17	52	92	67	16	9	5	17	567
	1998	198	40	79	30	17	31	88	105	12	16	3	33	652
	cambio	-39	-10	2	-8	0	21	4	-38	4	-7	2	-16	-85
	%	-19.7%	-25.0%	2.5%	-26.7%	0.0%	67.7%	4.5%	-36.2%	33.3%	-43.8%	66.7%	-48.5%	-13.0%
Violación por la Fuerza	1999	41	13	24	14	14	17	48	17	7	17	4	7	223
	1998	48	15	29	3	10	22	57	25	5	7	15	7	243
	cambio	-7	-2	-5	11	4	-5	-9	-8	2	10	-11	0	-20
	%	-14.6%	-13.3%	-17.2%	366.7%	40.0%	-22.7%	-15.8%	-32.0%	40.0%	142.9%	-73.3%	0.0%	-8.2%
Robo	1999	2522	775	717	455	392	740	2286	1016	242	272	125	285	9827
	1998	3422	781	754	391	439	874	2441	1263	324	310	140	309	11448
	cambio	-900	-6	-37	64	-47	-34	-155	-247	-82	-38	315	-24	-1621
	%	-26.3%	-0.8%	-4.9%	16.4%	-10.7%	-15.3%	-6.3%	-19.6%	-25.3%	-12.3%	-10.7%	-7.8%	-14.2%
Agresión Agravada	1999	627	268	443	177	236	314	530	304	216	202	134	112	3563
	1998	761	318	510	219	272	333	649	366	210	201	156	104	4096
	cambio	-134	-50	-67	-42	-36	-19	-116	-62	6	1	-22	8	-533
	%	-17.6%	-15.7%	-13.1%	-19.2%	-13.2%	-5.7%	-18.0%	-16.9%	2.9%	0.5%	-14.1%	-7.7%	-13.0%
Escalamiento	1999	3212	2494	2108	1292	1463	2006	3957	1723	1145	1736	746	1151	23033
	1998	3494	2875	2136	1360	1865	2071	4153	1592	1286	1872	763	1045	24512
	cambio	-282	-381	-28	-68	-402	-65	-196	131	-141	-136	-17	106	-1479
	%	-8.1%	-13.3%	-1.3%	-5.0%	-21.6%	-3.1%	-4.7%	8.2%	-11.%	-7.3	-2.2%	10.1%	-6.0%
Apropiación Ilegal	1999	6955	2479	3207	843	2536	1798	5624	2264	1240	1844	532	884	30206
	1998	8202	2315	3562	866	2737	1450	5168	2239	930	1750	537	737	30493
	cambio	-1247	164	-355	-23	-201	348	456	25	310	94	-5	147	-287
	%	-15.2	7.1%	-10.0%	-2.7%	-7.3%	24.0%	8.8%	1.1%	33.3%	5.4%	-0.9%	19.9%	-0.9%
Hurto de Ilegal	1999	4352	1313	727	355	263	1096	3752	1243	338	395	231	370	14435
	1998	4616	1405	826	383	274	1224	4146	1502	362	348	198	292	15576
	cambio	-264	-92	-99	-28	-11	-128	-394	-259	-24	47	33	78	-1141
	%	-5.7%	-6.5%	-12.0%	-7.3%	-4.0%	-10.5%	-9.5%	-17.2%	-6.6%	13.5%	16.7%	26.7%	-7.3%

Datos Preliminares
Del 1ro. de enero al 31 de diciembre

POLICIA DE PUERTO RICO
DELITOS TIPO 1 COMETIDOS EN PUERTO RICO
AÑOS 2001 Y 2001

		SAN JUAN	ARECIBO	PONCE	HUMACAO	MAYAGÜEZ	CAGUAS	BAYAMÓN	CAROLINA	GUAYAMA	AGUADILLA	UTUADO	FAJARDO	TOTAL
TOTAL	2001	13135	6455	6760	3418	4435	4786	15532	6076	2089	3505	1447	2479	70117
	2000	16047	6832	6583	2933	4682	5473	15573	6355	2602	3946	1614	2739	75379
	cambio	-2912	-377	177	485	-247	-687	-41	-279	-513	-441	-167	-260	-5262
	%	-18.1%	-5.5%	2.7%	16.5%	-5.3%	-12.6%	-0.3%	-4.4%	-19.7%	-11.2%	-10.3%	-9.5%	-7.0%
Asesinato, Homicidio	2001	224	27	70	35	19	58	119	109	35	13	12	23	744
	2000	209	29	72	26	16	38	126	94	27	23	10	25	695
	cambio	15	-2	-2	9	3	20	-7	15	8	-10	2	-2	49
	%	7.2%	-6.9%	-2.8%	34.6%	18.8%	52.6%	-5.6%	16.0%	29.6%	-43.5%	20.0%	-8.0%	7.1%
Violación por la Fuerza	2001	41	5	22	7	10	10	48	21	2	8	4	9	187
	2000	38	10	37	14	17	12	42	19	10	10	5	14	228
	cambio	3	-5	-15	-7	-7	-2	6	2	-8	-2	-1	-5	-41
	%	7.9%	-50.0%	-40.5%	-50.0%	-41.2%	-16.7%	14.3%	10.5%	-80.0%	-20.0%	-20.0%	-35.7%	-18.0%
Robo	2001	1902	773	533	384	255	692	1839	870	244	230	71	206	7999
	2000	2209	646	508	425	310	720	2083	900	247	284	113	270	8757
	cambio	-307	128	27	-41	-55	-33	-244	-90	-3	-34	-42	-64	-758
	%	-13.9%	19.8%	5.3%	-9.6%	-17.7%	-4.6%	-11.7%	-9.4%	-1.2%	-12.9%	-37.2%	-23.7%	-8.7%
Agresión Agravada	2001	471	166	323	162	144	171	330	260	143	102	101	100	2473
	2000	522	161	313	143	151	186	467	243	192	151	95	102	2726
	cambio	-51	5	10	19	-7	-15	-137	17	-49	-49	6	-2	-253
	%	-9.8%	3.1%	3.2%	13.3%	-4.6%	-8.1%	-29.3%	7.0%	-25.5%	-32.5%	6.3%	-2.0%	-9.3%
Escalamiento	2001	2345	2077	1968	1360	1335	1776	3706	1517	909	1353	544	1041	19931
	2000	2828	2409	1817	1092	1440	1906	3709	1714	953	1399	626	1164	21057
	cambio	-483	-332	151	268	-105	-130	-3	-197	-44	-46	-82	-123	-1126
	%	-17.1%	-13.8%	8.3%	24.5%	-7.3%	-6.8%	-0.17%	-11.5%	-4.6%	-3.3%	-13.1%	-10.6%	-5.3%
Apropiación Ilegal	2001	4825	2127	3321	1055	2396	1068	5718	2325	428	1510	525	842	26140
	2000	6745	2225	3157	880	2443	1606	5615	2282	802	1780	537	868	28940
	cambio	-1920	-98	164	175	-47	-538	103	43	-374	-270	-12	-26	-2800
	%	-28.5%	-4.4%	5.2%	19.9%	-1.9%	-33.5%	1.8%	1.9%	-46.6%	-15.2%	-2.2%	-3.0%	-9.7%
Hurto de Ilegal	2001	3327	1280	523	415	276	1011	3772	974	328	289	190	258	12643
	2000	3496	1353	681	353	305	1000	3531	1043	371	319	228	296	12976
	cambio	-169	-73	-158	62	-29	11	241	-69	-43	-30	-38	-38	-333
	%	-4.8%	-5.4%	-23.2%	17.6%	-9.5%	1.1%	6.8%	-6.6%	-11.6%	-9.4%	-16.7%	-12.8%	-2.6%

Datos Preliminares
Del 1ro. de enero al 31 de mayo

POLICIA DE PUERTO RICO
DELITOS TIPO 1 COMETIDOS EN PUERTO RICO
AÑOS 2001 Y 2002

		SAN JUAN	ARECIBO	PONCE	HUMACAO	MAYAGÜEZ	CAGUAS	BAYAMÓN	CAROLINA	GUAYAMA	AGUADILLA	UTUADO	FAJARDO	TOTAL
TOTAL	2002	7764	3021	3756	1812	2353	2687	7372	3281	1146	1363	812	1577	36944
	2001	5845	2660	2755	1550	1700	2337	7072	2458	1032	1531	639	1117	30696
	cambio	1919	75	1001	262	653	350	300	823	114	-168	173	460	6248
	%	32.8%	13.6%	36.3%	19.9%	38.4%	15.0%	4.2%	33.5%	11.0%	-11.0%	27.1%	41.2%	20.4%
Asesinato, Homicidio	2002	84	8	32	11	2	26	60	43	15	7	3	17	308
	2001	92	10	25	9	10	29	49	44	16	2	5	13	304
	cambio	-8	-2	7	2	-8	-3	11	-1	-1	5	-2	4	4
	%	-8.7%	-20.0%	28.0%	22.2%	-80.0%	-10.3%	22.4%	-2.3%	-6.3%	250.0%	-40.0%	30.8%	1.3%
Violación por la Fuerza	2002	21	4	8	5	11	4	23	11	0	5	6	5	103
	2001	11	3	6	3	3	6	14	8	1	3	2	4	64
	cambio	10	1	2	2	8	-2	9	3	-1	2	4	1	39
	%	90.9%	33.3%	33.3%	66.7%	266.7%	-33.3%	64.3%	37.5%	-100.0%	66.7%	200.0%	25.0%	60.9%
Robo	2002	1094	212	368	236	134	369	861	390	169	103	50	107	4093
	2001	824	334	206	164	99	314	830	382	122	83	31	100	3489
	cambio	270	-122	162	72	35	55	31	8	47	20	19	7	604
	%	32.8%	-36.5%	78.6%	43.9%	35.4%	17.5%	3.7%	2.1%	38.5%	24.1%	61.3%	7.0%	17.3%
Agresión Agravada	2002	359	89	180	96	72	96	168	130	50	66	36	46	1388
	2001	171	71	135	65	58	72	126	98	71	41	44	60	1012
	cambio	188	18	45	31	14	24	42	32	-21	25	-8	-14	376
	%	109.9%	25.4%	33.3%	47.7%	24.1%	33.3%	33.3%	32.7%	-22.6%	61.0%	-18.2%	-23.3%	37.2%
Escalamiento	2002	1427	991	920	716	658	926	1718	890	466	416	338	720	10186
	2001	1009	858	800	623	528	893	1589	661	430	556	237	419	8603
	cambio	418	133	120	93	130	33	129	229	36	-140	101	301	1583
	%	41.4%	15.5%	15.0%	14.9%	24.6%	3.7%	8.1%	34.6%	8.4%	-25.2	42.6%	71.8%	18.4%
Apropiación Ilegal	2002	3375	1210	1957	580	1402	798	3063	1332	289	682	310	596	15594
	2001	2301	858	1334	499	896	600	2783	902	245	732	242	401	11793
	cambio	1074	352	623	81	506	198	280	430	44	-50	68	195	3801
	%	46.7	41.0%	46.7%	16.2%	56.5%	33.0%	10.01%	47.7%	18.0%	-6.8%	28.1%	48.6%	32.2%
Hurto de Ilegal	2002	1404	507	291	168	74	468	1479	485	157	84	69	86	5272
	2001	1437	526	249	187	106	423	1681	363	147	114	78	120	5431
	cambio	-33	-19	42	-19	-32	45	-202	122	10	-30	-9	-34	-159
	%	-2.3%	-3.6%	16.9%	-10.2%	-30.2%	10.6%	-12.0%	33.6%	6.8%	-26.3%	-11.5%	-28.3%	-2.9%

NEGOCIADO DE SERVICIOS TECNICOS
DIVISION DE ESTADISTICAS
ARRESTOS EFECTUADOS EN PUERTO RICO, POR AREAS POLICIACAS
AÑO 1998

	TOTAL	SAN JUAN	ARECIBO	PONCE	HUMACAO	MAYAGÜEZ	CAGUAS	BAYAMÓN	CAROLINA	GUAYAMA	AGUADILLA	UTUADO
Total Delito Tipo I y II	**60204**	**8610**	**7799**	**6796**	**5220**	**4271**	**6326**	**5739**	**4863**	**4274**	**3610**	**2693**
Total Delitos Tipo I	**12930**	**1948**	**1493**	**1301**	**906**	**1118**	**877**	**974**	**1228**	**1024**	**1169**	**889**
Delitos de Violencia	**5562**	**817**	**508**	**500**	**376**	**402**	**298**	**390**	**506**	**574**	**647**	**544**
Asesinatos y Homicidios	455	115	38	39	29	39	22	49	65	26	21	12
Violaciones por la Fuerza	89	15	6	9	4	11	4	6	9	7	9	9
Tentativa	44	3	4	31	3			2			1	
Robo	1852	413	222	147	138	141	130	189	194	143	86	19
Agresiones Agravadas	3122	271	238	274	202	211	142	144	238	398	530	474
Delitos contra la Propiedad	**7368**	**1131**	**985**	**801**	**530**	**716**	**579**	**584**	**722**	**450**	**522**	**345**
Escalamientos	2420	329	364	248	217	204	192	152	178	186	200	150
Apropiaciones Ilegales	3792	629	448	465	222	464	261	280	425	218	243	135
Hurto de Autos	1117	172	172	81	89	46	121	147	118	40	76	54
Incendio Malicioso	39	1	1	7	2	2	5	5	1	6	3	6
Total Delitos Tipo II	**47274**	**6662**	**6306**	**5495**	**4314**	**3153**	**5449**	**4765**	**3635**	**3250**	**2441**	**1804**
Otras Agresiones	6108	1033	590	948	824	233	724	648	692	293	65	58
Incendios	10				3					4	4	
Falsificación	286	36	33	65	15	21	41	10	46	9	9	1
Apropiación Ilegal Tipo II	120	4	10	28	31	11				12	12	12
Comprar poseer prop. hurtada	826	140	198	104	94	86				96	69	39
Vandalismo	596	135	69	116	80	34				51	52	59
Ley de Armas	2089	411	217	175	155	100	197	277	308	153	69	38

Datos Preliminares

NEGOCIADO DE SERVICIOS TECNICOS
DIVISION DE ESTADISTICAS
ARRESTOS EFECTUADOS EN PUERTO RICO, POR AREAS POLICIACAS
AÑO 1998

	TOTAL	SAN JUAN	ARECIBO	PONCE	HUMACAO	MAYAGÜEZ	CAGUAS	BAYAMÓN	CAROLINA	GUAYAMA	AGUADILLA	UTUADO
Delitos Sexuales	789	323	93	51	28	36	48	55	42	34	38	41
Violación Técnica	89	5	12	12	5	11	8	9	6	3	6	12
Proposiciones Obscenas	214	170	26				12					6
Seducción	13		4	6		1				2		
Bestialismo												
Sodomía	59	6	1	5	4	3	3	16	4	9	5	3
Actos Lascivos	236	36	27	20	16	16	22	22	23	16	24	14
Exposiciones Obscenas	89	52	1	7	3		3	6	7	4	2	4
Obscenidad	50	48	1						1			
Espectáculos Obscenos	16	3	10					1				2
Anuncios Obscenos	7		6						1			
Incesto	6	2	1	1				1			1	
Prostitución	5	1	4									
Sustancias Controladas	12561	1560	1836	1243	1528	899	1241	1447	798	1037	594	378
Juegos Prohibidos	1547	123	529	308	34	299	35	1	2	98	86	32
Del. contra protección menores	146	14	11	17	17	2	22	17	14	22	6	4
Ley de Tránsito (141)	12756	1708	1750	1276	641	886	2354	1083	771	685	896	706
Ley de Bebidas	24	4	6	3	3	7	1					
Alterar la Paz	2316	255	170	327	249	172	149	221	305	157	148	163
Delitos contra el Honor	4	1		2						1		
Del. contra Derechos Civiles	1890	243	168	292	203	85	229	115	230	138	114	73

Datos Preliminares

NEGOCIADO DE SERVICIOS TECNICOS
DIVISION DE ESTADISTICAS
ARRESTOS EFECTUADOS EN PUERTO RICO, POR AREAS POLICIACAS
AÑO 1998

	TOTAL	SAN JUAN	ARECIBO	PONCE	HUMACAO	MAYAGÜEZ	CAGUAS	BAYAMÓN	CAROLINA	GUAYAMA	AGUADILLA	UTUADO
Otros deltios contra Propiedad	245	38	16	15	8	5	28	47	58	10	12	8
Delitos contra FunciónJudicial	2889	310	260	302	154	86	256	764	265	248	134	110
Otros Del. contra Aut. Pública	637	89	51	48	31	43	102	64	89	51	44	25
Ley de Explosivos	41	5	2	3		3	13	4	1	7		3
Ley 21	3		1	1		1						
Ley 30	4					2				1		1
Ordenanzas Municipales	134	26	67	7	14	12				3	3	2
Homicidios Involuntarios	3						1	2				
Otros Delitos	1250	204	229	164	213	130	8	10	14	140	87	51

Datos Preliminares

POR CIENTO DE DELITOS TIPO I ESCLARECIDOS EN PUERTO RICO
POR AREAS POLICIALES

* DEL 1RO. DE ENERO AL 31 DE DICIEMBRE DE 1998

*DATOS PRELIMINARES

	TOTAL			SAN JUAN			BAYAMON			ARECIBO			AGUADILLA			MAYAGUEZ		
	C	E	%E	C	E	%E	C	E	%E	C	E	%E	C	E	%E	C	E	%E
Total	87020	18307	21.0	20741	4763	23.0	16699	2365	14.2	7749	1369	17.7	4504	977	21.7	5614	1192	21.2
Datos de Violencia	16439	5533	33.7	4429	1086	24.5	3232	852	26.4	1154	370	32.1	534	292	54.7	738	317	43.0
Asesinatos	652	451	69.2	198	107	54.0	88	93	105.7	40	21	52.5	16	23	143.8	17	23	135.3
Violación por la Fuerza	243	318	130.9	48	67	139.6	57	105	184.2	15	8	53.3	7	12	171.4	10	14	140.0
Robo	11148	2831	25.4	3422	649	19.0	2441	372	15.2	781	165	21.1	310	97	31.3	439	139	31.7
Agresión Agravada	4096	1933	47.2	761	263	34.6	646	282	43.7	318	176	55.3	201	160	79.6	272	141	51.8
Delitos contra La Propiedad	70581	12774	18.1	16312	3677	22.5	13467	1513	11.2	6595	999	15.1	3970	685	17.3	4876	875	17.9
Escalamiento	24512	3836	15.6	3494	466	13.3	4153	266	6.4	2875	324	11.3	1872	297	15.9	1865	316	16.9
Apropiación Ilegal	30493	6857	22.5	8202	1417	17.3	5168	1139	22.0	2315	623	26.9	1750	378	21.6	2737	558	20.4
Hurto de Auto	15576	2081	13.4	4616	1794	38.9	4146	108	2.6	1405	52	3.7	348	10	2.9	274	1	0.4

	PONCE			GUAYAMA			CAGUAS			HUMACAO			CAROLINA			UTUADO		
	C	E	%E	C	E	%E	C	E	%E	C	E	%E	C	E	%E	C	E	%E
Total	7896	1217	15.4	3256	1106	34.0	6005	864	14.4	5091	1338	26.3	7653	2276	29.7	1812	840	46.4
Delitos de Violencia	1372	373	27.2	587	324	55.2	1260	275	21.8	939	627	66.8	1880	832	44.3	314	185	58.9
Asesinatos	79	28	35.4	12	6	50.0	31	9	29.0	51	54	105.9	117	76	65.0	3	11	366.7
Violación por la Fuerza	29	25	86.2	5	13	260.0	22	-5	22.7	8	16	200.0	27	40	148.1	15	13	86.7
Robo	754	178	23.6	335	186	55.5	874	135	15.4	612	229	37.4	1340	630	47.0	1140	51	36.4
Agresión Agravada	510	142	27.8	235	119	50.6	333	126	37.8	268	328	122.4	396	86	21.7	156	110	70.5
Delitos contra La Propiedad	6528	844	12.9	2669	782	29.3	4745	589	12.4	4152	711	17.1	5773	1444	25.0	1498	655	43.7
Escalamientos	2136	295	13.8	1346	470	34.9	2071	268	12.9	2107	371	17.6	1830	413	25.6	763	350	45.9
Apropiación Ilegal	3562	540	15.2	952	270	30.5	1450	313	21.6	1474	333	22.6	2346	970	41.3	537	296	55.1

EVALUACIÓN
CAPÍTULO 1

1. Enuncie las diferentes definiciones de justicia que aparecen en la "República" de Platón.
2. ¿Puede alguien cometer un delito si éste no está tipificado en el Código Penal vigente en Puerto Rico?
3. "Nunca ha habido un gobierno que no sea un mentiroso, un ladrón , un asesino; el enemigo de todos los hombres en su desmedida búsqueda de poder". Contraste esta frase con la definición que se da de Gobierno en el capítulo y con lo que usted conoce de nuestro sistema de gobierno.
4. ¿Cuál es la competencia del Tribunal Supremo? Desarrolle el tema.
5. Describa los deberes, funciones y prerrogativas de un fiscal. Si hay diversas clases de fiscales con distintas funciones, mencione y describa por separado las de cada clase.
6. ¿Cuál considera usted que es la causa primordial de la criminalidad en Puerto Rico? Dé datos para corroborar su aseveración.
7. Preparar una tabla comparatva por años de la criminalidad en Puerto Rico.
8. Trace un plan de acción de 10 puntos para prevenir la ola criminal que arropa al país.

EL CRIMEN Y SU INVESTIGACIÓN

Una vez definido el crimen, sabemos que el mismo es la comisión de un acto prohibido o la omisión de un acto requerido por ley, según el Código Penal de Puerto Rico. No hay crimen si el mismo no está tipificado por la Legislatura de Puerto Rico o el Congreso de los Estados Unidos, este último sólo en casos donde existe jurisdicción federal.[1] En Puerto Rico se distinguen los delitos graves de los delitos menos graves y los define el Código Penal en su artículo 12 en el que señala: "Es delito menos grave todo aquel que apareja pena de reclusión por un término que no exceda de seis meses o multa que no exceda de quinientos dólares, o ambas a discreción del tribunal. Delito grave comprende todos los demás delitos". El artículo 13 del Código Penal[2] dispone sobre las penas lo siguiente: 1) los delitos no clasificados por el legislador y en donde no fije pena, el delito se considerará menos grave; 2) si es clasificado como grave, pero no le fijo pena esta será de 5 años máximo y 6 meses 1 día de mínimo, o multa máxima de $5,000 y mínima de $501.00; 3) si el legislador lo define como un delito menos grave pero no le fija pena, esta será no mayor de 6 meses de reclusión o una multa no mayor de $500.00[3].

La investigación de cualquier caso impone sobre el investigador asignado una gran responsabilidad. Esta es

---

1 33 L.P.R.A. art. 8

2 Ley enmendada por la Ley 101 del 4 de junio de 1980.

3 Ver Regla de Procedimiento Criminal 171, para agravantes o atenuantes. Jurisprudencia *Pueblo v. Robledo*, 91 J.T.S. 22.

tan grande en delitos graves como en los menos graves. Para el investigador no hay delitos grandes o pequeños, por eso, no debe dejar de investigar ninguna situación de hechos que sea sospechosa.

El desarrollo histórico de la investigación criminal ha sido como resultado de varios cambios económicos, sociales, políticos y los contexto. Para nuestro uso comenzaremos a partir del siglo 18 en Inglaterra. Antes de este siglo no se conocía de la existencia de ningún grupo Policial ni había agencias que se dedicaran a la investigación criminal (el Sr. Francisco Ruiz le llama a este un Periodo Primitivo).[4]

Para poder entender los datos históricos que dieron comienzo a la investigación criminal lo haremos a través de información relevante a los sucesos relacionados en la época con relación a los cambios sociales, políticos, económicos y legales. Por lo que, en esta sección nos encontraremos con cuatro grandes divisiones: (1) el impacto de la agricultura y sus revoluciones industriales, (2) administración de la justicia criminal, (3)el Cuerpo Policial de 1829 y por último (4) las iniciativas de los Estados Unidos. Además brevemente discutiremos el desarrollo histórico de la Policía de Puerto Rico.

DESARROLLO HISTÓRICO

EL IMPACTO DE LA AGRICULTURA Y LA REVOLUCIÓN INDUSTRIAL

Durante el siglo 18 dos series de eventos afectaron los servicios policiales y en la manera en que se efectuaban las

---

[4] Francisco Ruiz González, *Introducción a la Investigación Criminal*, Tercera ed., 1998.

investigaciones. Estos lo son las revoluciones agrícolas y la industrial. Los métodos agrícolas como el sistema de rotación de las cosechas, por Charles Townshed, en 1730. Le dieron a Inglaterra un aumento económico por la mayor productividad que podía generarse gracias a los inventos en las áreas de la agricultura. Los adelantos a mediados del siglo 18, son la base para las condiciones previas a la Revolución Industrial. Dado a la Revolución Industrial, grandes cantidades de personas se movilizaron a las áreas industrializadas, creando así una alza poblacional en estas áreas y por ende mayor criminalidad. Consecuentemente las personas comenzaron a exigir al estado mayor control de la criminalidad. Tema que anteriormente no era tocado por el pueblo en general.

ADMINISTRACIÓN DE LA JUSTICIA CRIMINAL

En 1748, en Inglaterra un juez llamado Henry Fielding, estableció un pequeño grupo de voluntarios, los cuales no estaban uniformados y a los que se le llamó los Perseguidores de los Pillos (*take thieves*). Este grupo más tarde fue conocido con el nombre de los Arqueros Corredores de las Calles (*Bow Street Runners*). Este grupo fue el primero en rendir informes de los crímenes y comenzaron las investigaciones, por lo que podemos decir que fueron la primera fuerza detectivesca. Estos datos los podemos obtener de la revista publicada por el grupo la cual se llamaba, The Covent Garden Journal, en la cual publicaban también las personas mas buscadas. A partir de 1785 dejaron de ser un grupo voluntario para convertirse en un grupo de detectives pagados por el estado.

EL CUERPO POLICIAL DE 1829

En 1816, 1818 y en el 1822 el Parlamento Inglés rechazó las propuestas para un cuerpo de policía centralizada. Esto fue así dado a la gran oposición de los filósofos políticos de la época. Los grupos alegaban que el establecer cuerpos policiales era una afrenta en contra de las libertades individuales. En 1829, el Parlamento mediante el Sr. Robert Peel, crearon el cuerpo Metropolitano de la Fuerzas Policíacas de Inglaterra. Conocidas con el nombre de *Scotland Yard,* sus principales funciones eran:

1. La Policía debe de ser un cuerpo estable, eficiente y organizado de acuerdo a la milicia.
2. Dicho cuerpo debía estar controlado por el Estado.
3. La ausencia de criminalidad es prueba de la eficacia de dicho cuerpo.
4. La distribución de las noticias criminales es esencial.
5. El desarrollo de un cuerpo fuerte y bien distribuido por áreas geográfica.
6. **La calidad es tan indispensable como el control del carácter de los agentes las maneras más efectivas no son las medidas violentas.**
7. **Buena apariencia y respeto de las leyes por parte de los oficiales o agentes.**
8. La base de éxito es un buen entrenamiento.
9. Las oficinas centrales de la Policía deben de estar localizadas de una manera accesible a las personas.
10. La seguridad demanda que a cada agente se le asigne un número.

11. Los agentes deben de ser empleados en términos probatorios.
12. Los informes policíacos tienen que ser distribuidos de una manera correcta para que se conozcan sus resultados.

En 1878, se estableció un cuerpo investigativo separado el cual se le llamó Departamento de Investigación Criminal (CID)[6]. Estaba comandado por el abogado Howard Vincent, el cual estableció un fuerte control centralizado, tema utilizado actualmente para hacer reformas para evitar los abusos policiacos.

INICIATIVA DE LOS ESTADOS UNIDOS

Los logros del cuerpo policial creado en Inglaterra fueron las bases para crear en los Estados Unidos la primera fuerza policiaca la cual fuera pagada por el estado. Aunque en 1838, en el estado de New York se rechazó la idea, esto fue así dado a que los Estados Unidos estaba pasando por un periodo de hambruna y pobreza masiva que como resultado también aumentaba la criminalidad. Por lo que finalmente en 1844, el estado determinó que se estableciera un cuerpo policial del estado, creado para la seguridad de las personas. Rápidamente otros estados comenzaron a implementar estos cuerpos policiacos a través de todo los Estados Unidos. Como lo fueron en Chicago en 1851, en New Orleans y en Cincinnati en 1852, en Baltimore y en Newark en 1857. A finales del siglo casi todas las ciudades en donde existían mayor cantidad de población habían establecido cuerpos policiales.

---

[5] Por sus siglas en inglés.

Las distintas ciudades fueron necesitando cuerpos investigativos, esto es así por diversas razones. Primero por la gran corrupción que se creo dentro de alguno de estos cuerpos policiales. En segundo lugar, la jurisdicción de la Policía era limitada. En tercer lugar, existía poca comunicación entre los distintos cuerpos policiacos de las diferentes ciudades. Y por último los criminales huían a distintas ciudades sin poder ser perseguidos.

En 1846, se formó la primera agencia privada de investigación y en 1849 en Chicago se formo la mayor agencia de detectives de la época, la cual fue formada por el Sr. Allan Pinkerton (1819-1884).

Para principios del año 1845, se creó en el estado de New York el cuerpo municipal de detectives. Y posteriormente los demás estados fueron creando sus propios cuerpos de investigación.

En 1865, el gobierno federal creó mediante el Congreso, el Servicio Secreto de los Estados Unidos. Para 1905, el Departamento de Justicia de los Estados Unidos, crea el *Federal Bureu of Investigations* (*FBI*), la cual solo opera ciertas investigaciones especiales y con ese propósito fue creado. Actualmente es la agencia que en conjunto con los distintos cuerpos policiales de los estados trabajan en la investigación de la gran mayoría de los casos, con exclusión de los casos en donde se investigan hechos relacionados con el narcotráfico, que para este tipo de investigaciones fue creado el *Bureu of Narcotics and Dangerous Drugs,* por el Departamento de Justicia en el año 1968.

EN PUERTO RICO

Para mediados del siglo 19 comienza el Cuerpo Policial en Puerto Rico, como un cuerpo separado del elemento militar. En enero de 1850, comenzó a operar en la isla un cuerpo que se le conoció con el nombre de, Bando de Policía y Buen Gobierno. Dicho cuerpo era excesivamente restrictivo como por ejemplo, se le prohibía a las personas estar en las calles después de las doce de la noche (se le conoció con el nombre de toque de queda), reunirse en lugares públicos o hasta celebrar bailes (a un país con una cultura tan alegre como lo es la puertorriqueña). Para mediados de noviembre de 1850, existía en San Juan, Puerto Rico, un cuerpo de Policía descrita como un Cuerpo de Policía y Seguridad.

Los crímenes más frecuentes de esa época lo fueron las infracciones contra las personas como: homicidios, lesiones, duelos e injurias; contra la propiedad y contra las costumbres: atentados sexuales, adulterio y seducción, también se daban las "conspiraciones políticas".

El cambio de soberanía colonial sobre Puerto Rico trajo como consecuencia que se promulgaran tres ordenes Generales por el Departamento de Justicia de los Estados Unidos. Haremos mención de dos de las mismas por su importancia.

La primera, lo fue la orden número 13, expedida el 7 de febrero, firmada por el Primer Teniente Frank McIntyre y estableció las siguientes premisas:

1. El Cuerpo de Policía, quedaría bajo la gobernación y dirección del Gobernador en ese momento el General Techter, el cual tendría a su vez el cargo de jefe de la Policía.
2. Este se encargara provisionalmente de la organización del cuerpo y de su organización.
3. Se escogerán a los hombres para ocupar las posiciones de agentes, a los que reúnan las

mejores condiciones. Las posiciones eran ocupadas usualmente por un máximo de dos años y al principio por norteamericanos.

4. Se le prohibía que se inmiscuyeran en asuntos políticos.
5. No se expulsaría a nadie a no ser por incumplimiento de sus funciones o por incompetencia, (requisito sumamente amplio según el criterio de la autora).

La segunda orden lo fue la número 15, fechada el 9 de febrero de 1899, la cual establecía que se creaba un Departamento Especial de Policía cuyo jefe estaba sujeto a las ordenes directas del Gobernador General.

Los primero cuatro hombres puertorriqueños en ser nombrados lo fueron: Francisco Cabrera, de San Juan, Isidoro Carrasquillo Muñiz, de San Lorenzo, Jenaro Delgado de Hatillo y Juan López Díaz, de Fajardo.

En 1901 el gobernador Jefe de Policía Frank Techter, creó un reglamento conocido como el reglamento de 1901, este fue enmendado y revisado en parte en 1908, en donde se crearon ocho (8) clases de Jefes de Policía. Se creó entonces el Negociado de Detectives como parte de la Policía, comandado o presidido por un Jefe de Tercera Clase. Este negociado pasó a ser en 1917 el negociado de Investigaciones, en 1936 se convirtió en el Negociado de la Policía Secreta, en 1956 en la División de Detectives y en 1968 fue denominado como la División de Investigaciones. Desde la época de los '70 esta ha sufrido grandes impactos políticos por lo que su eficacia no es igual.

IMPORTANCIA DE LA INVESTIGACIÓN CRIMINAL

Una investigación criminal es una observación o una pregunta sin resolver sobre alegaciones, circunstancias o relaciones de hechos que se ordenan para obtener una información específica.

Es una investigación que se hace de una manera **legal,** acerca de una persona o de una propiedad, con el fin de reconstruir todas las circunstancias que rodearon unos hechos cometidos con anterioridad que implicaron unos actos u omisiones antijurídicas. Se tendrá que probar partiendo de lo conocido hasta desentrañar lo desconocido y la última meta es probar la verdad.

EL INVESTIGADOR CRIMINAL

Un investigador de lo criminal, por lo tanto, es un individuo que recopila información y evalúa los hechos y la evidencia del crimen que se cometió. Mediante este proceso se realiza la investigación criminal.

Los propósitos que debe seguir un investigador son varios, entre estos:

1. Establecer que de *"facto"* se cometió un delito tipificado por el Código Penal
2. Identificar y detener al sospechoso
3. Tratar de recobrar el objeto (si se tratara de un delito en el cual esté una propiedad mueble involucrada)
4. Asistir al Estado en el juicio

Ante todo, el investigador del acto criminal debe establecer y definir los hechos. Para ello deberá entrevistarse con la/s víctima/s y con los testigos. Con el fin de realizar esta tarea, debe desarrollar la habilidad para entrevistar a las víctimas y a los testigos presenciales, así como para interrogar a los sospechosos. Además debe buscar y valorar las pruebas y conservarlas intactas y sin alterar en el momento de su transportación; e identificar y perseguir al criminal hasta lograr su detención.

Al investigar todo crimen, el investigador debe concentrar todos sus esfuerzos en dos aspectos primordiales:

a. las pruebas físicas
b. la información acerca de los testigos presenciales

Para lograr lo anterior, debe relacionar todos los hechos del crimen y decidir si constituyen prueba de la culpabilidad del imputado.

En términos legales lo definimos como:

1. La comprobación del cuerpo del delito ("*corpus delicti*"). Se puede definir el cuerpo del delito como el conjunto de elementos que deben concurrir para que un hecho pueda ser calificado como delito, es decir, los elementos constitutivos del delito.
2. La comprobación de la presunta responsabilidad del delincuente.

Por lo tanto, ante unos hechos que podrían ser un delito, el investigador de lo criminal debe formularse las siguientes preguntas:

1. ¿Cuáles son los elementos del delito?
2. ¿Qué prueba necesita para comprobar dicho delito?
3. ¿Quién lo cometió?

Una vez se contestan estas preguntas, y las mismas le señalan a un sospechoso, entonces cumplirá con la finalidad de su investigación: aprehender al sospechoso de los actos delictivos.

CUALIDADES DEL INVESTIGADOR

Para lograr el objetivo el investigador debe poseer ciertas cualidades tanto intrínsecas como extrínsecas. Algunas de estas son:

1. **Suspicacia** - no debe quedar satisfecho con una primera investigación, o con una primera versión de los hechos ocurridos. Por el contrario, debe verificar toda la información que llegue a su conocimiento.
2. **Curioso** - Muchos casos se resuelven porque los oficiales se indagan sobre ciertos hechos tales como: el vestido que llevaba puesto la sospechosa, un carro sospechoso en el área momentos antes de la ocurrencia de los hechos delictivos. El ser inquisitivo, cuando se convierte en un hábito, ayuda a dilucidar la verdad o a descubrir algunos actos o hechos que si el investigador no fuera curioso no podría descubrir.
3. **Observador** - Tiene que saber utilizar muy bien sus cinco sentidos. Esto no sólo será importante

para detectar que se ha cometido un crimen, sino también para poder prevenirlos (las tentativas).

4. **Tener buena memoria**-La habilidad de acordarse de hechos pasados y concatenarlos con la presente situación lo ayudará a resolver los casos.
5. **Inteligencia ordinaria pero gran sentido común**-Muy pocos casos se resuelven automáticamente. Se empieza a investigar, y se resuelven utilizando su criterio, sentido común, discreción, mucha perseverancia y habilidad para aplicar las técnicas investigativas aprendidas.
6. **Tener una mente sin prejuicios**-La mente llena de prejuicios no puede emitir conclusiones correctas y como consecuencia la investigación resulta pobre.
7. **Paciencia, comprensión y cortesía**-No debe molestarse si una persona que está testificando sobre algún hecho en particular no se acuerda de algunos nombres, fechas, lugares o alguna otra información. Acuérdese, "de que lo cortés no quita lo valiente".
8. **Conocimiento jurídico criminal**-Todo investigador debe tener vasto conocimiento del Código Penal y de la casuística envuelta. Es indispensable que un investigador de lo criminal y, en general, todo agente de la uniformada esté familiarizado con los elementos constitutivos del delito.
9. **Persuasivo**-La persuasión es la facultad que hace que una persona sea más o menos sociable o

amigable, por lo que el investigador debe desarrollar esta cualidad.

10. **Lealtad**-Debe mostrar lealtad a sí mismo, a sus compañeros, a su jefe, a su profesión y principalmente, a las leyes y al pueblo de Puerto Rico.

Para que un individuo pueda responder a la gran responsabilidad que conlleva la investigación de un crimen, tiene necesariamente que tener los atributos antes mencionados. Debe saber, además, cuál es la prueba necesaria que debe buscar para la comprobación del cuerpo del delito y de la presunta responsabilidad del delincuente. De ese modo podrá conducir al delincuente ante los tribunales y distinguirlo del inocente y, a este, defenderle su vida y propiedad, derechos fundamentales de todos los seres humanos en Puerto Rico.

PROCESO INVESTIGATIVO

Para investigar un crimen debe seguirse siempre el mismo proceso. Como hemos dicho anteriormente, no importará qué tipo de delito se haya cometido y, en teoría, tampoco debe importar quién o quiénes son las víctimas de los hechos delictivos ocurridos. Sin embargo, cada caso tiene sus circunstancias particulares, por lo que el investigador deberá utilizar su experiencia para determinar cuánto tiempo utilizará en cada una de ellas.

El proceso investigativo comienza con la comisión de unos actos u omisiones antijurídicas, un delito. Cuando se comete un delito, pueden surgir tres distintas situaciones. Los hechos puede que no sean detectados por las autoridades, estos son los crímenes que no son descubiertos. Puede ser que se haya descubierto, pero que no haya sido reportado a la policía, como es el caso de las apropiaciones menores que ocurren a diario en las tiendas por departamentos o en un hotel. Por ejemplo, cuando alguien se apropia de una toalla, usualmente no se informa a la Policía de estas pequeñas apropiaciones porque los afectados, las víctimas, entienden que es más dificultoso el trámite de comunicarlo que las pérdidas que un pequeño delincuente les puede haber causado. Y por último, tenemos el caso que es reportado a la policía o que llega a su conocimiento por su propia observación. Este último, es el que tiene valor para el investigador de lo criminal. Una vez cometido un delito y conocido por el investigador, debemos pasar a definirlo. Esto se hace según los elementos presentes en los hechos ocurridos o dejados de ocurrir.

El investigador debe recolectar y escribir en un reporte toda la información y la prueba obtenida en la escena del crimen. Debe hablar o reunirse con todos los policías que estuvieron presentes en la escena, o que entrevistaron a algún testigo o víctima. También debe verificar si estos obtuvieron evidencia física adicional. Debe inmediatamente identificar apropiadamente cada una de las evidencias físicas, llevar las que lo ameriten al Laboratorio Forense y guardar apropiadamente la restante.

Con esta información debe pasar a los registros policíacos, si existen en su división, para así poder identificar al criminal y a sus cómplices, si los hay.

Por último, debe estar adecuadamente preparado para presentar toda la evidencia que tenga en contra del sospechoso, el día del juicio.

Podemos concluir que las fases de una investigación son:

1. Precisar y anotar los hechos que constituyeron el delito.
2. Identificar al criminal.
3. Obtener, preservar y valorar la prueba obtenida correctamente.
4. Presentar la prueba.

Los primeros dos pasos son usualmente los que conllevan más tiempo y esfuerzo dentro de la investigación, ya que usualmente no están a plena vista. VER DIAGRAMA

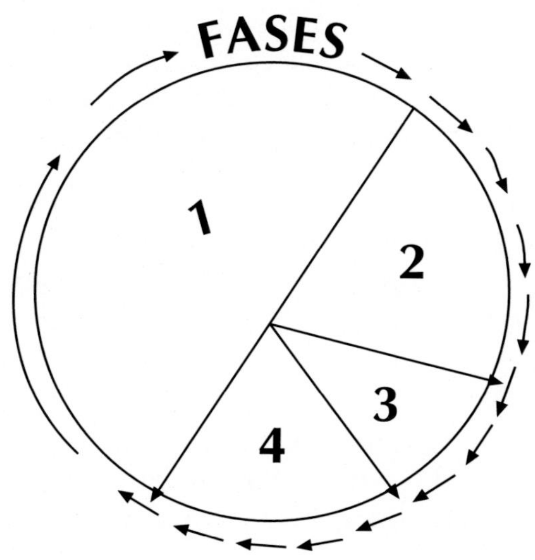

EVALUACIÓN
CAPÍTULO 2

1. Defina investigación criminal.
2. Comparar las funciones del cuerpo policial en 1829 con las actuales funciones. Establecer similitudes y diferencias.
3. ¿Cuáles son los pasos que debe seguir el investigador criminal?
4. En el "Caso de la Banda Moteada", Sir Arthur Conan Doyle presenta a su personaje Sherlock Holmes resolviendo un caso clásico de crimen en un cuarto totalmente cerrado. La solución consistía en que el asesino mandaba una serpiente que podía pasar por un pequeño agujero en el techo, la serpiente mordía a la víctima y luego el asesino llamaba a la serpiente silbándole una tonada. ¿Qué defecto tiene esta solución a la luz de la herpetología? Explique.
5. Describa las cualidades de un investigador y escriba un proyecto de cómo usted fomentaría y desarrollaría estas cualidades en usted mismo.
6. Invente unos hechos de un caso criminal y describa cómo usted procedería en cada fase de la investigación. (Después podrá ir corroborando su proceder en los capítulos siguientes).

SEGUNDA UNIDAD

LABOR INVESTIGATIVA Y SU VALOR PROBATORIO

3 ESCENA DEL CRIMEN

INFORMACIÓN ACERCA DEL DELITO

Una investigación de lo criminal comienza cuando un crimen es reportado o ha llegado por conocimiento propio al agente investigador. Es un hecho, que muchos crímenes nunca son descubiertos por la Policía y nunca serán investigados, ya que nadie los ha informado. Típicamente, los crímenes mayores son informados por la víctima, una vez el delincuente se ha marchado de la escena del crimen, algunas veces horas e incluso días después de haber ocurrido la fechoría.

En el informe inicial debe recopilarse la mayor cantidad de información posible. Como la mayoría de los delitos ya cometidos son informados telefónicamente al cuadro de emergencias de la Policía. Por esta razón la responsabilidad inicial de obtener información usualmente descansa en el operador telefónico. Este deber se dificulta, ya que la persona que llama está afectada por los hechos que le ocurrieron y en otras ocasiones ni siquiera el que se comunica es el afectado y puede ocurrir, que no se quiera ver involucrado.

Es esencial que el operador telefónico recopile la siguiente información:

1. La naturaleza general del crimen cometido; si es un robo, una violación, un asesinato etc.

2. La localización donde ocurrieron los hechos: calle, número de la casa, debe ser lo más específica posible para que un oficial policíaco pueda llegar con rapidez, sin perder tiempo y energía buscando el lugar.

   Debe tratar también de obtener la siguiente información:

   a. La identidad de la persona que llama, si es la víctima o un testigo, el nombre de la persona que se está comunicando, el número de teléfono, del cual se comunica y la relación con el crimen que está informando.

Toda esta información se le pasa al agente policíaco, usualmente por la radio portátil. En la mayoría de los casos, el oficial de prevención o de patrullaje responderá e investigará los hechos reportados. En algunos casos, un oficial de mayor rango o un oficial federal. Esto dependerá del tipo de crimen cometido o si existe jurisdicción federal sobre los hechos ocurridos.

Si un oficial obtiene la información directamente, debe obtener la misma información que tomaría el operador telefónico, aun si el crimen está en proceso de cometerse, ya que podría ser un error fatal el irse de la escena del crimen sin haber obtenido toda la información necesaria.

INVESTIGACIÓN PRELIMINAR

Las pistas o pruebas que conducen a la posible solución de un hecho delictivo están en el lugar donde se cometió el mismo. Por eso es tan importante visitar el lugar de los hechos. En algunos, muy pocos y raros casos, esta etapa puede resultar fútil, pero en la gran mayoría es un paso definitivo para la solución del caso.

Por lo tanto, el investigador deberá estar alerta a todo lo que constituya pruebas, indicios o pistas. Debe saber cómo encontrar la evidencia, dependiendo del tipo de delito que se ha cometido, recogerla, protegerla y preservarla.

La escena del crimen se puede definir como el lugar donde se cometieron los hechos delictivos, mas la búsqueda de evidencia física debe incluir un área aun mayor, incluso los medios de huida del delincuente. Por lo tanto, la escena del crimen debe incluir el lugar específico donde ocurrieron los hechos y sus inmediaciones más próximas.

La investigación preliminar es la primera responsabilidad del oficial investigador. En la misma debe establecer los elementos del o los delitos cometidos. Dependerá de la naturaleza de los hechos cometidos, de la relación entre el tiempo de la ocurrencia del delito y de si se puede o no aprehender al sospechoso (hay delitos que prescriben), el que se continúe o no con la investigación.

La investigación inicial es efectuada por el **primer** oficial que llega a la escena del crimen con un rango mayor de sargento. Es el mismo que estará a cargo del arresto del sospechoso o del autor de los hechos que aún se encuentra en la escena o escapando de esta. Además, ese oficial será el responsable de guardar, procesar, proteger y preservar toda la evidencia recopilada en la escena del crimen.

Evidencia, es cualquier prueba que pueda exhibirse en el tribunal para tratar de esclarecer la verdad con relación a un hecho que es dudoso. 32 L.P.R.A. Ap. IV R.18.

FUNCIONES

Hay que cumplir con tres funciones primordiales en la escena del crimen, estas son: coordinación, servicios técnicos, y servicios investigativos.

La primera función, la coordinación, la lleva a cabo el coordinador de la escena, que es quien estará a cargo de la investigación en general, incluyendo a los servicios técnicos y los servicios investigativos. Esta persona aprobará las decisiones relacionadas con el caso. Esta función recae sobre el primer oficial que llega a la escena. Servicios técnicos se relaciona con el proceso en la escena del crimen, es decir, con identificar, recolectar, marcar, y preservar toda la evidencia, y toda la documentación necesaria, incluso los bocetos ("croquies") y las fotografías. El coordinador también es el responsable de llevar la evidencia a los depósitos de seguridad o al laboratorio forense. Durante la función investigativa estará a cargo de entrevistar a los testigos, a las víctimas, y de llenar las querellas relacionadas. Si el sospechoso se ha puesto en custodia, llevará a cabo su interrogatorio. También conducirá la búsqueda de futuros testigos. Esta función usualmente la llevan a cabo los agentes uniformados, pero en algunas ocasiones debe ser llevada a cabo por agentes vestidos de ropa de civil, pues podría ser contraproducente en la búsqueda o en la actitud y cooperación de algunos posibles testigos. En Puerto Rico, debido a la escasez de personal en la Policía, usualmente estas tres funciones las lleva a cabo la Policía Preventiva o de Patrullaje.

Para que la fase preliminar de la investigación sea una completa, debe cumplirse con lo siguiente:

1. Establecer si se cometió un delito: aprehender al sospechoso (si es posible), determinar el tipo de

crimen según su categoría y clasificación específica.

2. En los casos en donde existen testigo oculares, se debe asegurar una descripción del autor de los hechos, qué tipo de vehículo, si alguno usó y la dirección por donde se escaparon. Esta información debe ser transmitida lo antes posible por medio de la radio policial.
3. Localizar y entrevistar a las víctimas y a los testigos- Todo esto debe constar por escrito y asegurado, ya que posee las identificaciones de la víctima y de los posibles testigos que se podrán utilizar durante el juicio o para poder localizarlos en caso de necesitar información adicional en el futuro.
4. Aislar el lugar de los hechos - Se debe evitar que personas ajenas a la investigación penetren en el área.
5. Proteger la escena del crimen- Evitar la destrucción o alteración de las pruebas; recoger y recolectar objetos, huellas, marcas, cualquier objeto que pueda ser evidencia o que es evidencia. Se marca toda la evidencia recolectada para así poder identificarla o protegerla de que no sea intercambiada por otra, perdida, dañada o contaminada. La evidencia debe mantenerse en un lugar seguro o en el Laboratorio Forense para así proteger su integridad y mantener un control desde el momento que se encontró hasta que se pueda utilizar como "exhibit" en el tribunal, por parte de la fiscalía.
6. Determinar cómo se cometió el crimen, en qué consisten los daños físicos, como los de la propiedad.

7. Debe llevar un expediente claro y exacto de todo lo anterior: las historias de los participantes, de los testigos, de la evidencia obtenida y su disposición; medidas que se tomaron en la escena del crimen; debe incluir todas las fotografías y bocetos de la escena y debe incluir cualquier comentario de alguno de los agentes involucrados en la búsqueda en la escena del crimen.

En ocasiones ha trascurrido tiempo y no es posible alejar a los testigos, o aislar la escena, por lo que bastante evidencia pudo haber sido suprimida o deteriorada. En estos casos, la evidencia testifical se tornará crucial para desarrollar la investigación.

REGLAS QUE DEBE CUMPLIR EL INVESTIGADOR DE LA ESCENA

Sin importar el tipo de delito que se haya cometido, se deben observar ciertas reglas al llevar a cabo una investigación.

La primera regla debe ser el **CONTROL**. Si no seguimos un control, incluso se pueden perder vidas, se puede destruir evidencia, se pueden asignar trabajos de forma repetida, o dejar pasar por alto algún hecho esencial en el proceso investigativo.

El control comienza cuando llega el primer agente a la escena del crimen. En éste recae la responsabilidad inmediata de demarcar los límites de la escena, es decir, debe asegurar el área de los hechos y sus inmediaciones. Debe posicionar al personal para prevenir acceso no autorizado al área de la escena del crimen y cubrir aquellas áreas o piezas individuales que puedan verse afectadas por las inclemencias del tiempo.

Es importante recordar que en algunos casos, por su naturaleza o por las personas involucradas en ellos, la prensa estará presente. En estos casos el coordinador entra en contacto verbal con los miembros de la prensa que quieran tomar fotografías y/o videocintas, con el propósito de obtener información para el público en general. El responderle apropiadamente a los miembros de la prensa es un aspecto esencial para mantener el control. La persona a cargo de la investigación debe cooperar con la prensa, pero en dicha cooperación debe ser sumamente cuidadoso, ya que no puede permitir que su cooperación interfiera con el ámbito de la investigación. Tiene el deber de proteger los derechos civiles del sospechoso/s, evitar poner en peligro a los testigos o a algunos compañeros investigadores y evitar preocupar a los posibles parientes de una víctima no identificada aún. También debe ser claro y conciso en la información porque en todos los casos la prensa llevará a cabo una investigación paralela que no siempre es relacionada a los hechos acaecidos.

La segunda regla es la **CONCEPTUALIZACIÓN**. Al estudiar la escena de un crimen, debemos tener en mente tanto los hechos como las inferencias. Esto facilita la reconstrucción de los hechos delictivos y la identificación de los métodos de operación utilizados por el sospechoso. Además, sugiere la posible existencia de ciertos tipos de evidencias físicas y nos asiste en el establecimiento de objetivos a alcanzar. El ser humano es rico en creatividad, es por esto que un investigador tiene que ser a su vez sumamente creativo, ya que no todos los seres actúan de una misma manera ni por los mismos motivos. Es por esto que no debemos hacer presunciones de ninguno de los hechos. Por ejemplo, en un secuestro donde las víctimas son dos mujeres, la policía al cabo de estar buscando por dos días encuentra el cuerpo de una de las mujeres, por lo que presume que la otra mujer también está muerta y no la continúa buscando. Al cabo de una semana encuentran el cuerpo de la otra mujer a la que acababan de asesinar.

La evidencia física, como un arma utilizada en un asesinato, es usualmente fácil de encontrar en el lugar de los hechos y requiere de poca conceptualización por parte de los investigadores; pero no obstante, pequeños trazos de evidencia, requieren mayor conceptualización, si queremos encontrarlos.

La tercera regla es **PRECAUCIÓN**. Debe ser sumamente cuidadoso al acercarse a alguna evidencia que esté a simple vista. Como por ejemplo, en un caso de asesinato, el cuerpo de la víctima. Al acercarse a esta evidencia de una manera acelerada y sin el debido cuidado, puede destruir o alterar evidencia importante que estuviera en su camino. Por lo tanto, al llegar a la escena de los hechos debemos estudiarla rápidamente, pero con cautela.

La cuarta regla **PROTECCIÓN**. En el curso normal del cumplimiento de sus funciones, un agente, los técnicos de las escenas del crimen y los investigadores tienen la oportunidad de estar en contacto directo con enfermedades contagiosas; como lo son actualmente de mayor preocupación la hepatitis B y C y el Síndrome de Inmunodeficiencia Adquirida (SIDA). Es por esto que todo aquel involucrado con delitos sobre la persona, necesita tener toda la información pertinente sobre las enfermedades contagiosas más comunes y sus medidas de precaución para no contagiarse.

La quinta regla es **DOCUMENTACIÓN.** El tomar apuntes es un trabajo vital dentro del campo investigativo. Todo lo que usted aprende durante este curso lo apunta para en su momento poderlo utilizar de referencia. Eso es lo mismo que va a hacer cuando sea un investigador profesional. El investigador poco profesional va a anotar solamente hechos básicos y tratará de mantener en su memoria el resto de los hechos. Sabemos que lo que ocasiona esta falta es pérdida de información valiosa o problemas en la presentación de evidencia en el tribunal, y que en su día probablemente por esta omisión no pueda admitirse una prueba valiosa en corte.

Varias escenas de crímenes deben ser incluso, documentadas gráficamente, usando bocetos ("croquies") y/o fotografías.

Para obtener una documentación más exacta de la escena del crimen, varias visitas al lugar pueden resultar de gran provecho. Especialmente deben hacerse a la hora aproximada en que ocurrieron los hechos delictivos que dieron lugar a la investigación.

Desde el momento en que un investigador llega al lugar de los hechos, debe anotar todos los datos: la hora, la fecha, descripción del área, temperatura y todo detalle que esté en el lugar.

Como hemos mencionado, deben tomarse fotografías y preparar un boceto ("croquis") del lugar, en algunas ocasiones sólo será necesario preparar el boceto; pero siempre es preferible tener fotografías. Estas se toman antes de registrar la escena del crimen, para que las mismas muestren lo que encontró el investigador cuando llegó al lugar de los hechos.

Las fotografías y los bocetos deben numerarse y en los

mismos se debe describir desde qué ángulo se está tomando, por ejemplo:

1. la escena desde el este,
2. desde el oeste; también debe describirse la distancia a la que se tomó. Es importante que toda anotación que se haga describa la posición del fotógrafo.

En los bocetos se debe identificar cómo están orientados y, si se trata de un caso más complicado, es aconsejable que el mismo sea hecho a escala.

En ambos se tiene que describir y señalar las pruebas que se encontraron, por ejemplo las armas, huellas, cuerpo, etc.

TIPOS DE PRUEBAS

Tan pronto como sea posible, debe efectuarse un rápido registro para así obtener las distintas pruebas necesarias para dilucidar la investigación. Esto es importante, ya que las mismas son el medio para llegar a la verdad.

Existen pruebas que nos sirven de medio para inferir cualquier otro hecho. Es por esto que todo en la escena del delito puede ser aprovechado.

Las pruebas se obtienen a través de los sentidos: la vista, el olfato, el gusto, el tacto y el oído. El uso de estos sentidos es lo que lleva en unión con los atributos y experiencia del investigador a poder reconstruir lo sucedido. En algunos casos, durante el registro se encuentran pruebas como el instrumento del delito, otras armas, huellas dactilares, huellas de pisadas de neumáticos, y definitivamente varios pedazos de un rompecabezas que irá formando el investigador.

El propósito del registro es descubrir pruebas físicas que permitan al investigador:

1. Establecer los hechos del crimen.
2. Identificar el método de operación.
3. Reducir la cantidad de sospechosos e identificar al culpable.
4. Exonerar a los inocentes.
4. Determinar la culpabilidad del criminal.
5. Encontrar la mejor forma para aprehender al criminal.

Hay dos tipos de pruebas que se encuentran en el escenario de un delito: **las fijas y las móviles**. Los tipos principales de pruebas fijas incluyen las huellas dactilares, impresiones de zapatos, neumáticos y herramientas, escritos o marcas, instrumentos y bienes inmuebles. Las pruebas móviles son aquellas que se pueden trasladar fácilmente y guardarse hasta que vayan a ser utilizadas.

En el manejo adecuado de la prueba debemos mantener lo que llamamos la cadena de custodia o la cadena de evidencia.

La cadena de custodia o de evidencia implica la posesión continua de la prueba y que la misma no ha sido contaminada ni alterada; y que es la misma prueba que se recolectó en el lugar de los hechos delictivos, desde el momento en que la misma se recolectó hasta que se lleva ante el tribunal. Por esta razón es tan importante la forma como se identificó dicha prueba y la manera como se registró. Es por eso que se va a exigir un recibo cuando se manda la misma a guardar o al laboratorio forense. En el registro se anotará la fecha de entrega, la hora, el lugar, y el nombre de la persona a quien se le entregó.

La cadena de custodia o de evidencia no se define por una Regla de Evidencia en específico, pero su concepto se encuentra permeado en las reglas 9, 18, 75, 80 y 82, las cuales se deben leer para entender mejor el alcance de la cadena de custodia o de evidencia.

Si existe algún fallo sustancial en la cadena de custodia, no será admisible dicha prueba, mas la mera posibilidad de una interrupción de la secuencia de la cadena no hará inadmisible la evidencia que se quiere presentar. *Pueblo v. Bianchi*, 117 D.P.R. 484 (1986).[1]

MÉTODOS DE REGISTRO

Los métodos de registro pueden variar, pero siempre se tendrá que seguir un sistema para así no alterar o destruir evidencia.

Tenemos que contar con cinco consideraciones mayores para hacer un registro, mas en todo caso el primer esfuerzo debe dirigirse a encontrar el instrumento con que se perpetró el delito, huellas digitales, de marcas, de llantas, es decir toda aquella prueba que puede ser fácilmente destruida o alterada en el mismo proceso de investigar los hechos.

El coordinador debe tomar una decisión con relación a los perímetros que deben ser investigados. Cuando se trata de interiores se establece por la estructura del lugar que

1 Doctrina vigente, ver 94 J.T.S.123.

usualmente se compone de cuatro paredes, piso, techo y todos los bienes muebles que se encuentren en el lugar. Pero como hemos dicho, la escena del crimen también se extiende a los alrededores y a las zonas de entrada y huida de los atacantes.

La forma espiral de registro **(VER DIBUJO)**, es la que usualmente se emplea en escenas de exteriores y usualmente es hecha por una sola persona. Esta investigación debe comenzarse de afuera hacia adentro, en forma circular. No debe comenzarse por adentro o en el centro del perímetro que va a ser investigado, ya que al llegar al centro se podría destruir evidencia.

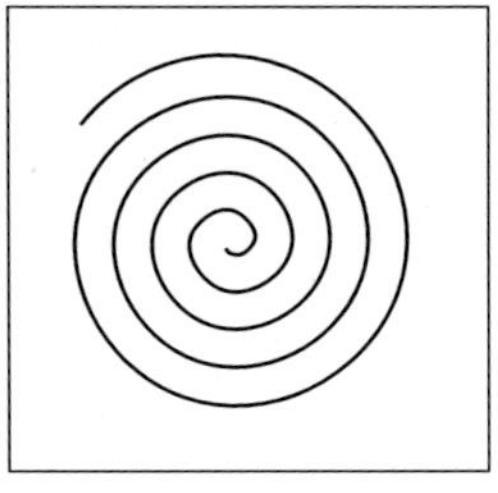

En el registro de forma de banda **(VER DIBUJO)**, esta envuelve la demarcación de una serie de líneas, en donde más de una persona van a estar investigando. Con este método de registro, cuando un investigador descubre alguna evidencia, todos los investigadores deben parar, para poder manejar adecuadamente la evidencia encontrada y se reciba información acerca de la misma y su naturaleza.

Una variación del registro en forma de banda, es la forma de rejilla **(VER DIBUJO)**. Esta se hace en combinación con el registro en forma de banda. Una vez se termina con la forma de banda, los investigadores proceden a efectuar un registro doble en forma perpendicular a la anterior en el área registrada. Esta toma más tiempo, pero tiene la ventaja de que es

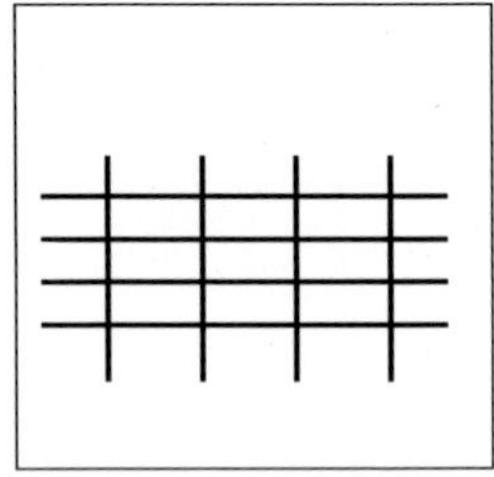

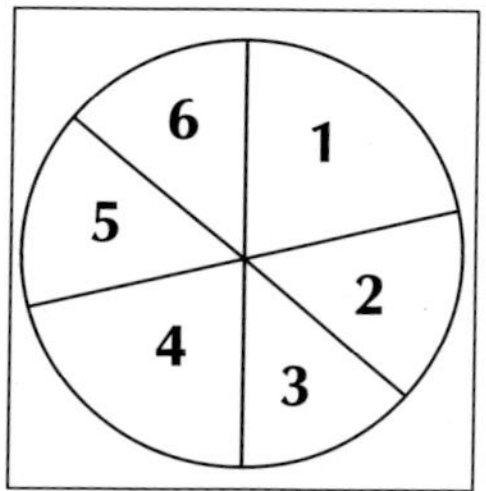

más metódica y concentrada, pero también podría tener la desventaja de que se pase por la evidencia doblemente.

También tenemos el registro al que llamamos zonificado, donde se requiere que el área sea dividida en cuatro cuadrantes. Cada uno de los cuadrantes será registrado con los métodos antes mencionados. Y el registro en forma circular (VER DIBUJO) el cual se divide como si fuera un bizcocho, usualmente en seis secciones, donde se utilizará en cada sección el método de banda.

ESTIMACIÓN DE LA HORA DE LA MUERTE

Si al llegar a la escena del crimen nos encontramos que la víctima ha fallecido, una de las tareas del oficial investigador, será estimar la hora de la muerte, aunque posteriormente un patólogo lo determinará con exactitud. En Puerto Rico llegaron a patología forense aproximadamente 1,800 cadáveres para el año 2001. A la mitad de los mismos se les hizo autopcia.[2]

Esta información es necesaria para establecer a que hora ocurrieron los hechos delictivos y para corroborar o desechar una coartada.

La hora aproximada en que murió la victima se puede estimar examinando los cambios fisiológicos que normalmente ocurren después de la muerte.

Al momento de ocurrir la muerte se presentaran unos cambios en los tejidos del cuerpo, esto es así debido al cese

---

2 Información aportada por el Dr. Francisco Cortés, Instituto Forense de Puerto Rico.

en funcionamiento de órganos vitales en el cuerpo. Alguno de los cambios en los tejidos del cuerpo son observables como lo son: la flacidez muscular, cambios en la piel y ojos, frialdad del cuerpo, lividez post mortem, rigor mortis y putrefacción. La magnitud y la intensidad de estos cambios fisiológicos, sirven como marcadores para reconocer la hora aproximada en que falleció la persona.

- **La piel:** La piel de un cuerpo muerto usualmente tiene un descolorido general. El color normal de los labios y de las uñas desaparecen tan pronto como la circulación se detiene o es deficiente, usted lo ha podido notar si le ha dado fiebre el color de su cuerpo también cambia. La piel se transformara como si la persona tuviera carne de gallina. Esta condición será más pronunciada si los cuerpos se rescatan del agua o de lugares fríos. Dicho estado dura por lo general unas veinticuatro horas, aunque puede haber casos en que perdura por días.

  Los cuerpos encontrados bajo el agua, mostrarán unos signos especiales que pueden ayudar al investigador:

  De 2 a 4 horas, la piel de los dedos de las manos y pies, aparece blanca y arrugada.

  De 24 a 48 horas, el cambio anteriormente mencionado se extiende a las manos y a la planta de los pies.

  De una (1) semana, la capa exterior de la piel se separa de la capa mas profunda. De 2 a 3 semanas, la piel y las uñas se separan del cuerpo.

- **Músculos**: Se crea una flacidez en los músculos y se puede observar un aflojamiento notable en las extremidades. Al moverse el cuerpo, la cabeza le colgara, no debemos pensar que se le ha roto el cuello. Cesa el control de los músculos de la vejiga y de los intestinos y su contenido puede escapar del cuerpo.

- **Ojos:** los párpados permanecen abiertos si se les separa. Las pupilas pueden tener forma irregular y tamaño distinto una de la otra, debido a la perdida de control muscular. Los ojos también reflejan la perdida de humedad del cuerpo. Si los párpados están abiertos, la sequedad de la superficie del ojo es más notable y se aprecia una película opaca delgada que cubre los globos de los ojos. Esto se puede observar aproximadamente una hora después de la muerte, según la humedad atmosférica.

  Los ojos pierden su firmeza y tienden a hundirse en sus huecos. Posteriormente, el color blanco de los ojos se torna amarillento o café rojizo.

- **Temperatura del cuerpo:** La perdida de calor en el cuerpo no ocurre inmediatamente después de la muerte, ya que un cuerpo sin vida tiende a asumir la temperatura del medio ambiente. Debido a que el intercambio de temperatura caliente se efectúa desde la superficie de la piel al medio ambiente, por lo regular, se puede afirmar que la temperatura del cuerpo será inferior después de la muerte.

  Normalmente un cuerpo se sentirá frió al palparlo de ocho (8) a doce (12) horas después de su muerte y generalmente alcanzara a la temperatura del aire que lo rodea después de unas 24 horas mas o menos.

  El promedio de perdida del calor de un cuerpo, depende de diversos factores:

1. **Factores ambientales**: Mientras mayor sea la

diferencia entre la temperatura del cuerpo y la del ambiente (temperaturas del aire o del agua), más rápida será la perdida de calor en el cuerpo. En consecuencia, el promedio de perdida de calor en un cuerpo será menor, cuando la temperatura del cuerpo se acerca a la temperatura ambiental. La intensidad y cantidad de las corrientes de aire y la temperatura de las superficies contiguas al cuerpo, también afectaran el promedio de perdida de calor del mismo.

2. **La temperatura del cuerpo:** La temperatura del cuerpo antes de morir es importante. Si la persona sufre golpes, lesiones cerebrales, estrangulación, insolación usualmente la temperatura del cuerpo tiende a subir unos grados. Por lo que el enfriamiento del occiso va a ser mas lento.

3. **Factores de aislamiento:** La grasa y la cantidad total de carne que tiene el cuerpo, o la cantidad de vestimenta usada a la hora de la muerte, afectara el promedio de temperatura después de la muerte.

La temperatura de un occiso, se debe de observar aun cuando tengamos conocimiento que otros factores pudieron afectan el promedio de pérdida del calor de la muerte. Si se siente tibio y muerto esto puede indicar que la muerte ha ocurrido en un lapso de pocas horas. Un cuerpo que se encuentra frío y viscoso, encontrado en el interior de una estructura, que tiene la temperatura normal de una habitación, puede indicar por lo menos que paso hace unas 24 horas.

El médico forense usualmente mide la temperatura del cadáver en el recto o efectúa una incisión en el abdomen e inserta un termómetro en el hígado.

El promedio de pérdida de calor de un cuerpo en un medio ambiente de 27°C (80.6°F), es de aproximadamente 1° (1.5°F) por hora.

LIVIDEZ POST MORTEM

Cuando en un cuerpo muerto cesan las funciones del sistema circulatorio, por acción de gravedad, la sangre tendrá la tendencia a asentarse en las porciones más bajas del cuerpo. Ocurre una perdida de color y se substituye el color normal de la piel con un color morado conocida como manchas de lividez. Estas aparecen en la piel de las áreas del cuerpo más próximas a la superficie sobre la que esta descansa, no aparecerá en la porción del cuerpo que este contacto firme con el piso o la superficie que lo soporta, ya que los conductos sanguíneos en estas áreas están comprimidos, e impiden que la sangre circule y manche los tejidos del cuerpo.

Las livideces cadavéricas deben ser evaluadas en la escena y no en el Instituto Forense. Las manchas de lividez tendrán la tendencia de ser de color rojizo púrpura , en algunos tipos de muerte la decoloración será de un matiz distinto. En los casos por envenenamiento por monóxido de carbono o cianuro, las manchas de lividez son de color rojo claro. En muertes causadas por envenenamiento de clorato de potasio, las marcas de lividez retienen su color hasta el inicio de la putrefacción, cuando se tornan de color moreno.

La lividez post mortem, aparece aproximadamente media hora después de la muerte y adquieren un todo muy intenso después de cuatro horas. Una vez que la lividez se ha manifestado totalmente, las manchas no se borraran aunque se mueva al occiso. Por lo que podríamos concluir, que unos cuerpos con marcas en la superficie superior fueron movidos después de su muerte. Por otra parte, las marcas cambiarán si el cuerpo es movido cuando la sangre aun fluye. Un cambio en posición del cadáver de 3 a 4 horas después de la muerte, puede causar que las manchas originales desaparezcan parcialmente y se formen unas nuevas. Después de doce horas no se producirán manchas nuevas.

RIGOR MORTIS

Al principio, los tejidos de los músculos pierden su firmeza y se vuelven suaves y flexibles. Este relajamiento dura hasta que entra el rigor mortis.

El rigor mortis es un atiesamiento general del cuerpo causado por la descomposición de las enzimas y la acumulación de ácido en los tejidos musculares. Esta condición se observa de 3 a 6 horas después de la muerte y persistirá por 12 horas aproximadamente después de que alcance su pleno desarrollo.

Usualmente los signos de rigor mortis, desaparecen después de 24 horas; el cuerpo de nuevo volverá a relajarse y permanece en este estado.

Las muertes producidas por lesiones graves al sistema nervioso central, o lesiones emocionales y musculares, un entiesamiento de los brazos y manos pueden ocurrir a la hora de la muerte. Esta condición es conocida como espasmo cadavérico y no debe confundirse con rigor mortis.

PUTREFACCIÓN

La descomposición de un cuerpo ocurre en varias etapas, esto puede variar por las condiciones o factores ambientales.

En un ser humano saludable, los microorganismos[3] limitan su crecimiento a los epitelios del cuerpo (la piel, intestinos, epitelios mucosos -como la vagina, los pulmones). Al morir la actividad de los microorganismos aumenta, se pierden los controles normales y comienza la putrefacción. Esto usualmente comienza en el tracto digestivo o en las porciones enfermas del cuerpo.

Los factores ambientales serán determinantes, mientras más calurosos estén los alrededores, más rápidamente ocurrirá la putrefacción.

En Puerto Rico, por el ambiente de altas temperaturas y la humedad la descomposición del cadáver es más rápida. En un ambiente templado el cadáver se puede volver esqueleto en aproximadamente 6 meses a un (1) año. No obstante en Puerto Rico se puede convertir en esqueleto en un (1) mes.

Si encontramos un cadáver con gusanos esto es debido a los animales que se encontraban en el área.

---

[3] Microorganismos- Organismo unicelular microscópico: microbio. Los microorganismos se desarrollan en un medio favorable. Joaquín Turina, *Diccionario de Uso del Español Actual*, p. 1201,1996. La complejidad de los micro organismos es variada, los microbios pueden ser subdivididos en virus, bacteria, hongos y parásitos. Patrick R. Murria, Ken S. Rosenthal, George S. Kobayashi, Michael A. Pfaller, *Medical Microbiology*, p. 1, Ed. 3, 1997. Microorganismos- organismos que usualmente no son visibles a simple vista y requieren el uso del microcopio para su estudio u observación. Incluyen bacterias, hongos, virus, protusuarios, algas y algunos animales simples (Ej. metazoarios y nematodos). Comentario Claudio L. Feliciano Hernández, M.S.

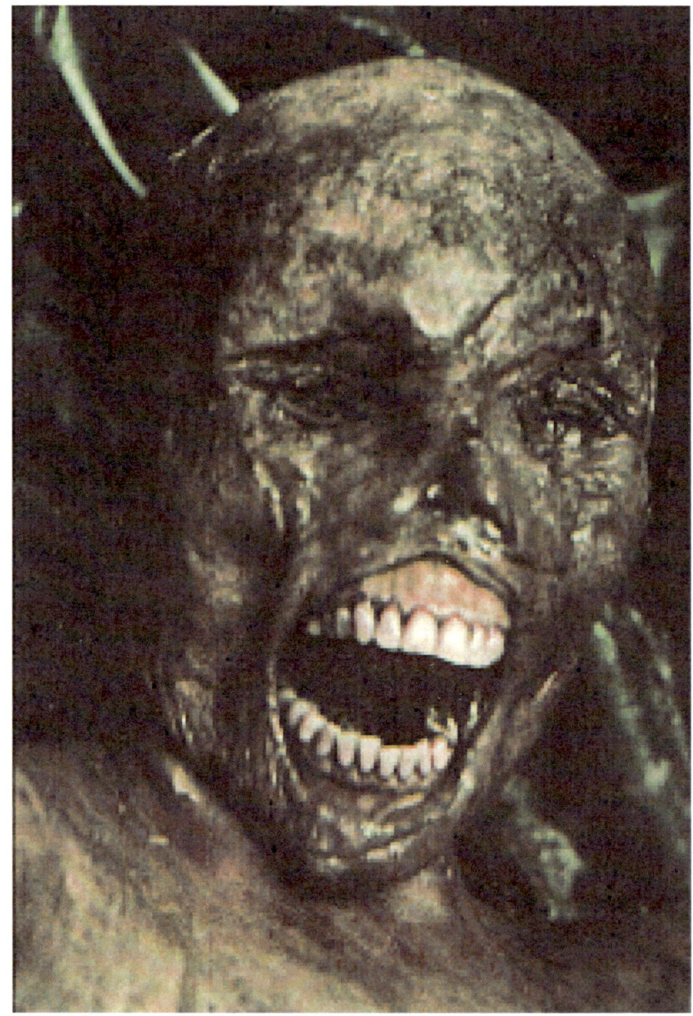

Figura 5.1
Los dientes rosados ("Cherry Red") nos indican que la persona/occiso se encontraba en un lugar tibio y húmedo. o porque el occiso sufrió traumas o sufrimientos físicos al morir. Por ejemplo, la persona fue enterrada viva.

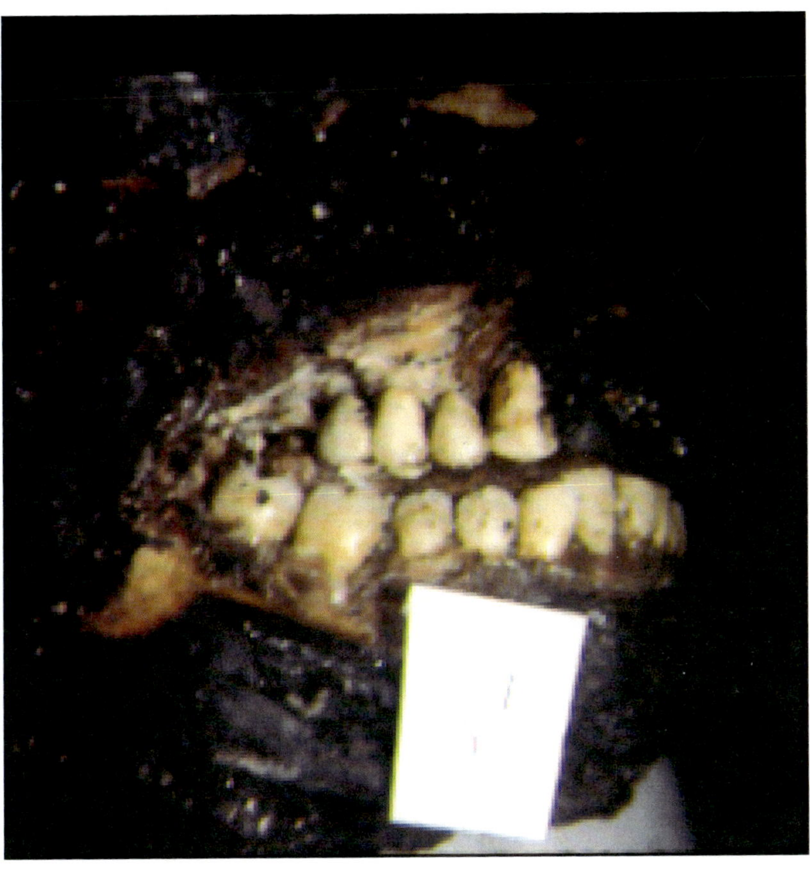

Figura 5.2
Por medio de los dientes se pueden identificar occisos, que de otra manera no serían identificables. Es decir, los dientes me pueden contestar la pregunta, ¿quién soy?

Figura 5.3
Los dientes removibles pueden identificarse a través del laboratorio o el dentista que los hace.

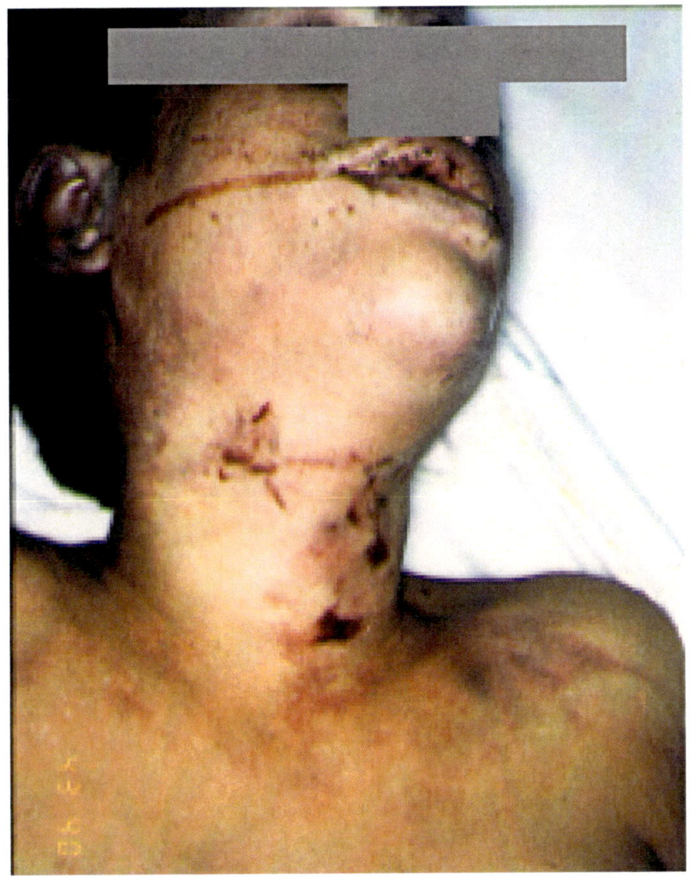

Figura 5.4
Picadas de insecto nos pueden indicar el tiempo de desaparecido del occiso.

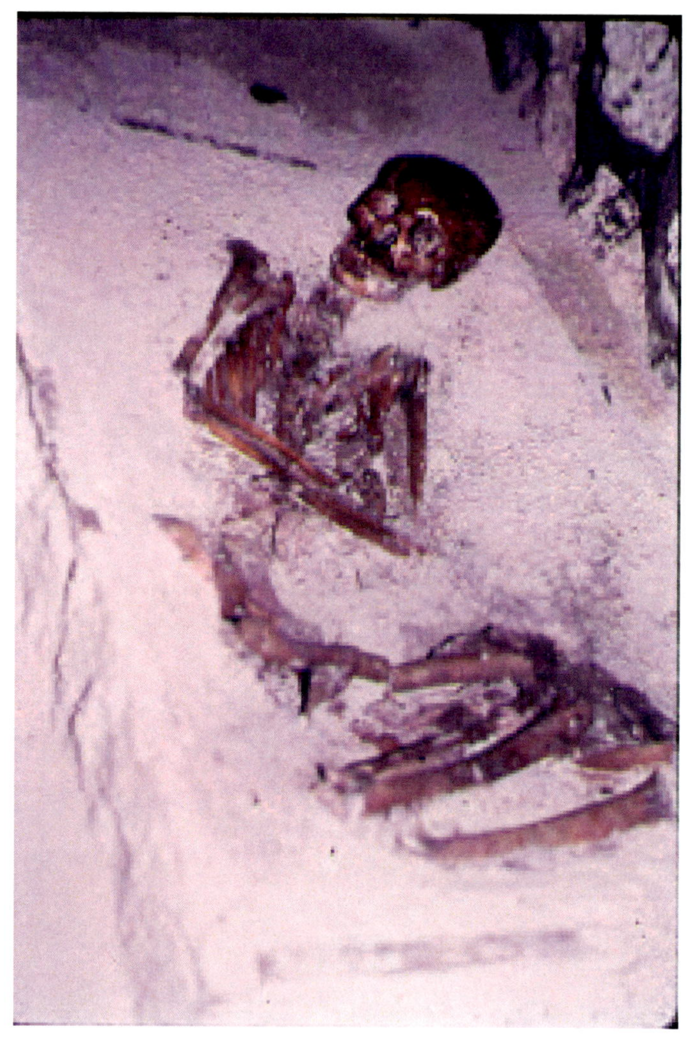

Figura 5.5
Estado de putrefacción

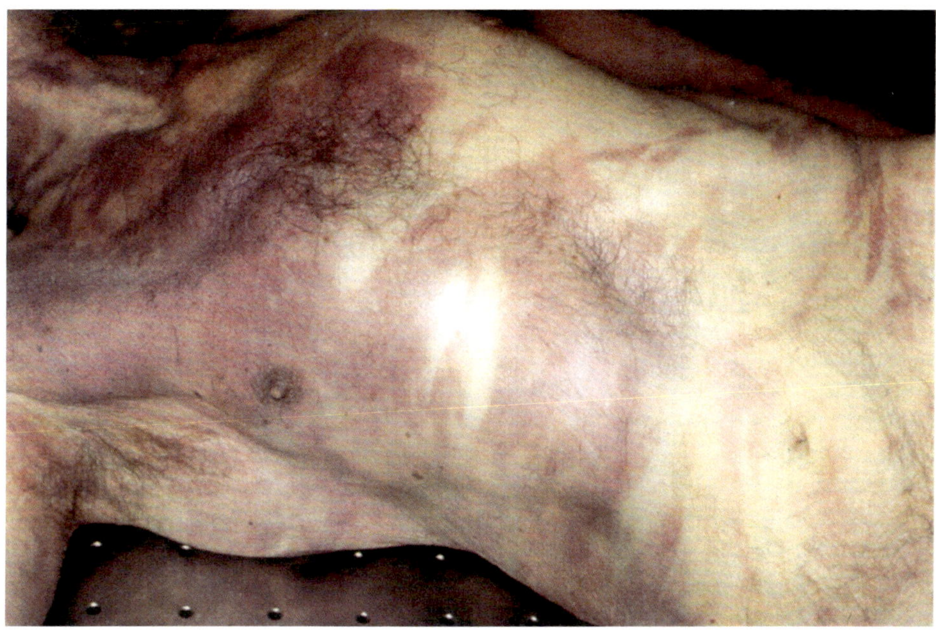

Figura 5.6
"Livideces cadavéricas". El cadáver permaneció tras la defunción, en decúbito prono lateral derecho.

Figura 5.7
La especie de gusanos no se desarrolla en todo medio ambiente. Por lo que nos puede indicar el tiempo que lleva en el área o si el occiso fue transferido. También nos indica el tiempo que lleve en el área (por la cantidad de larvas y su etapa de desarrollo).

En las primeras etapas, la putrefacción progresa más rápidamente en las áreas donde este presente la lividez. Los conductos sanguíneos superficiales aparecen como listas café-verdosas.

La acción bacterial produce gas que causa tumefacción y un fuerte olor desagradable. Ampulas liquidas y gaseosas en la piel y gradualmente se tornan negras. Los contenidos del estomago pueden ser forzados a través de la boca y la bolsa fetal puede caer.

LA CONTINUACIÓN DE LA INVESTIGACIÓN

La continuación de la investigación comienza después que se ha terminado con la investigación preliminar y la misma ha sido revisada. Esta abarca todo el trabajo necesario para la identificación y arresto del sospecho que ha cometido el acto delictivo. Por lo tanto, en esta fase de la investigación es en donde se desarrolla el caso.

Para tener una idea básica de qué debe incluir la continuación investigativa, las enumeramos:

1. Darle seguimiento a la investigación preliminar e iniciar o continuar con los conceptos claves que nos sirven de guía para la identificación y arresto del sospechoso y de sus cómplices y/o encubridores, si algunos.
2. Desarrollar y revisar la escena del crimen.
3. Analizar los significados legales de la información obtenida y de la evidencia.
4. Establecer qué argumentos se presentarán en el juicio, los técnicos, expertos y los expedientes escritos de los peritos que participan en la investigación.

5. Continuar investigando a posibles testigos o hacer nuevos interrogatorios a los testigos ya conseguidos.
6. Identificar al sospechoso y sus relacionados.
7. Arrestar al o los sospechosos y a todo aquél relacionado con la comisión del acto delictivo
8. Conducir un interrogatorio apropiado.
9. Preparar el caso en conjunto con el Ministerio Público.

Un tiempo razonable para arrestar a un sospechoso, dependerá del tipo de acto cometido, de cuántos sospechosos sean, en qué lugar se encuentran los sospechosos, de quién sea la víctima, del tiempo transcurrido y de la seriedad y empeño que los investigadores le pongan al caso.

LA PRESUNCIÓN DE INOCENCIA

Durante un juicio al sospechoso de los actos criminales, se le presumirá inocente hasta que se pruebe lo contrario, es decir la carga de presentar evidencia más allá de toda duda razonable, la tiene el Ministerio Público que es el que quiere probar la culpabilidad del sospechoso. Es decir, no podrá existir duda en la mente del jurado o del tribunal al decidir que el acusado presentado es el verdadero culpable de los hechos delictivos. Sin embargo, la defensa no tiene que presentar prueba ninguna sobre la inocencia, sólo tiene que probar que existe alguna duda en los argumentos presentados por parte de la fiscalía.

Es por esta razón que se debe tratar de recopilar la mayor cantidad de prueba admisible por el tribunal y con la suficiente fortaleza como para poder probar la culpabilidad del acusado más allá de toda duda razonable. Pero es importante saber que si encontramos pruebas de su inocencia no podemos llevar a juicio a esa persona. Esto iría en contra de nuestra ética profesional, de la moral e integridad humana.

Mas para que un investigador pueda llevar a cabo sus funciones, no puede tener en mente la presunción de inocencia, sino que pensará que él o los sospechosos del delito son culpables. Esto es así para que pueda operar de una manera más eficiente y pueda encontrar las pruebas suficientes para probar la culpabilidad del sospechoso. Esto no significa que si en algún momento de la investigación el investigador encuentra prueba que sea exculpatoria, o la posibilidad de que el sospechoso que él tenía en mente no sea el correcto, debe parar el proceso investigativo y recomenzar de nuevo, aunque no necesariamente desde sus inicios.

El investigador no debe crear evidencia, ni esconder ningún tipo de evidencia que encuentre, además de ser ilegal va en contra de la ética profesional.

CONFIDENCIAL

POLICIA DE PUERTO RICO

INFORME DE ANALISIS DE ESCENA

LA CIENCIA AL SERVICIO DE LA VERDAD Y LA JUSTICIA

Este informe se basa en las observaciones, hallazgos y pruebas criminalísticas realizadas en el lugar de los hechos.

ESTADO LIBRE ASOCIADO DE PUERTO RICO
INVESTIGACION DE MUERTES
CUERPO DE INVESTIGACION CRIMINAL

INFORME DE ANALISIS DE ESCENA

AREA POLICIACA ____________________

S . A . I . C . ____________________

NUMERO DE QUERELLA ____________________

PRECINTO O DISTRITO ____________________

NOMBRE DEL INFORMANTE ____________________

AGENCIA ____________________ **TEL.** ____________________

FECHA DE INFORMADO: ________ de ____________________ de ________

HORA DE INFORMADO: ________ (a.m.) ________ (p.m.)

MEDIO DE COMUNICACION: ☐ **Radio** ☐ **Teléfono** ☐ **Otro**

____

NOMBRE DEL INVESTIGADOR C.I.C. **NOTIFICADO:** ____________________

FECHA DE ANALISIS DE LA ESCENA: ________ de ____________________ de ________

HORA DE LLEGADA A LA ESCENA: ________ (a.m.) (p.m.)

DIRECCION DE LOS HECHOS: ____________________

FECHA DE LOS HECHOS: ____________________

CONDICIONES ATMOSFERICAS: ☐ Soleado: ☐ Lluvioso: ☐ Nublado:

Explique: ____________________

S.A.I.C.

CONDICIONES DEL PAVIMENTO O SUPERFICIE DONDE SE ENCONTRO EL CADAVER: ____________________

____

____

ARMAS DE FUEGO LOCALIZADAS: ☐ REVOLVER ☐ PISTOLA ☐ ESCOPETA ☐ OTROS ________

____

MARCA: ____________________ MODELO: ____________________

CALIBRE: ____________________ NUMERO DE SERIE: ____________________

LARGO DEL CAÑON: ____________________ COLOR CACHAS: ____________________

MARCA: ____________________ MODELO: ____________________

CALIBRE: ____________________ NUMERO DE SERIE: ____________________

LARGO DEL CAÑON: ____________________ COLOR CACHAS: ____________________

ARMAS BLANCAS U OBJETOS OCUPADOS: (Describe) ____________________

____

____

APARENTES IMPACTOS DE PROYECTIL DE BAJA LOCALIZADO EN LA ESCENA

(Describe localización y cantidad): ____________________

____

____

____

OTROS OBJETOS LOCALIZADOS: ☐ CASQUILLOS ☐ PROYECTILES ☐ CARTUCHOS ☐ BAJAS

☐ OTROS (Describe) ____________________

____

OTRA EVIDENCIA OCUPADA: ☐ SANGRE ☐ SEMEN ☐ PIEL ☐ PELOS

☐ OTROS (Describe) ____________________

____

____

S . A . I . C .

EXAMEN PRELIMINAR DEL CADAVER DEL CADAVER EN LA ESCENA

LEYENDA:

RIGIDEZ CADAVERICA DE 1 a 3

FECHA: __________ **de:** ______________________________ **de:** __________ **HORA:** ____________

LIVIDECES CADAVERICAS: / / /

FECHA: __________ **de:** ______________________________ **de:** __________ **HORA:** ____________

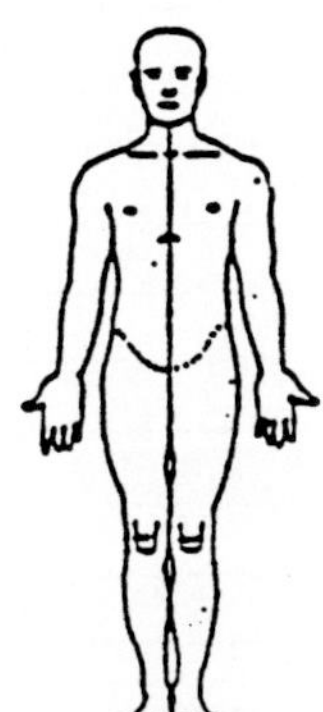

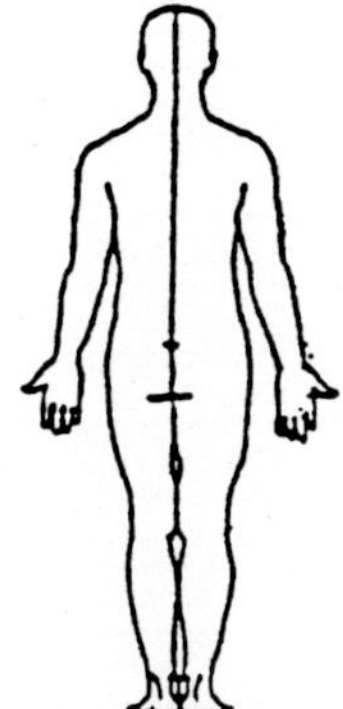

INDIQUE SIGNOS DE VIOLENCIA EN EL CADAVER

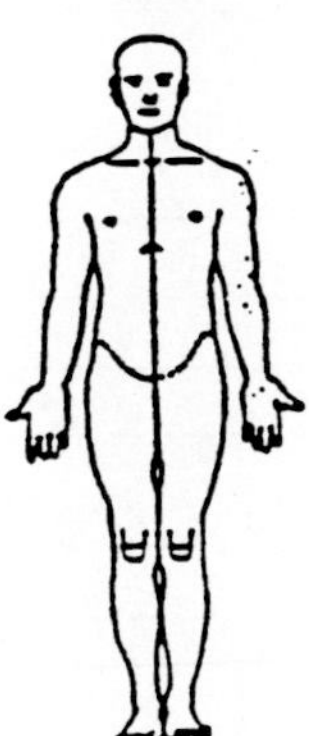

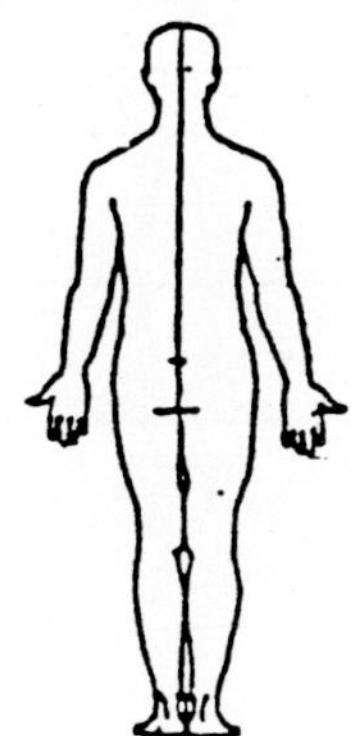

TEMPERATURA: **AMBIENTAL** ______________ **CORPORAL:** ______________

HORA: ______________ **HORA:** ______________

LEYENDA: ____

S.A.I.C.

OBSERVACIONES: ____________________

Nombre investigador C.I.C.
(en letra de molde)

Nombre del Supervisor
(en letra de molde)

Firma investigador

Firma del Supervisor

ESTADO LIBRE ASOCIADO DE PUERTO RICO
POLICIA DE PUERTO RICO
SECCION INVESTIGACIONES DE MUERTES
C.I.C. AREA PONCE

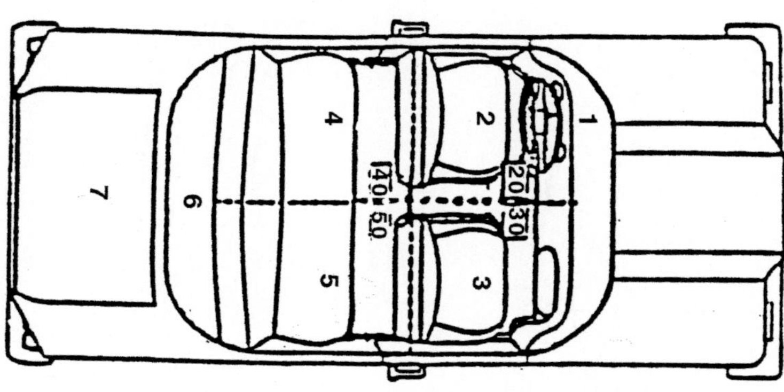

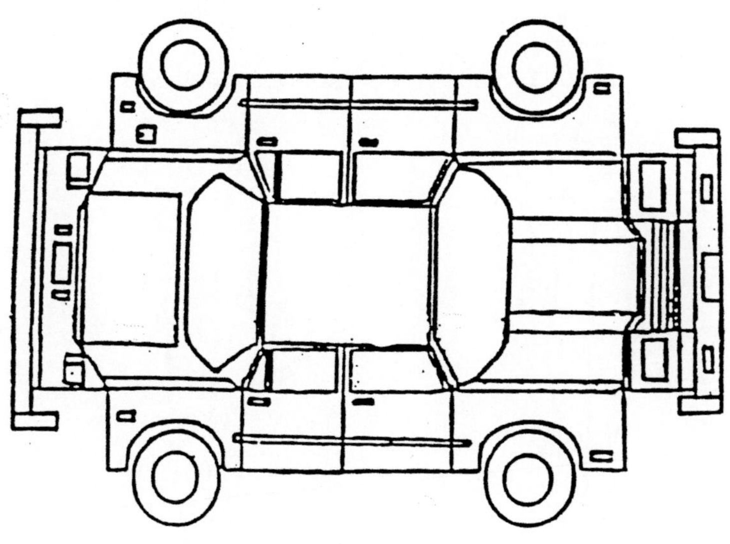

ESTADO LIBRE ASOCIADO DE PUERTO RICO
POLICIA DE PUERTO RICO
SECCION INVESTIGACIONES DE MUERTES
C.I.C. AREA PONCE

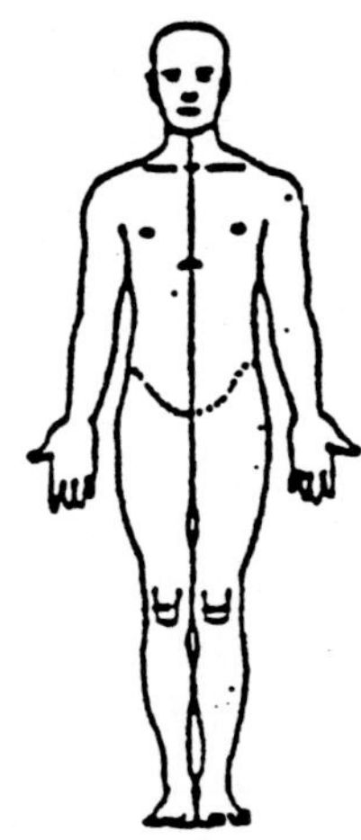

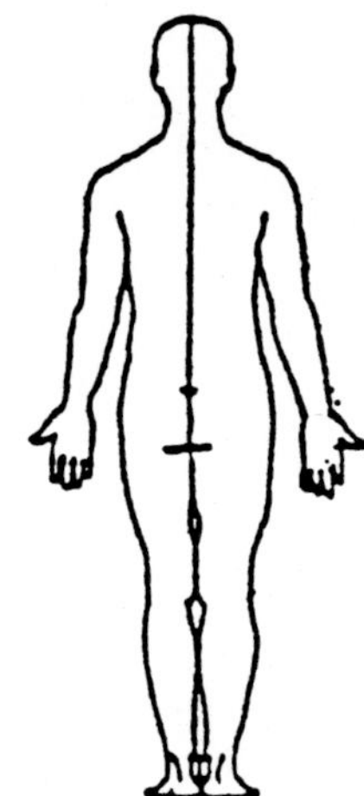

INDIQUE SIGNOS DE VIOLENCIA EN EL CADAVER

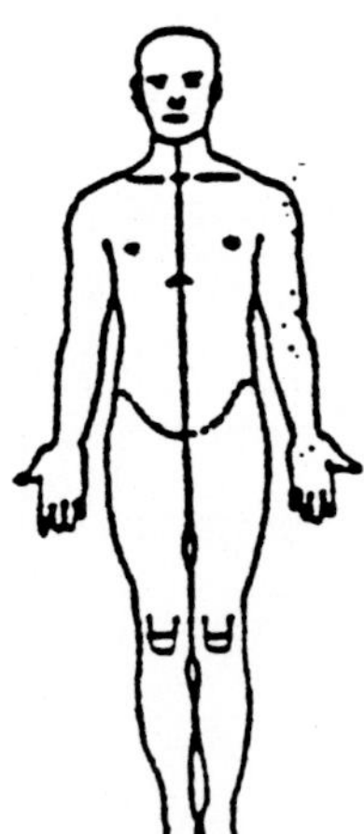

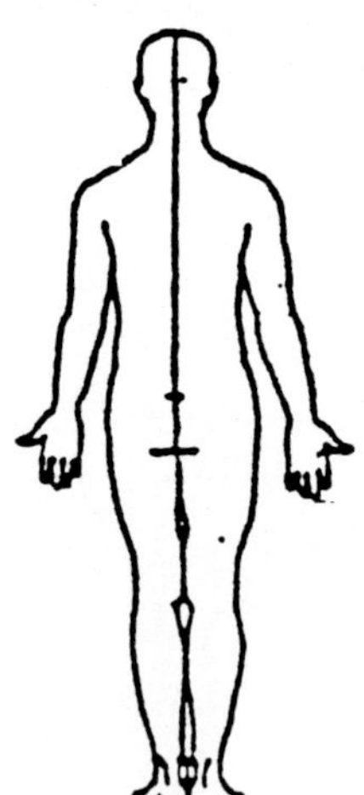

LOCATION: ______________________________

DATE: ______________________________

CASE IDENTIFIER: ______________________________

PHOTOGRAFER: ______________________________

ROLL NUMBER: ______________________________

PAGE ______ OF ____

PHOTOGRAPHIC LOG

LOCATION: ______________________________
DATE: ______________________________
CASE IDENTIFIER: ______________________________
PREPARER/ASSISTANTS: ______________________________
____
____

CAMERA: ______________________________
TYPE OF FILM
AND RATIN: ______________________________
REMARKS: ______________________________
____
____

PHOTO #	DESCRIPTION OF PHOTOGRAPHIC SUBJECT	USE OF SCALE	MISCELLANEOUS COMMMENTS	SKETCH (IF APPLICABLE)

ESTADO LIBRE ASOCIADO DE PUERTO RICO
SUPERINTENDENCIA AUXILIAR EN INVESTIGACIONES CRIMINALES
CENTRO DE ADIESTRAMIENTO DE LA
ESCUELA DE INVESTIGACION CRIMINAL EN LA
ACADEMIA DE LA POLICIA
AÑO 1996

REGISTRO CONTROL DE EVIDENCIA

TIPO DE CASO: ____________________ QUERELLA: ____________________
FECHA: ____________________ LUGAR HECHOS: ____________________
TIEMPO EN ESCENA: ____________________ AGENTE INVEST.: ____________________

NUMERO EVIDENCIA	HORA	DESCRIPOION DE LA EVIDENCIA	LUGAR ENCONTRADA	EVIDENCIA LOCALIZADA > PO

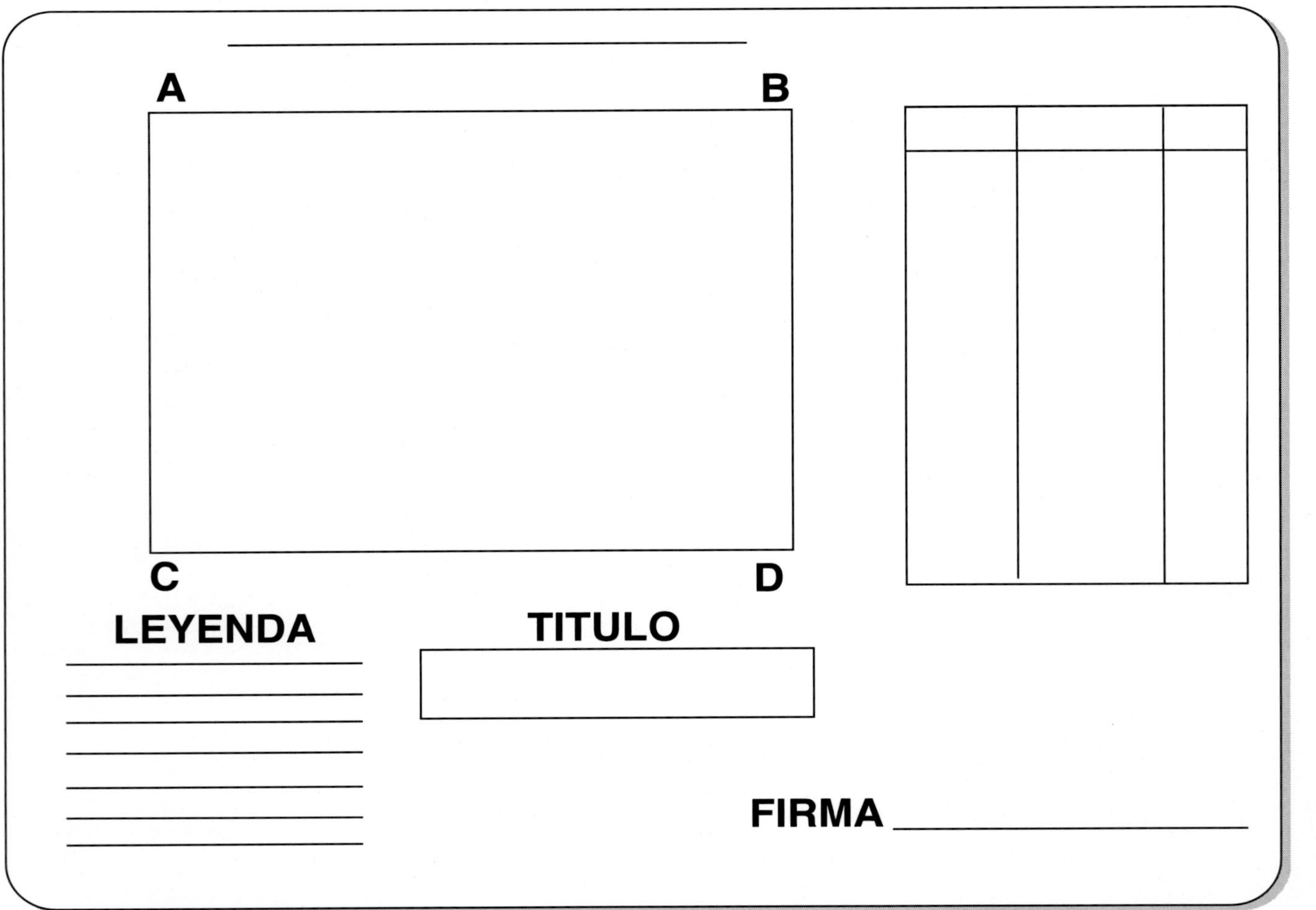
A
B
C
D
LEYENDA
TITULO
FIRMA

EVALUACIÓN
CAPÍTULO 3

1. ¿Cuándo comienza la investigación de un crimen?
2. Usted recibe una llamada telefónica en que le informan un crimen, ¿qué información debe recopilar?
3. Describa las reglas que un investigador debe cumplir al llevar a cabo la investigación en la escena de un crimen.
4. Describa lo que es la cadena de custodia o de evidencia (use las Reglas de Evidencia -en especial las mencionadas 9, 18, 75, 80 y 82)
5. Describa las diferentes modalidades o formas de registro de una escena de crimen.
6. ¿Qué implica la presunción de inocencia?

4 EVIDENCIA

Una vez llega a la escena del crimen el primer agente, éste se encargará de comenzar con la recolección de evidencia. Al recolectar la evidencia, debe existir un balance adecuado entre las personas y las cosas. Juntas constituyen el marco de la evidencia física que ayudará a la solución del caso y a encarcelar al sospechoso de la comisión del delito.

Esta etapa de búsqueda de evidencia es una crucial dentro de la investigación criminal, tanto es así que algunas personas entienden que el investigar y la búsqueda de evidencia son sinónimos. Es por esto que es tan importante conocer la naturaleza de la evidencia, incluso antes de poder entrar en detalle de cómo se recolecta la misma y cómo se guarda.

Como sabemos, nuestro sistema legal se basa en lo que se conoce como el *sistema adversativo*. Por lo tanto, dentro de este sistema en un juicio en el área criminal las partes involucradas tienen que estar especializadas en el arte del debate. Las partes involucradas serán, por supuesto, de una parte la fiscalía y de otra parte la defensa, que negará las acusaciones hechas a su cliente por parte de la fiscalía.

Como hemos indicado en el capítulo anterior, debido a la presunción de inocencia, es a la fiscalía a quien le corresponde demostrar las razones para encontrar al sospechoso culpable del delito por el cual se le acusa. Por la presunción de inocencia es que se le exige al fiscal probar todos los elementos del delito y la conexión de este delito con el acusado con prueba que establezca la culpabilidad más allá de toda duda razonable. Esto según el caso *Pueblo v. Bigio*, 116 D.P.R. 749 (1985)[1], no significa que toda duda tenga que destruirse.

Las presunciones, como la que hemos mencionado, son la deducción de un hecho que la ley autoriza a hacer de otro hecho previamente establecido. *Pueblo v. Reyes*, 123 D.P.R. 786 (1989).[2]

Las presunciones pueden ser de tipo controvertibles o incontrovertibles.

Las incontrovertibles son aquellas que no permiten evidencia en contrario y se encuentran exclusivamente en las Leyes Especiales.

Las controvertibles son aquellas que permiten que se traiga evidencia para refutar la misma. *Hawayek v. Autoridad*, 89 J.T.S. 36.[3]

La evidencia física sólo puede ser presentada al tribunal por medio de testimonio de un testigo; la prueba hablará por sí misma. Es decir, fiscalía no puede tratar de presentar, por ejemplo, un arma sin traer a la persona que encontró el arma y así lo declare en el tribunal y certifique con su declaración que esa arma que se está presentando ante el tribunal es la misma que se encontró el testificante. Se presentará otro testigo que diga que esa arma fue comprada en la tienda por el acusado. Y así subsiguientemente cada pedazo del argumento que se quiera probar con esa evidencia específica tendrá que ser probado por medio de

[1] Doctrina vigente, ver 97 J.T.S. 110.

[2] Doctrina vigente, ver 94 J.T.S. 150.

[3] Doctrina vigente, ver 97 J.T.S. 49

evidencia testifical, por parte de un testigo que tenga conocimiento propio de los hechos. 32 L.P.R.A. Ap. IV R. 38 y 51. Paul R. Rice, *Evidence Common Law and Federal Rules of Evidence*, pág. 6,7, ed. Mathews Benders, 1990.

Es decir, para que la identificación de alguna prueba sea efectiva y útil judicialmente, el investigador debe: poder demostrar quién fue el que encontró la prueba, poder describir el lugar y las circunstancias en las que encontró la prueba, poder indicar la señal o marca que le puso a la prueba para poder identificarla, y poder decir que ha estado en posesión de la prueba hasta que la entregó al tribunal o al laboratorio.

La evidencia física que se puede encontrar en una escena del crimen se pude dividir en siete grupos más significativos, y estos son los siguientes: 1) armas, 2) sangre, 3) huellas o impresiones (de una persona o de un vehículo), 4) marcas de instrumentos utilizados para entrar en el lugar de los hechos, 5) sucio o polvo, 6) documentos sospechosos, 7) evidencia miscelánea.

Para demostrar cómo el crimen se efectuó y quiénes tomaron parte en el mismo, usaremos fotografías, planos y/o bosquejos y otros recursos técnicos, como videocintas grabaciones; este tipo de presentación también formara parte de la evidencia que se podrá presentar ante el tribunal.

CLASIFICACIÓN DE LA EVIDENCIA

Existen varias maneras de clasificar o describir diferentes tipos de evidencia, dependiendo de los propósitos para los cuales la misma se presenta en el tribunal. Algunos de los términos utilizados en su clasificación son los siguientes:

Evidencia Circunstancial, Evidencia Directa, Evidencia Ilustrativa y la Evidencia Real

La evidencia circunstancial es aquel tipo de evidencia mediante la cual no se puede probar directamente un hecho, por medio de la misma puede inferirse el hecho.

La evidencia directa es aquella que demuestra los hechos en cuestión.

La evidencia ilustrativa es la evidencia que tiende a demostrar. La misma puede consistir en un objeto, pero el mismo no se presenta para probar su contenido, sino para ilustrar algo sobre lo cual ya se ha declarado.

La evidencia real es el tipo de evidencia que habla por sí misma y no necesita mayores explicaciones.

Por lo tanto, al evaluar la evidencia tenemos que tener en cuenta que no toda la evidencia es admisible o una buena evidencia para probar con la misma lo que queremos. Lo importante es que el investigador sepa el propósito que se le puede dar a la evidencia encontrada para poder llegar a un mejor entendimiento del caso. Por ejemplo, para saber quién cometió los hechos y cómo los cometió. En algunos casos va a ser importante para la investigación el motivo que tenía el sospechoso para cometer dicho delito (no será importante el motivo para la futura convicción y en el proceso judicial sólo es importante para la sentencia y para poder determinar agravantes o atenuantes).

El momento de decidir qué evidencia es o no importante, es después de haber recogido todo tipo de posible evidencia, cuando la misma ha sido analizada y una vez se ha interrogado a los posibles testigos. Sólo cuando ya se ha hecho lo antes dicho, es que el investigador podrá decidir qué evidencia es importante y cuál no lo es para el caso que se está investigando.

Por lo tanto nunca podemos decir que ya tenemos demasiada evidencia. Este es un gran mal en el que caen los investigadores y, como consecuencia, posteriormente durante el juicio no puede la fiscalía probar una parte esencial de los elementos del delito. Siempre hay que tener en mente el efectuar un registro adecuado de toda la evidencia encontrada. De ese modo el día del juicio se podrán tener buenas fuentes de referencia que permitan refrescar la memoria, así que una regla de oro es apuntarlo todo de una forma legible y ordenada. La forma de llevar apuntes puede ser escrita o grabada en una cinta. Esta última podría ser una buena alternativa electrónica.

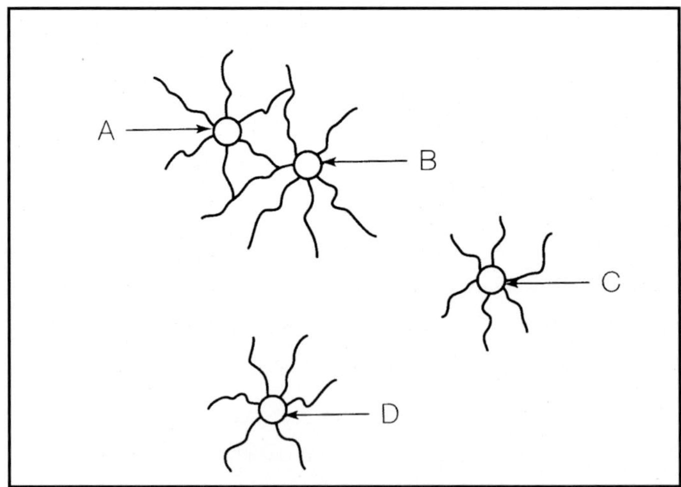

Figura 4.1
Impactos de bala encontrados en una ventana

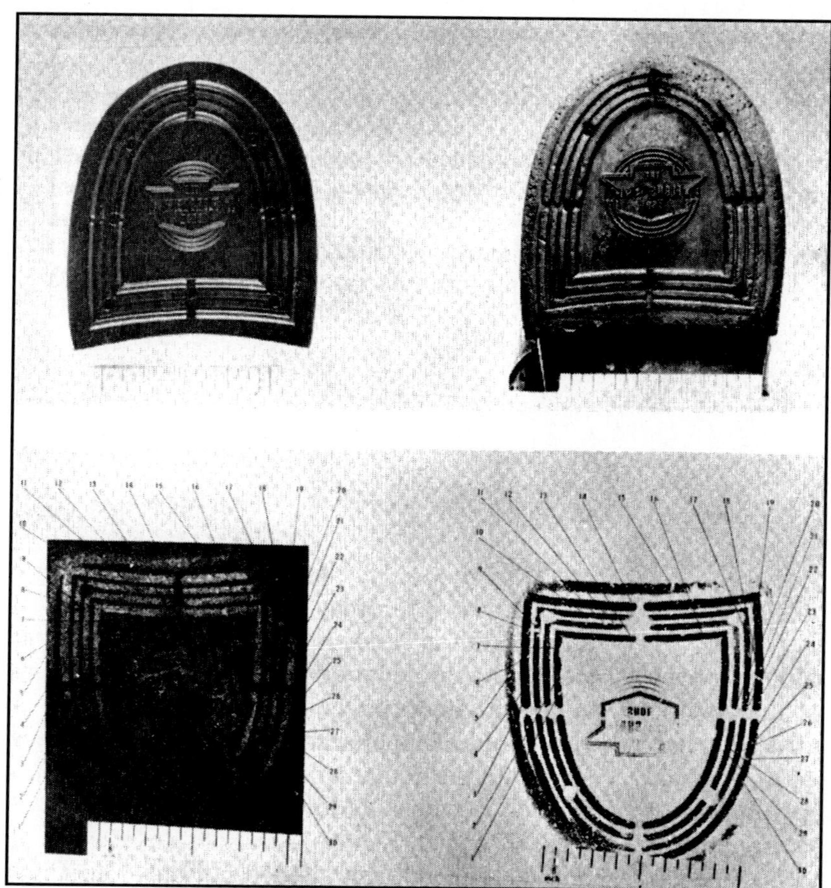

Figura 4.2
Arriba a la izquierda se ve un tacón nuevo de zapato Florsheim que representa características de clase; arriba a la derecha se ve el tacón del zapato de un sospechoso, que incorpora ambas características: de clase e individuales. Abajo a la izquierda se ve la impresión del tacón del zapato del lado izquierdo, en un pedazo de papel carbón en la escena del robo; abajo a la derecha se ve una impresión en tinta del tacón del zapato del sospechoso, que indica la identificación positiva como el donante de la impresión en el papel carbón. *(Cortesía del Laboratorio Criminal de Chicago)*

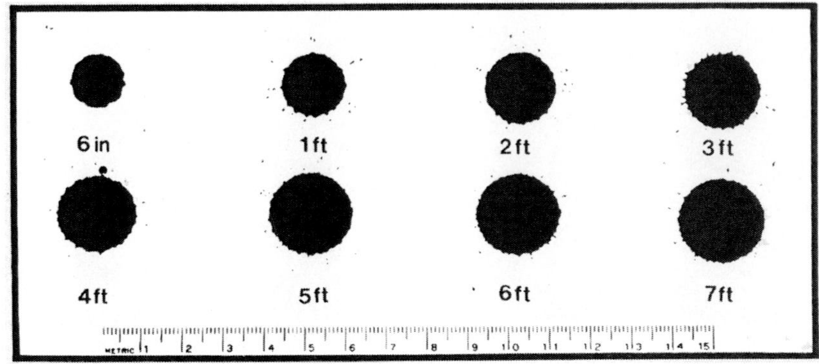

Figura 4.3
Efecto en la forma y en el tamaño de gotas de sangre de tamaño promedio (0.05) que caen en cartón duro y suave. Fuente: William G. Eckert and Stuart H. James, *Interpretación de la Evidencia de Manchas de Sangre en Escenas de Crimen* (Nueva York: Elsevier, 1989)

RECOLECCIÓN DE LA EVIDENCIA FÍSICA

En general, la evidencia física se puede obtener de tres fuentes principales: 1) de la escena del crimen, 2) de la víctima y 3) del sospechoso y su medio ambiente.

El recolectar evidencia es sólo el primer paso de una cadena de sucesos largos a través de un juicio. Para poder satisfacer unas exigencias legales, el investigador debe ser capaz de:

1. Identificar cada evidencia que ha recopilado, incluso años después
2. Describir la localización y la condición de la evidencia al momento de ser recopilada
3. Poder establecer con prueba suficiente que la evidencia estuvo en adecuada custodia desde el momento de su recolección hasta la presentación ante el tribunal

4. Asistir al tribunal, en la descripción adecuada del objeto y describir algún cambio ocurrido en la evidencia desde el momento en que fue recogida hasta que es presentada como evidencia en el juicio.

EQUIPO PARA RECOLECTAR EVIDENCIA

Los hechos del delito cometido son determinantes al escoger el equipo que necesitamos en la recolección de evidencia. Muchos departamentos de la Policía de Puerto Rico ya tienen sus equipos completos preparados de antemano, para tenerlos accesibles al momento de ser usados.

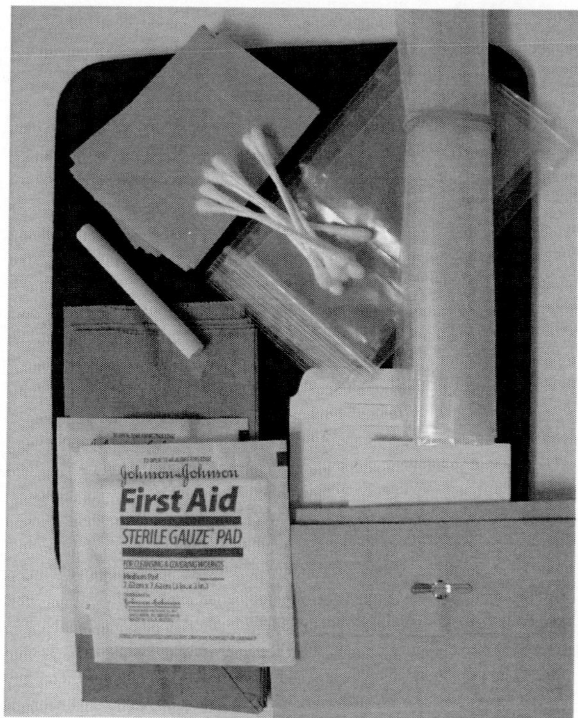

Figura 4.5
Equipo utilizado por la Policía de Puerto Rico

En el equipo que siempre debe incluirse
1. Etiquetas
2. Envases
a. de cartón
b. de cristal para los líquidos
3. Sobres variados
4. Estuche para píldoras
5. Bolsas de celofán
6. Botellas plásticas
7. Cinta adhesiva
8. Compás
9. Herramientas
a. destornillador
b. alicates
c. cuchilla
10. Cámara
a. manual
b. especial para huellas dactilares y rasgos;
11. Tiza
12. Cuchillo
14. Equipo para huellas dactilares
13. Equipo para polvos
15. Reglas
16. Pala
17. Soga
18. Equipo de primeros auxilios
19. detectores de metal
20. Tijeras
21. Engrapadora y grapas
22. Pinzas
23. Papel de envolver
24. Yeso
25. Guantes de látex
26. Papel
a. a rayas
b. de gráficas
c. libreta personal
27. Linterna y baterías
28. Tubos de ensayo
29. Cinta métrica

Cuando se hace uso de la fotografía, se debe fotografiar cada una de las evidencias por separado, antes de examinar la misma. Una vez se toma la fotografía, o si ha pasado por alto la misma, el investigador debe pasar entonces a examinar el artículo. Es en este momento cuando marcará la evidencia, con las iniciales del agente, su número de placa y la fecha. En ocasiones el artículo es demasiado pequeño, o por su naturaleza (como por ejemplo algunas sustancias controladas –como la cocaína–), no permite que se marque la misma o que el marcarlas dañaría su valor evidenciario. Cuando esto sucede, el material debe ser puesto en un recipiente cerrado y sellado, con la información necesaria escrita en el papel sellante, de manera que si el mismo fuese abierto se notaría rápidamente que dicha evidencia pudo haber sido contaminada.

Cuando la evidencia recogida es tan pequeña la misma se coloca en tubos de ensayo o en cajas de píldoras. Si la evidencia es de mayor tamaño, se utilizarán entonces los sobres de manila o de plástico. Sin importar el tipo de prueba encontrada, cada una de las mismas se empacará por separado. Todo el material que se use para envolver debe estar completamente seco y limpio, para que así la prueba se conserve en las mismas condiciones en que fue encontrada.

La manera de llevar un control sobre la recolección de evidencia cambia de un Departamento Policíaco a otro, pero todos deben seguir el siguiente sistema de control:

1. Prevenir la pérdida o salida no autorizada de evidencia.
2. Establecer un sistema de conocimiento general sobre la cadena de custodia que se tendrá sobre la evidencia.

3. Hacer listas, identificaciones e indicar el lugar en que se encuentra custodiada la evidencia.
4. Establecer custodios de evidencia.
5. Requerir la autorización de un supervisor antes de poder sacar cualquier evidencia de su custodia.
6. Identificar quién remueve la evidencia custodiada.
7. Indicar las razones por las cuales se está sacando la evidencia de su custodia.
8. Proveer razones documentadas de que su remoción es autorizada e indicar su disposición final.

El no seguir un sistema controlado al trabajar con evidencia, da margen a que la evidencia custodiada sea destruida, alterada o contaminada de alguna forma. En cualquiera de estos casos, un descuido en la manera de custodiar la evidencia podría considerarse ante el tribunal, como que hubo una pérdida en la cadena de custodia. Esto ha dado lugar a que se pierdan casos en los tribunales, por lo que es un gran esfuerzo y recursos desperdiciados.

PROCESO DE SOMETER LA EVIDENCIA AL LABORATORIO

Lo ideal es que un miembro del equipo investigativo, que esté familiarizado con los detalles del caso, personalmente lleve la evidencia a ser examinada en el laboratorio.

La manera en que será transportada será determinada por dos factores a considerarse: la naturaleza de la evidencia y la urgencia con que se necesitan los resultados. Algunas evidencias se enviarán por correo certificado y registrado, sobre todo en casos en donde están envueltos más de un estado o Tetritorio. También se hace en algunas ocasiones porque en Puerto Rico no se tiene el equipo necesario para determinada prueba o se quiere confirmar algún resultado.

El Laboratorio hará un análisis de la evidencia y proveerá una sinopsis del caso. En muchas ocasiones esta opinión parcial se incluirá en el expediente criminal que posteriormente se le presentará al tribunal como un "exhibit".

FOTOGRAFÍAS, PELÍCULAS, PLANOS Y/O BOSQUEJOS

Todo tipo de reproducción del escenario del delito debe contener tres tipos generales:

1. El lugar donde ocurrieron los hechos
2. Los terreno o lugares adyacentes
3. Los detalles del lugar

Para que una reproducción del escenario llegue a ser una prueba importante y admisible por el tribunal, se deberá poder probar que son pruebas exactas y que muestran el lugar del delito tal y como estaba cuando llegó el primer oficial de la policía a este.

LA FOTOGRAFÍA

Al uso efectivo de la fotografía en una investigación criminal no se le ha dado real importancia. En muchos casos, sólo se llama a los especialistas cuando ha ocurrido un crimen mayor y otras veces los llaman muy tarde. Es por estas razones que todo investigador debería conocer el arte de fotografiar la escena de un crimen.

Una fotografía no basta, se deben tomar al menos una docena o más para poder abarcar todo el escenario del crimen. Los objetos no deben moverse hasta que los mismos hayan sido fotografiados de varios ángulos.

El elemento más importante en la fotografía de escenas criminales es mantener la **perspectiva.** La apropiada perspectiva produce la misma impresión de la posición y tamaño del objeto, como cuando se está viendo a simple vista. Cualquier distorsión en la perspectiva podría causar que se reduzca el valor probatorio de la evidencia fotográfica. Las fotografías sólo son admisibles en un tribunal, si las mismas pueden establecer con certeza la escena del crimen.

Es esencial que cada fotografía identifique completa y exactamente qué contiene la misma, de qué distancia se tomó, de dónde se tomó, a qué hora, la fecha, información técnica como: con qué tipo de luz fue tomada, con qué clase de cámara, el tipo de lente, tipo de película, velocidad, altura del piso al lente; nombre de la persona que la tomó y su número de placa, testigos que las vieron tomar, nombre del revelador, el propósito de la fotografía.

Cada una de las páginas debe ser marcada con el nombre del caso y su número. También debe especificar el tipo de caso, como por ejemplo si es un robo o un asesinato etc. Debe contener información sobre la localización y dirección exacta donde la misma fue tomada.

PELÍCULAS ("VIDEOCINTAS")

Su uso es valioso si se quiere tener una secuencia de los movimientos y para establecer una relación entre objetos inmóviles.

Para cada escena debe hacerse una videocinta por separado, es decir se debe utilizar una nueva cinta para cada una las escenas relacionadas con un caso. Como práctica general debe grabarse en una cinta que tenga duración de 30 minutos, pero se debe tener disponible una cinta con duración de 2 horas, si es un caso más complicado.

PLANOS Y BOSQUEJOS

Aunque las fotografías al igual que las películas sirven propósitos distintos a los de los planos o bosquejos, todos se complementan y tienen igual importancia uno a otro.

Un bosquejo se hace para refrescar la memoria del investigador; para mostrar la localización precisa de los objetos, su relación con otros objetos y su medio; sirven para uso de la fiscalía, del juez o jurado, para que puedan entender las condiciones en que se encontraron las evidencias; para relacionar los hechos con los testimonios de los testigos; para tener conocimiento de cómo se encontraron los objetos en la escena del crimen y para poder interrogar a algunos testigos.

Como parte del equipo para hacer los bosquejos, usaremos una regla y una cinta métrica, –preferiblemente de metal porque es más exacta, ya que no se dobla o estruja–, papel adhesivo de color o papel adhesivo de metal, papel cuadriculado, brújula y un compás.

No es necesario que los bosquejos sean hechos de una manera artística. El poder trazar líneas con una medida exacta es suficiente. Cada caso se tomará por separado, por tanto, no se harán en una misma hoja dos gráficas de casos distintos.

Lo primero que hace el dibujante es localizar los objetos dentro del bosquejo. Esto se puede hacer de varias maneras algunas son: las coordenadas rectangulares, triangular, base lineal, punto del compás y el bosquejo en proyección de cruz.

Una vez los puntos de referencia están establecidos y marcados en el bosquejo, debemos de medir la localización de cada objeto desde dos puntos de referencia distintos. Estas distancias de referencia también se tienen que marcar en el bosquejo. Es un error frecuente medir distancias con pasos y expresar el resultado en centímetros o metros.

Será más fácil hacer un bosquejo si usted inventa unos símbolos que utilice posteriormente como códigos. Estos los debe anotar en una libreta para su uso y debe anotarlos en el expediente de cada caso.

Es importante memorizar las siguientes reglas para bosquejar, dadas por Hans Gross (válidas hoy en día):

1. No olvidar la dirección de la brújula y dibujarla en el bosquejo
2. Tomar personalmente las medidas, no atenerse a otras personas
3. No dibujar cosas que no tengan clara relación con el caso.

Legalmente su admisibilidad en el tribunal estará sujeta a: 1) que sea parte del testimonio de un experto (perito), 2) enseñe el área o la escena tal y como fue vista por el investigador, 3) enseñe la escena tal y como era.

Es importante recordar que los objetos que no puedan ser trasladados siempre tendrán que reproducirse y en la reproducción se marcarán cada una de las pruebas movibles.

En el escenario del delito no habrá nada demasiado insignificante, por lo que no se pasará nada por alto. Toda prueba es importante porque estas nos ayudarán a dilucidar quién fue el que cometió el delito que estemos investigando.

Ejemplos de croquis sencillos y de croquis más específicos.

Figura 4.6
OBJETOS ELEVADOS

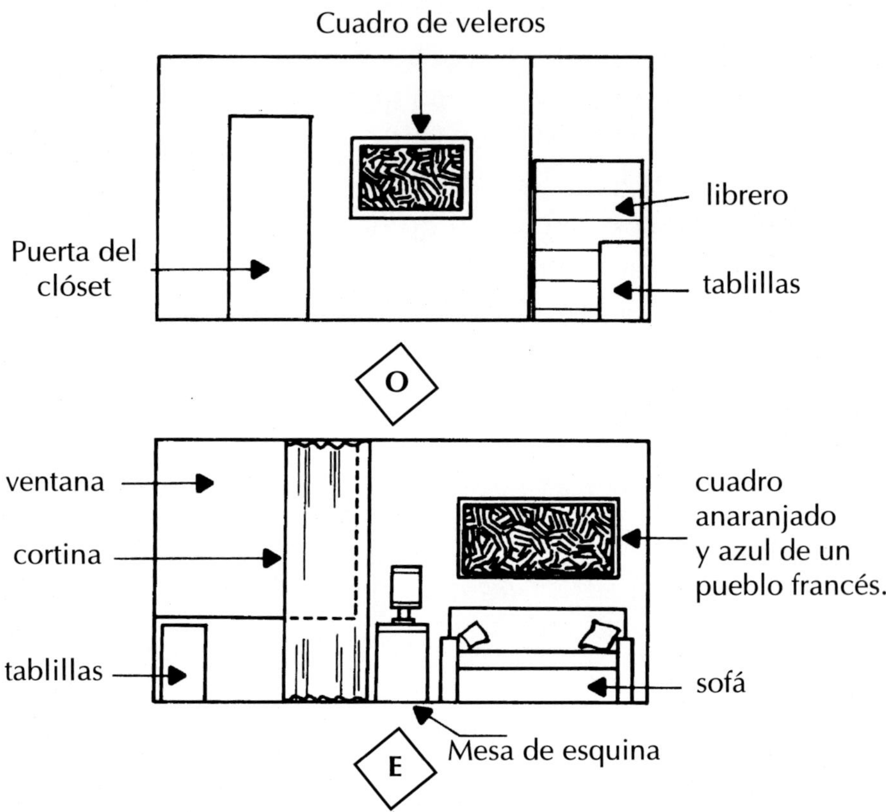

Figura 4.7
VISTA DE TODAS LAS PAREDES

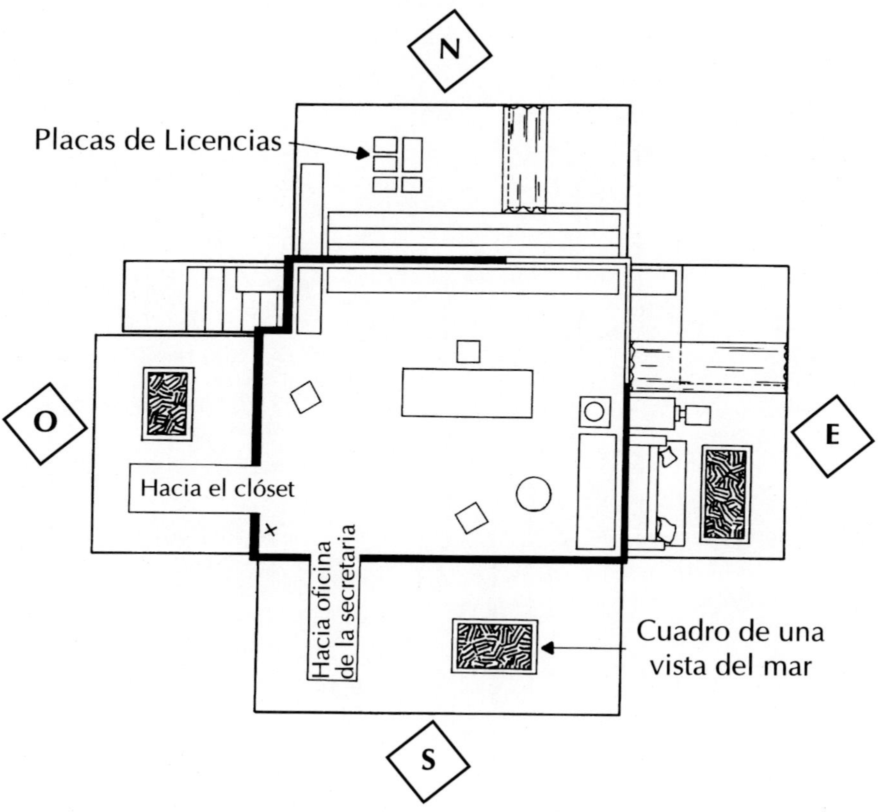

Figura 4.8
VISTA PANORÁMICA

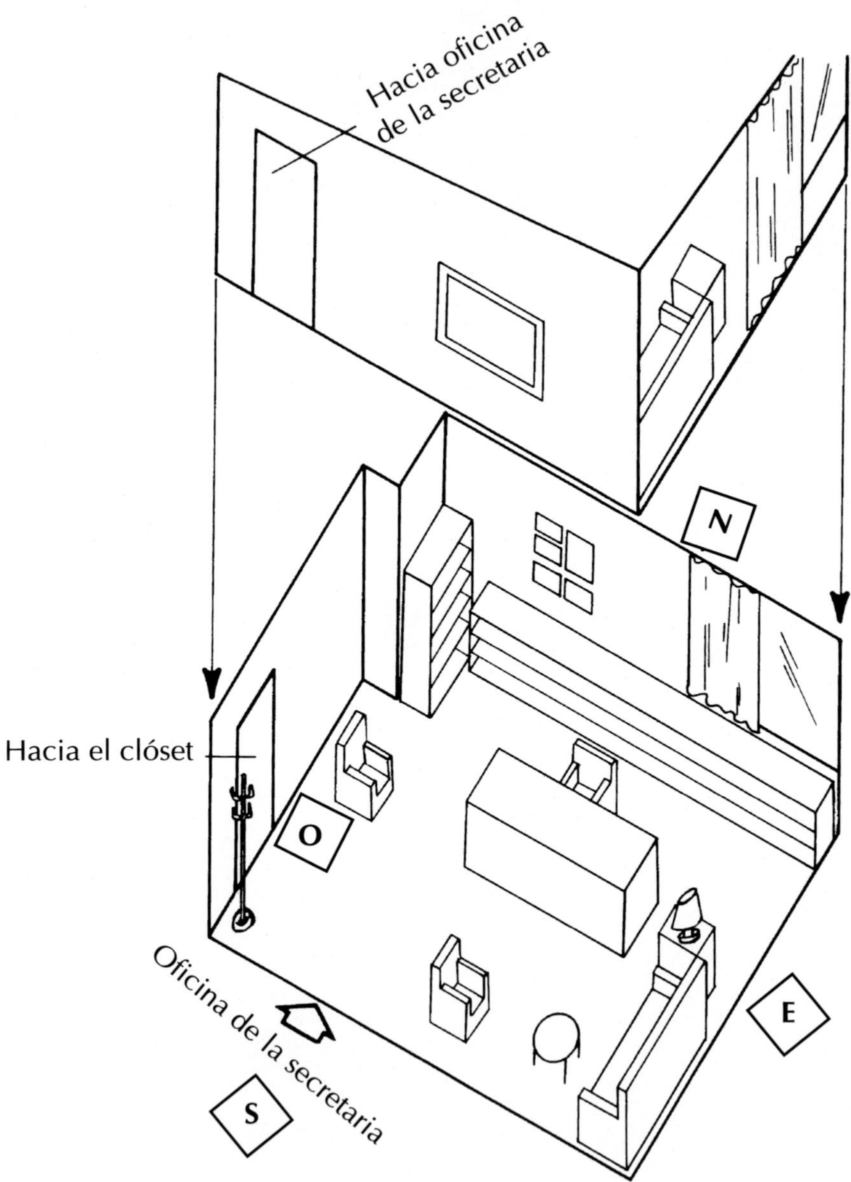

POLICIA DE PUERTO RICO
SUPERINTENDENCIA AUXILIAR EN INVESTIGACIONES CRIMINALES
DIVISION ROBOS Y FRAUDE A INSTITUCIONES FINANCIERAS

CROQUIS DE LA ESCENA DEL CRIMEN

TIPO DE CASO:
NUM. QUERELLA
FECHA:

TIPO DE CASO:
NUM. QUERELLA
FECHA:

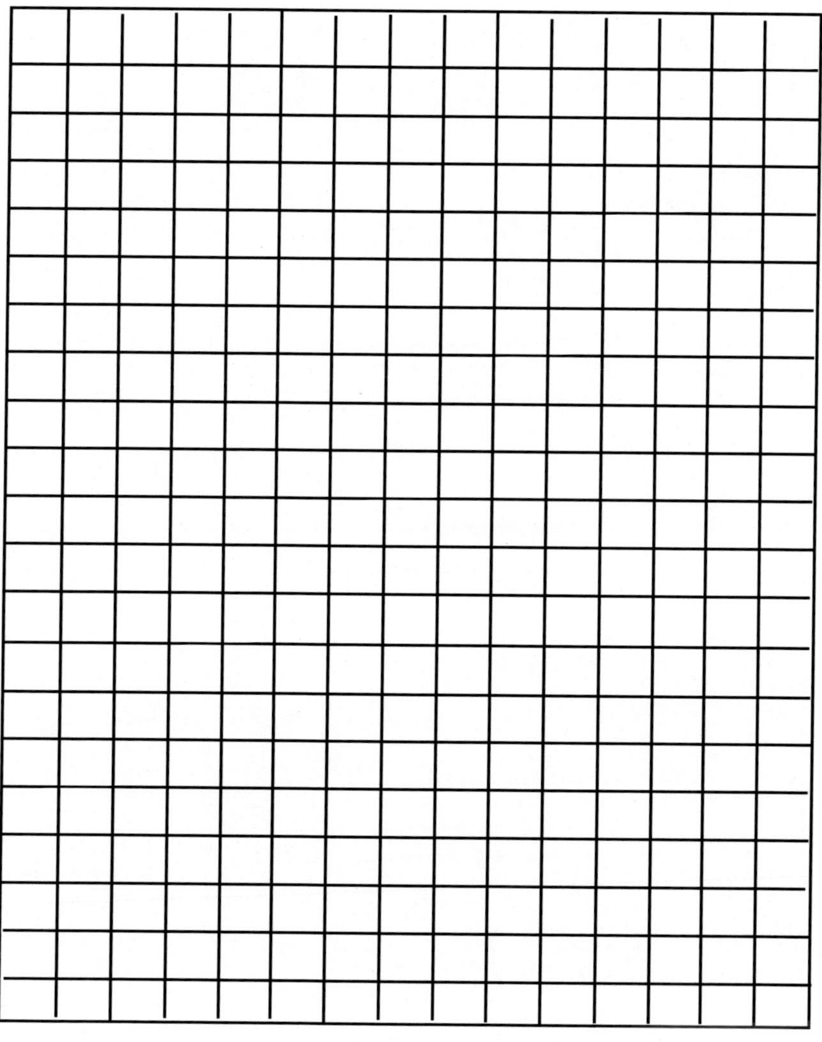

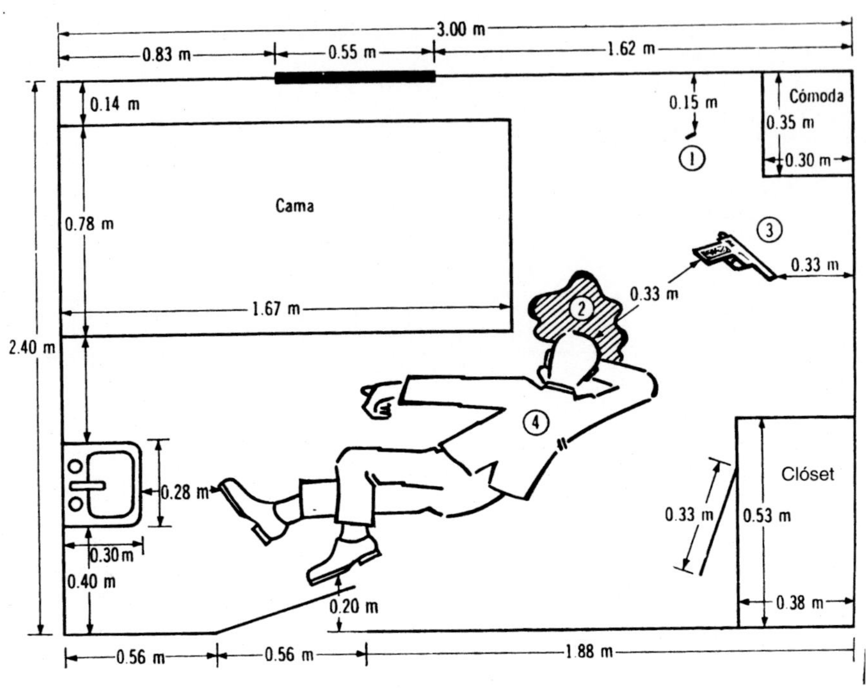
3.00 m
0.83 m
0.55 m
1.62 m
0.14 m
0.15 m
Cómoda
0.35 m
0.30 m
1
Cama
0.78 m
3
0.33 m
1.67 m
2
0.33 m
2.40 m
4
0.28 m
Clóset
0.33 m
0.53 m
0.30 m
0.40 m
0.20 m
0.38 m
0.56 m
0.56 m
1.88 m

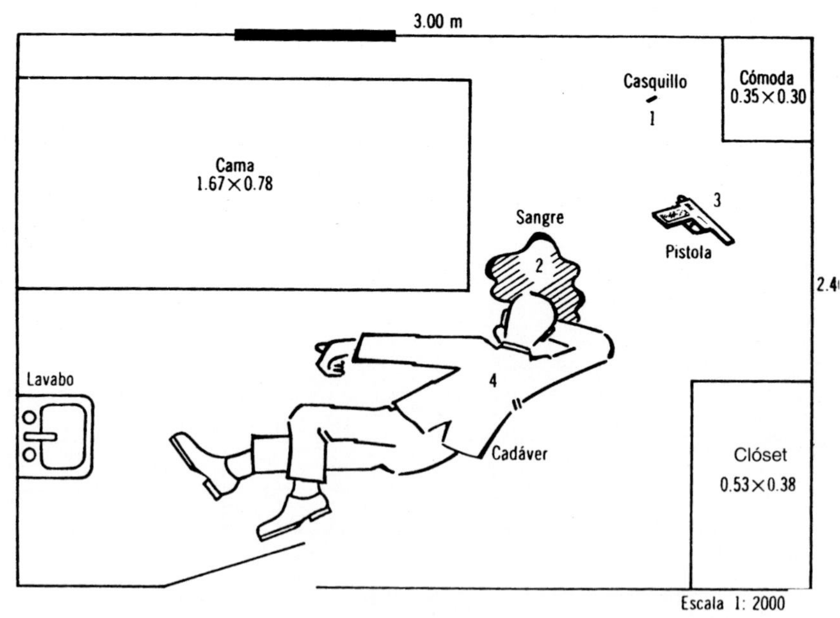
3.00 m
Casquillo
1
Cómoda
0.35×0.30
Cama
1.67×0.78
Sangre
2
3
Pistola
2.4
Lavabo
4
Cadáver
Clóset
0.53×0.38
Escala 1: 2000

EVALUACIÓN
CAPÍTULO 4

1. ¿Quién se encarga de comenzar con la recolección de evidencia en la escena del crimen?
2. Tipos de evidencia- Describa cada una y dé ejemplos.
3. Describa los artículos que deben estar incluidos en el equipo de recolectar evidencia y explique con ejemplos el uso que se le puede dar a cada artículo.
4. Describa una manera de llevar el control de la recolección de evidencia cumpliendo con los pasos descritos en el capítulo.
5. Describa las características que debe poseer una buena fotografía en la investigación criminal.

5

TECNOLOGÍA CRIMINAL

En los últimos 30 años, hemos realizados cambios significativos a las distintas maneras en que utilizamos las computadoras. Por lo tanto, no es sorprendente la utilización de las computadoras en el descubrimiento o como instrumento para realizar un crimen.

El uso de las computadoras se ha generalizado en el campo criminal siendo importante para los oficiales del orden público, los abogados, los científicos forenses y los criminólogos. Como consecuencia ha surgido una nueva rama profesional que se ha creado, la cual se conocerá y se esta conociendo con el nombre de profesionales en seguridad computarizada los cuales cada vez hacen esfuerzos mayores por estar más familiarizados con la tecnología, los cuerpos legales, el derecho, las leyes de evidencia, los procedimientos legales y los aspectos de comportamiento humano relacionadas con la comisión de crímenes cibernéticos (criminología cibernética –nombre asignado por la autora–). La experiencia y el grado de conocimiento especializado que tienen cada uno de estos profesionales es requisito primordial para la investigación de los hechos delictivos y para un enjuiciamiento justo.

Las computadoras pueden ser utilizadas en la perpetración de varios tipos de crímenes, siendo los más comunes: pornografía infantil, solicitación de menores, acecho, hostigamiento, fraude, espionaje, sabotaje, robo, apropiación ilegal, violaciones al derecho de intimidad (privacidad) y difamación. Las personas que se dedican a cometer actos ilícitos a través de las computadoras están avanzando tan rápidamente que le es sumamente difícil a los investigadores estar a la par con estos. (Ver periódico el Nuevo Día –Competencia Mundial de Hackers–)

TECNOLOGÍA

Competencia mundial de "hackers"

J.C.Tekman
ESPECIAL PARA NEGOCIOS

La preocupación por la seguridad en Internet está creciendo y la demostración más clara se dio esta semana cuando se anunciaron dos importantes noticias sobre el tema.

La primera es que 19 compañías dedicadas a fabricar productos de computadoras (entre las que se cuenta desde Microsoft, IBM y Oracle, hasta Hewlett Packard, entre otras), anunciaron una alianza entre sí y con el Gobierno federal para compartir información sensible sobre los ataques que reciben y los problemas que ha tenido el "software" que ellas venden.

La segunda, es el comienzo de la tercera versión del Openhack, un concurso en el que se invita a los hackers a intentar el ingreso a sistemas de Internet que están especialmente protegidos, de tal manera de probar su vulnerabilidad. El acceso en este caso es "legal" y el concurso, a manera de incentivo, ofrece $50,000 a quienes logren ese objetivo.

Pero... ¿qué o quiénes son los hackers? Según la definición de Eric S. Raymond, quien es una de las personas que lidera un movimiento que favorece el "software" abierto y libre de cargo, se define así a una persona que "más tiene que ver con habilidades técnicas y un deleite en resolver problemas y traspasar límites".

En este sentido, él hace una diferencia importante entre "hackers" y "crackers", ya que a su juicio los primeros son expertos programadores y maestros en redes computacionales que han ayudado a construir diferentes sistemas que van desde Unix hasta la propia Internet, mientras que los segundos, sólo buscan penetrar en computadoras o bloquear sistemas telefónicos y asegura que los hackers reales principalmente creen que los crackers son perezosos, irresponsables, y no muy brillantes.

Los "hackers", tales como Riley Eller de Seattle, conocido como "caezar", son expertos programadores y maestros en redes computacionales que han ayudado a construir diferentes sistemas que van desde Unix hasta la propia Internet.

Pese a esta diferencia, en todo el mundo ya se ha hecho común llamar hackers a quienes se dedican a acceder a sitios computacionales sin tener permisos, quebrando las medidas de seguridad que se han dispuesto para detenerlos.

El desafío "legal" de hackers comenzó esta semana en Internet y el ganador se llevará $50,000 en premios

De hecho, las 19 compañías antes mencionadas han contribuido con un fondo de $750,000 para crear el IT-ISAC, o "Atlanta's Internet Security Systems Inc", que es una entidad sin fines de lucro cuyo único objetivo será buscar la forma de evitar que estos personajes les sigan generando problemas. Y no son los únicos, puesto que existen otras tres alianzas similares ya trabajando, orientadas a la protección de las industrias bancaria, telefónica y eléctrica.

No obstante, con el tiempo ha quedado claro que los "hackers" les están llevando la delantera, ya que habitualmente los problemas de seguridad quedan al descubierto e incluso, diariamente se publican los sitios que han sido violentados.

Entonces, la idea del concurso de hackers es usar sus propias habilidades para construir sistemas cada vez más seguros. En este sentido, un hacker que habitualmente visita y conversa con los redactores en Vidadigital.com y que estaba interesado en el concurso, explicó -bajo la petición de permanecer anónimo- que este tipo de certámenes no sólo busca probar sistemas, sino que algo más. "Lo que ellos quieren es conocer a la gente y mejor que eso, quieren ver cómo trabaja uno para ver por dónde hace las cosas y cómo las hace", señaló.

Cabe indicar que el concurso señalado tiene reglas bastante concretas, ya que no sólo se trata de entrar a un sistema. La idea es que, una vez adentro, el intruso realice determinadas actividades (como buscar una frase secreta dentro de una base de datos, o escribir su correo electrónico en un archivo), para demostrar que efectivamente logró el objetivo.

El premio es de $50,000 y, si quiere participar, la fecha final para hacerlo es el 31 de enero.

Y, por la información que se ha entregado, el torneo está bastante disputado. Hasta el martes pasado a las seis de la tarde había más de 67,000 intentos de ingreso detectados en los servidores de la competencia... sin ningún acceso exitoso. [N]

20 • NEGOCIOS DEL DOMINGO • El Nuevo Día, 21 de enero de 2001

INTRODUCCIÓN A LA EVIDENCIA DIGITAL

El termino evidencia digital abarca toda la información digitalizada que puede establecer que se ha cometido un delito o puede proveer un eslabón entre los hechos delictivos y su perpetrado. La información digitalizada es esencialmente una combinación de números que representa una información variada, la cual incluye textos, imagines, audiotecnología y videos. Con el aumento en el uso de las computadoras la evidencia digitalizada es más y más común e importante para los investigadores. En algunas ocasiones la información acumulada en una computadora es la única pieza evidenciaría en una investigación. Por ejemplo un mensaje que se deje en un e-mail puede ser la evidencia entre la víctima y su perpetrador.

Existen grandes cantidades de evidencia digital en nuestro alrededor. Un disco duro puede almacenar una pequeña biblioteca, las cámaras digitales pueden almacenar cientos de fotografías de alta resolución, una red computarizada puede tener gran cantidad de información de personas y su comportamiento.

EVIDENCIA DIGITAL VERSUS EVIDENCIA FISICA

La evidencia digital es un tipo de evidencia física. La diferencia principal con otras evidencias físicas es que la evidencia digital es menos tangible que otras formas de evidencia física (por ejemplo; huellas dactilares, D.N.A. o armas). La evidencia digital esta hecha de fibras magnéticas y de pulsos electrónicos que pueden ser recolectadas y analizadas mediante el uso de equipo especializado y técnicas apropiadas.

La evidencia digital tiene unas ventajas sobre otras evidencias físicas:

- Puede ser duplicada de manera exacta y una copia puede ser examinada como si la misma fuera un original. La practica común es, examinar copias porque de esta manera se protege la evidencia original.
- Con el equipo especializado es muy fácil poder determinar si la evidencia digital ha sido modificada o alterada de alguna manera.
- Es relativamente difícil poder destruirla. Aunque podría serlo.
- Cuando tratan de destruir la evidencia pueden haber quedado copias, de las cuales el perpetrador no se percata.

Las computadoras pueden hacer millones de operaciones en cuestión de segundos y transmitirlas alrededor del mundo en un instante. El hecho que la evidencia digital puede ser manipulada y transmitida tan fácilmente nos da nuevos desafíos a los investigadores criminales.

TERMINOLOGÍA

Es necesario familiarizarnos con alguna terminología que se utiliza en la realización de crímenes computarizados.

CRIMEN CIBERNÉTICO

Crimen cibernético, se refiere a cualquier crimen que este relacionado con el uso de las computadoras o las redes computarizadas. También incluye casos, en donde una red computarizada no ha sido utilizada para cometer un crimen pero contiene evidencia relacionada al esclarecimiento de los hechos acaecidos. Por ejemplo, si una persona esta siendo enjuiciada de haber cometido un delito y esta persona alega que no pudo haber sido porque en el momento en que se cometió ese delito ella se encontraba utilizando la computadora. Esta sería una evidencia relevante[1] para el caso.

Cuando se utiliza una computadora en la comisión de un delito no importa el tipo de delito que se cometa una vez se utiliza se conoce con el nombre de crimen cibernético.

CRIMEN COMPUTARIZADO

El crimen computarizado es una categoría de crimen cibernético, pero que merece nuestra atención por separado.

Entre los distintos autores no se ha podido llegar a una definición general de este termino. Sin embargo, este concepto usualmente se refiere a los crímenes como fraude computarizado o abuso a través del uso de las computadoras. Algunos ejemplos de este tipo de crimen lo son:

1. El robo de los servicios computarizados.
2. El acceso no autorizado a computadoras protegidas.

---

[1] Toda aquella evidencia que arroje luz a los hechos del caso.

3. Piratería de programas (software).
4. La alteración o robo de información almacenada electrónicamente.
5. Extorsión usando las computadoras.
6. El obtener acceso a cuentas bancarias o informes, tarjetas de crédito, información de los consumidores.
7. El tráfico de claves de entradas (passwords).
8. Y la transmisión de virus.

Estos delitos se encuentran definidos por las leyes federales *US Computer Fraud and Abuse Act and the UK Computer Abuse Act.*

HACKERS

El término de *hackers* originalmente se utilizaba para denominar a las personas que tenían conocimiento especializado y talentoso de las ciencias computarizadas. Posteriormente este término ha sido popularizado por los medios de comunicaciones (como la prensa) refiriéndose a aquella persona que utiliza su conocimiento en las ciencias computarizadas para cometer crímenes por medio de las computadoras.

LAS COMPUTADORAS Y LOS CRÍMENES

Es importante entender cómo las computadoras se relacionan con la comisión de los crímenes, porque una vez lo entendamos es que podemos combatirlos y a su vez se pueden investigar y crear distintas estrategias para su investigación. Por ejemplo la investigación para un crimen relacionado con un asesinato es distinta que un delito de intromisión a una computadora de un banco y ambos requieren de unos procedimientos completamente distintos.

La función específica que una computadora hace en la comisión de un crimen también determina como va a ser utilizada como evidencia. Cuando una computadora contiene en si evidencia digital, los investigadores no están capacitados por ley para poder allanar la computadora en su totalidad. Sin embargo, cuando una computadora es la evidencia en su totalidad o contiene gran cantidad de evidencia digitalizada, probablemente sería necesario allanar la computadora completa y sus contenidos (en estos casos es más fácil obtener la orden de allanamiento).

En 1994, el Departamento de Justicia de los Estados Unidos (DOJ) creó un sistema de categorías y unas guías de registro y allanamiento (las mencionaremos en capítulo de registros y allanamientos). Anteriormente, en el 1970, el tratadista Donn Parker, percibió el desarrollo del crimen cibernético, el cual estudio por más de dos décadas y escribió varios libros relacionados al tema (Parker 1976, 1983). En 1998, Parker desarrolló unas categorías más específicas las cuales se pueden aplicar a la gran mayoría de los delitos cibernéticos. Las cuatro categorías propuestas lo son:

1. Una computadora como objeto del crimen. Cuando una computadora es afectada por un acto criminal. Por ejemplo cuando una computadora es robada o destruida.
2. Cuando una computadora es sujeto del crimen. Cuando una computadora es utilizada para realizar un delito. Por ejemplo cuando una

computadora es afectada por un virus.

3. Las computadoras como un instrumento para realizar o planificar un acto criminal. Por ejemplo, cuando una computadora es utilizada para penetrar en información de otra computadora.
4. La computadora como símbolo para intimidar, engañar o defraudar. Por ejemplo las ventas de productos inexistentes o distintos a los que se le presentas a los clientes por *Internet.*

A medida que observamos las distintas categorías reconocemos que las mismas no incluyen o hacen referencia a la evidencia digital.

Una distinción entre una computadora como objeto del crimen y como instrumento utilizado para planificar o cometer un crimen, es una muy útil. Si una computadora es utilizada como un arma en un acto criminal, como lo podría ser un cuchillo, el tipo de delito cometido sería uno distinto el cual conlleva penalidades diferentes. La segunda y cuarta categoría, no nos son tan útiles en el sentido investigativo. Cuando una computadora es infectada con un virus, se podría pensar que la misma esta siendo tanto el objeto de ataque como el instrumento para cometer el hecho delictivo.

La omisión en las categorías de Parker lo fue el no añadir la categoría de las computadoras como una fuente de evidencia digitalizada. En muchos casos, las computadoras no tienen una función determinada pero si contienen información del crimen o delito que se cometió. Por ejemplo, la correspondencia por *e-mail* entre el Presidente Clinton de los Estados Unidos, y Mónica Lewinsky esta podría indicar que entre ellos existía algún tipo de relación amorosa, pero la correspondencia por sí misma no jugaba ningún papel en los alegados actos de perjurio en contra del Presidente Clinton.

El Profesor David L. Carter, mejoro las categorías de Parker, las cuales incluyen conceptualmente las mismas. Su trabajo es utilizado actualmente por el Departamento de Justicia de los Estados Unidos. Las categorías propuestas por el son las siguientes:

1. Las computadoras como "objetivo" (*target*); aunque al traducir pierde el concepto su verdadera terminología). Por ejemplo, robo de información, vandalismo tecnológico.
2. Las computadoras como instrumentalidad del crimen. Por ejemplo fraude de las tarjetas de crédito, fraude en las telecomunicaciones.
3. Las computadoras como un instrumento incidental a otro delito. Por ejemplo, tráfico de drogas, lavado de dinero, pornografía infantil.
4. Crímenes relacionados con el uso de las computadoras. Por ejemplo, violaciones de derechos de autor, piratería computarizada o de materiales de computadoras.

En vez de utilizar los términos objeto e instrumento, Carter esta más legalmente orientado utilizando los términos *target* e instrumentalidad. También, cuando Carter se refiere a las computadoras como incidental al quehacer de otros actos criminales, nos describe escenarios en donde las computadoras son una fuente de evidencia digitalizada. Las computadoras por si mismas no forman una parte activa en la ejecución de un crimen, si pueden tener evidencia o parte de ella.

RECONOCER LA EVIDENCIA DIGITAL

El poder reconocer la evidencia digitalizada es un proceso que podemos dividir en dos partes. Primeramente el investigador tiene que poder reconocer los componentes del sistema de las computadoras o redes *(hardware)*. Por ejemplo, el procesador, la pantalla, la impresora, los discos (memorias permanentes), los cables que lo conectan con las distintas redes computarizadas, los cuales podrían contener información digitalizada. En segundo lugar, un investigador tiene que ser capaz de distinguir entre la información irrelevante y la información digital que pueda establecer que un crimen fue cometido o que pueda proveer un eslabón entre el crimen su víctima o entre el crimen y el perpetrador.

RECONOCER LOS COMPONENTES DEL SISTEMA

Existen varios productos, los cuales pueden guardar evidencia digital como lo son los teléfonos, las computadoras portátiles, la computadora de bolsillo, los servidores y otros equipos. También existen varias formas de almacenar la información digitalizada como lo son los discos suaves, los discos compactos, las cintas magnéticas, los discos zip, discos duros, los jazz y otros. Inclusive los cables pueden tener evidencia digital, que con los instrumentos apropiados pueden ser removidos y almacenados.

La exposición a distintos tipos de ambientes en el campo de las computadoras es importante para crear un experto en el área de la recopilación de evidencia digital.

Se deben visitar desde tiendas donde se venden computadoras, laboratorios de ciencias tecnológicas en universidades hasta cafés en donde se reúnen personas con conocimiento en computadoras e intercambian su haber tecnológico.

Debe de obtener información de distintos manufactureros suplidores de direcciones computarizadas y averiguar las distintas especificaciones, así como también leer distintos manuales de los diversos productos.

CRÍMENES CIBERNÉTICOS Y LA EVIDENCIA DIGITAL

Los crímenes cibernéticos dan como resultado gran cantidad de evidencia digital. Por ejemplo, los que cometen crímenes de pornografía infantil dejan usualmente gran cantidad de fotografías en archivos.

Los sistemas operacionales y los programas de las computadoras almacenan información en una gran diversidad de lugares. La habilidad del investigador estará sujeta a su conocimiento en el tipo de delito y cómo se puede cometer, además de su familiaridad con el equipo de computadoras.

PRESERVACIÓN DE LA EVIDENCIA

Para preservar la evidencia digital es importante que sea en su estado original. Las leyes requieren que la evidencia sea original e inalterada. Habiendo dicho lo anterior es importante aclarar, que se permite presentar ante el Tribunal evidencia duplicada la misma podria ser admisible por este, siempre y cuando no presente ninguna duda sobre su autenticidad, sobre el original ni de la copia. Dicha situacion será determinada por el Tribunal (juez). Hay que mencionar, que siempre que se pretende presentar en el Tribunal prueba documental, real o demostrativa, la misma tiene que ser autenticada e identificada antes de ser admitida.[2]

FUTURO

La tecnología a medida que avancemos en los tiempos se transformará en una más compleja y sofisticada. El desarrollo de las comunicaciones nos promete grandes cambios en la manera en la cual socializamos desde nuestros hogares hasta la transformación que sufrirán los empleos.

Con esta proliferación en los sistemas de computadoras, se requiere que un investigador, un abogado, un científico forense esten altamente entrenado en las áreas de las ciencias computarizadas.

El Instituto de Seguridad Computarizada (CSI), ofrece los informes anuales de los crímenes y ofrece adiestramientos y conferencias. El Instituto se enfoca básicamente en seguridad computarizada, ofrece varios cursos en donde enseña como los individuos deben de investigar crímenes computarizados. Para poder comunicarse con el Instituto puede hacerlo a través de

---

[2]Ver la Regla 75 de Evidencia, la cual establece la forma de autenticación e identificación de la misma. Reglas de Evidencia, 32 L.P.R.A. A.p IV R. 18. *Pueblo v. Robles González,* 125 D.P.R. 750 (1990).

(http: / / 77 www.gocsi.com). También pueden encontrarse con algunas otras fuentes facilitadoras para adquirir mayor conocimiento en el área.

No es fácil el trabajo relacionado al crimen cibernético y puede acarrear graves consecuencias en nuestro entorno. Las consecuencias para ciertas organizaciones son enormes, desde el punto de vista económico y técnicas pudiendo incurrir en perdidas irreparables. Los individuos, los ciudadanos normales y corrientes como usted y yo podemos ser atacados por una nueva forma de

El uso ilegal de programas de computadora es un crimen

Copiar programas de computadora sin autorización del fabricante es **robar,** así de simple. Es equivalente a salir de una tienda con un artículo sin haberlo pagado.

Puede que usted no esté consciente de que está cometiendo piratería.

Protejase.
Verifique que todo programa que adquiere tiene:

- Un CD Rom o diskette hecho por el fabricante
- Contrato de licencia
- Certificado de autenticidad (COA)
- Manual de uso
- Tarjeta de registro

Ofertas con precios muy bajos pueden ser indicio de programas pirateados.

Tenga cuidado con los programas preinstalados como parte de ofertas de computadoras. Exija la licencia y los manuales originales.

Usted tiene derecho a recibir un producto completo, de alta calidad y con todas sus garantías. Si sospecha que ha sido víctima de piratería, repórtelo a la BSA.

Compañías
Para las compañías, la piratería es una actividad altamente arriesgada y **muy peligrosa**. Las penalidades son severas y los daños a la reputación y pérdida de negocios pueden ser permanentes.

¿Para qué arriesgarse?

- Adquirir y/o hacer uso de programas sin autorización es algo de lo que es fácil enterarse. No obligue a su personal a ser cómplice de su delito ni a una posible divulgación de sus acciones ilegales.
- Evite la posibilidad de destruir su base de datos o su sistema operativo mediante el uso de programas defectuosos pirateados con riesgo de contaminación.
- Haga uso de todo el asesoramiento técnico y documentación al que tiene derecho como usuario legítimo.
- Manténgase al día. La compra legal de sus programas lo habilita para adquirir versiones actualizadas (*upgrading*) a precios reducidos.
- Si necesita comprar licencias por volumen, consulte a un vendedor de software legítimo.

Qué hacer:
Lea cuidadosamente el contrato de licencia. Usualmente, usted tiene derecho a una sola instalación por licencia adquirida. La copia no autorizada de programas en más de una computadora **es un acto de piratería.**

Delate el delito

Si sabe de alguna empresa u organización que está copiando, usando o comprando software sin licencias, llame al **1-800-981-2685 ó 754-0989** ó escriba a **puertorico@bsa.org**.

Ofrecemos una recompensa de **$2,500**

www.bsa.org

Para recibir la recompensa de $2,500 deberá firmar un contrato con la BSA que establecerá las condiciones que una vez cumplidas, le harán acreedor de la misma. La recompensa se otorgará únicamente si la información provista se utiliza para presentar una demanda por violación a las leyes de derechos de autor y si un tribunal autoriza a que se lleve a cabo un allanamiento que confirme la información provista. Para cualificar, la BSA deberá recibir la información en o antes del 31 de diciembre de 1998.

INTERNET

Cómo protegerse de los ciberdelincuentes

Delitos en la red

Para algunos son seres de culto, para otros, una pesadilla. Así trabajan los cibercriminales que ponen en entredicho la seguridad de los más importantes sistemas informáticos.

Si han podido colarse en *Microsoft*, es que pueden entrar en cualquier sitio. Éste es el sentimiento que aqueja a la comunidad informática desde que, a finales de octubre, la compañía de Bill Gates reconoció que un grupo de piratas informáticos había tenido acceso a su más íntimo secreto, el código de programación que hace funcionar *Windows* y los otros programas de la empresa, utilizados por casi el 90 por 100 de los usuarios de computadoras. El caso ha vuelto a poner de moda el debate sobre la seguridad informática, que parecía olvidado a causa de las escasas incidencias sufridas por los usuarios del comercio electrónico, pero que era un grave temor hace unos años. Esta alarma coincide con los dictámenes de los expertos en crimen electrónico, que afirman que el fraude, aunque existe, no amenaza a usuarios individuales, sino a las empresas *punto com*, las que hacen negocios en y con Internet.

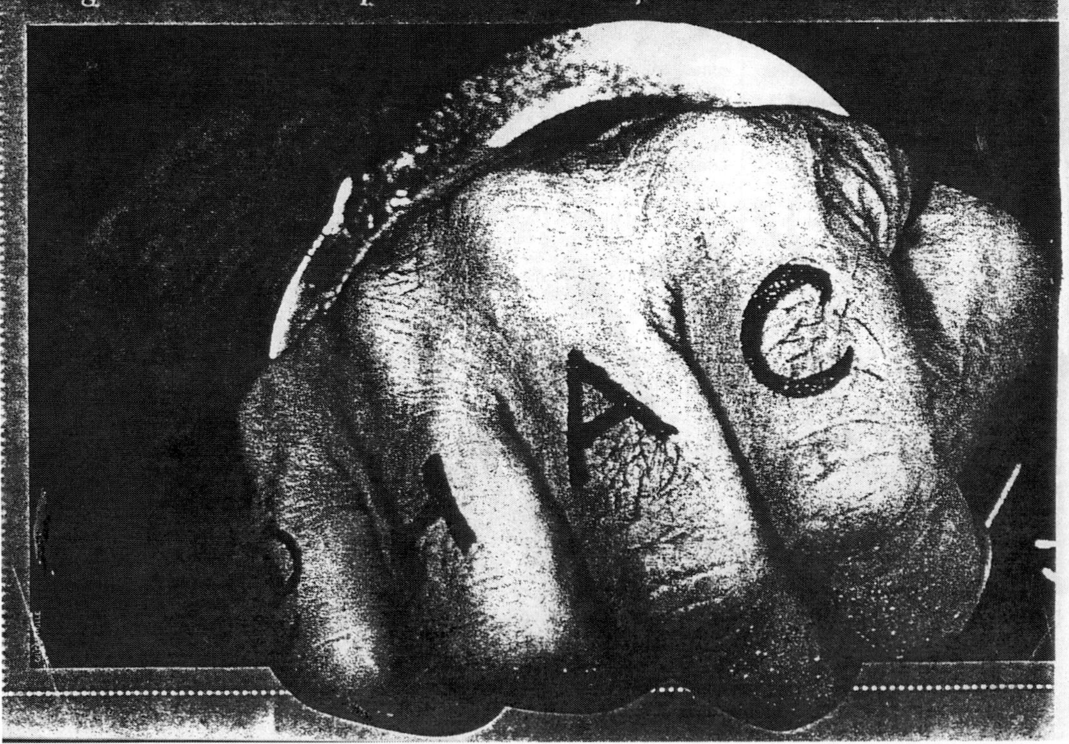

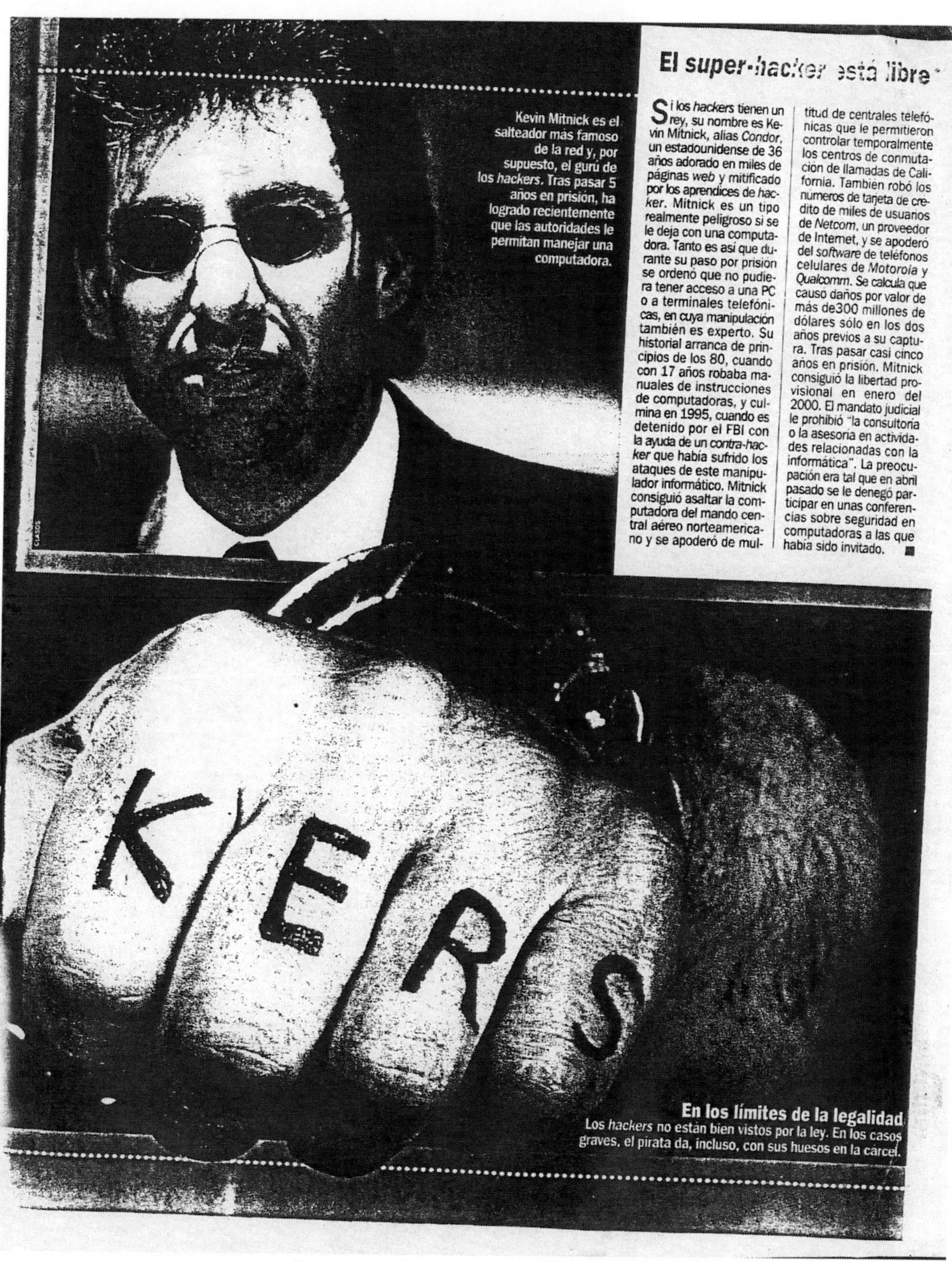

El super-hacker está libre

Si los *hackers* tienen un rey, su nombre es Kevin Mitnick, alias *Condor*, un estadounidense de 36 años adorado en miles de páginas *web* y mitificado por los aprendices de *hacker*. Mitnick es un tipo realmente peligroso si se le deja con una computadora. Tanto es así que durante su paso por prisión se ordenó que no pudiera tener acceso a una PC o a terminales telefónicas, en cuya manipulación también es experto. Su historial arranca de principios de los 80, cuando con 17 años robaba manuales de instrucciones de computadoras, y culmina en 1995, cuando es detenido por el FBI con la ayuda de un *contra-hacker* que había sufrido los ataques de este manipulador informático. Mitnick consiguió asaltar la computadora del mando central aéreo norteamericano y se apoderó de multitud de centrales telefónicas que le permitieron controlar temporalmente los centros de conmutación de llamadas de California. También robó los números de tarjeta de crédito de miles de usuarios de *Netcom*, un proveedor de Internet, y se apoderó del *software* de teléfonos celulares de *Motorola* y *Qualcomm*. Se calcula que causó daños por valor de más de300 millones de dólares sólo en los dos años previos a su captura. Tras pasar casi cinco años en prisión, Mitnick consiguió la libertad provisional en enero del 2000. El mandato judicial le prohibió "la consultoría o la asesoría en actividades relacionadas con la informática". La preocupación era tal que en abril pasado se le denegó participar en unas conferencias sobre seguridad en computadoras a las que había sido invitado. ■

Kevin Mitnick es el salteador más famoso de la red y, por supuesto, el gurú de los *hackers*. Tras pasar 5 años en prisión, ha logrado recientemente que las autoridades le permitan manejar una computadora.

En los límites de la legalidad
Los *hackers* no están bien vistos por la ley. En los casos graves, el pirata da, incluso, con sus huesos en la cárcel.

Los bancos, siempre en el punto de mira
En el verano de 1994, el joven matemático Vladimir Levin acabó con la idea de que los modernos sistemas de transacciones bancarias desde el propio domicilio eran seguros. Con un modesto equipo asaltó la red del *Citibank*, en los Estados Unidos, y transfirió más de 10 millones de dólares.

PAULO PENA

REUTERS/CORDON PRESS

El gran reto es superar las defensas de la NASA
La NASA es uno de los objetivos prioritarios de los *hackers*. Tal es así, que la agencia soporta medio millón de ataques al año. El incidente más grave ocurrió en 1997, cuando un pirata informático bloqueó las comunicaciones del transbordador *Atlantis* justo cuando iba a acoplarse a la estación *Mir*.

No existe un lugar seguro
Ni siquiera las páginas de la compañía *Yahoo!*, presidida por Jeff Mallett –a la derecha–, están a salvo de estos ciberdelincuentes. En febrero, su portal fue puesto fuera de combate durante 3 horas tras un asalto en el que se bombardeó los servidores de *Yahoo!* con mensajes falsos.

Por la puerta de atrás
La puerta trasera es un acceso que crea el programador para modificar fácilmente su programa. A menudo, es un camino aprovechado por los *hackers*.

H. PRINZ/STOCK PHOTOS

Un último elemento ha venido a añadir color y morbo al caso del asalto a *Microsoft*: el ataque informático provino, aparentemente, de Rusia. Según se ha publicado, las claves utilizadas para transferir el código fuente de los programas de *Microsoft* estaban siendo enviadas hacia una cuenta de correo electrónico registrada en la ciudad de San Petersburgo. Parece que la Guerra Fría vuelve, pero esta vez sin necesidad de armas galácticas; basta con tener acceso a Internet.

Lo cierto es que el problema de la piratería informática ha tenido incontables episodios que, en un principio, estaban relacionados exclusivamente con la telefonía.

Empezaron como *phreakers* y ahora son *hackers*

Los primeros cibercriminales de los que hay noticia se curtieron en los años 80 atacando los sistemas telefónicos estadounidenses, algo que no deja de tener su lógica histórica, ya que por entonces era la única red de comunicaciones extendida entre amplias capas de la población. Eran los llamados *phreakers*, que

¿Quiénes son los hackers?

Existe todo tipo de definiciones sobre este calificativo derivado del verbo inglés *to hack*. Aunque puede traducirse al español como cortar, picar o talar, la definición más políticamente correcta, y también la más defendida por los propios *hackers*, es la de una persona que persigue el conocimiento sobre sistemas informáticos para su propia mejora intelectual.

Sin embargo, el uso corriente ha hecho que el término derive hacia cualquiera que se dedica a penetrar en los sistemas informáticos de un tercero, la mayoría de las veces con las peores intenciones.

Los *hackers* niegan ser clasificados así, afirman perseguir un reto intelectual al romper las defensas creadas por otros expertos y reservan los objetivos criminales para los llamados *crackers*.

En una reciente reunión internacional de *hackers* celebrada en Barcelona (España) se afirmó que el objetivo de estos experimentados informáticos era casi político. Se trataba de defenderse de la "ofensiva del sistema contra Internet".

El perfil tampoco es sencillo de definir. Como explica Jesús Ciriano Sierra, ingeniero informático del intermediario de comercio electrónico *Kelkoo*, "suele ser una **persona joven**, que empezó desde la adolescencia a manejar computadoras. Tienen **grandes conocimientos informáticos**, están **ávidos de aprender** cada día más y suelen ser **poco sociables**".

En cuanto a su sistema de actuación, Sierra comenta que utilizan la red para desarrollar toda su actividad: "Se reúnen y comunican mediante mensajes anónimos y en canales de *chats*; están al día en

De los teléfonos a las computadoras e Internet
La piratería comenzó con los *phreakers*, que intervenía líneas telefónicas en su provecho. Con la explosión de la informática e Internet, se convirtieron en los *hackers* que hoy azotan a las compañías.

utilizaban su conocimiento del sistema telefónico para realizar llamadas gratis o a expensas de algún desafortunado. Entre sus trucos destacaba el uso de silbatos y otros aparatos con los que emitían sonidos imitando los tonos con los que un terminal cualquiera se comunica con una central. De esta forma, conseguían autorización para realizar una llamada como si hubieran introducido una moneda o la cargaban a cobro revertido.

Con la extensión de la informática personal, los *phreakers* se reconvirtieron en *hackers* y dedicaron su atención a introducirse en las redes de computadoras de todo tipo de instituciones, como quedó relatado en la popular película *Juegos de guerra*. Sin embargo, aunque los casos de jóvenes sumergiéndose en las potentes computadoras de la NASA, el Pentágono o los grandes portales –como ocurrió en febrero del 2000– han sido constantemente aireados por la prensa, los episodios más relevantes han gozado de mucha menos publicidad y, en la mayoría de los casos, todavía siguen siendo desconocidos.

El principal de los pocos que alcanzaron la luz pública es el del ciberataque contra el *Citibank*. En 1994, el ciudadano ruso Vladimir Levin se dedicó a transferir fondos de diferentes cuentas del *Citibank* hacia otras cuentas de varias entidades por un valor total cercano a los 10 millones de dólares. Curiosamente, y como ha ocurrido ahora con el caso *Microsoft*, el delincuente también actuaba desde San Petersburgo.

● Las líneas telefónicas son la puerta de entrada

Levin no utilizó Internet para su ataque, sino que se conectó directamente a la entidad bancaria a través de una llamada telefónica. Para realizar operaciones a distancia empleó desde su domicilio un programa especial proporcionado sólo a clientes. Levin, según todas las evidencias, sabía lo suficiente sobre telecomunicaciones para conocer la forma de acceder a los sistemas del banco y operar convenientemente el programa. Y lo hizo conectándose desde su casa, con un equipo informático de escasa calidad y utilizando la línea telefónica convencional de un país que, como es el caso de Rusia, no está precisamente desarrollada en este aspecto.

¿En qué falló Vladimir Levin? Él realizaba las transfe- →

noticias sobre agujeros en programas y sistemas operativos, así como en noticias sobre seguridad".

Existen **dos tipos** de atacantes de sistemas: el primero, integrado por los que Sierra denomina **pasivos**, son aquellos que **fisgonean por el sistema** pero que no lo modifican ni lo destruyen. Estos suelen estar movidos exclusivamente por el placer de exhibir sus conocimientos. Según Sierra, es el segundo grupo de salteadores, los considerados **activos**, los que sí que "**dañan el objetivo atacado o lo modifican** en su favor. Se trata de una actividad más propia de terroristas y antiguos empleados descontentos, que pueden estar movidos por venganzas o por encargos de terceros a cambio de ingresos económicos". De hecho, un estudio de *International Data Corporation* reveló que el 70 por 100 de los responsables de los asaltos son en realidad antiguos empleados descontentos.

Los temibles *hackers* se formaron asaltando los teléfonos. Hoy, Internet es su medio

La Guerra Fría sigue vigente en la red de redes: Ya no hacen falta armas nucleares

RAFAEL DIAZ

Miles de copias piratas inundan el mercado negro
La piratería mueve enormes cantidades de dinero al año. Éste es el aspecto del botín incautado por la policía durante un registro.

rencias cuando los propietarios de las cuentas dormían. Sin embargo, no contó con el insomnio de un usuario sudamericano que estaba dedicándose a sus operaciones bancarias en plena noche. Éste vio *en tiempo real* los movimientos de su cuenta y rápidamente dio la voz de alarma al banco. La historia culminó con una operación internacional coordinada que dio con los huesos de Levin en la cárcel de Nueva York.

Pero ¿hasta dónde llega realmente el peligro de la piratería informática? ¿Son de verdad seguras las computadoras donde se archivan nuestros movimientos bancarios, aquellos en los que las empresas guardan documentos confidenciales?

Lo cierto es que las últimas respuestas a estas preguntas no son nada positivas. "Uno de los problemas fundamentales para asegurar las redes de computadoras y la información que fluye por ellas es que los sistemas operativos y las aplicaciones necesarias son esencialmente defectuosos en cuestión de seguridad." Así de tajante se muestra el experto Richard Power en su libro *Tangled Web* (*La web enredada*), recientemente publicado en los Estados Unidos y que lleva el sugerente subtítulo de *Historias del crimen digital desde las sombras del ciberespacio*.

Según Power, los programas informáticos comerciales "no se construyen teniendo en mente la seguridad. Los ingenieros que los han diseñado no han estudiado la seguridad de la información".

● Los programas son *sistemas porosos*

Así, Power habla de sistemas operativos *porosos*, adjetivo que también pone a las aplicaciones informáticas más populares. En su opinión, para mejorar la adaptación de los productos a las condiciones óptimas de seguridad será necesario "esperar a la siguiente generación de ingenieros de *software*, que comprenderá mejor el problema".

El dictamen de los expertos –Power incluido– es que, a partir de este problema endémico, la situación puede ir a peor en el momento en que el comercio electrónico alcance una masa crítica que lo haga apetecible como objetivo del crimen organizado. Así, según esta teoría, el actual oasis de falta de problemas en el que vive el comercio electrónico tendría más que ver con la escasez de transacciones y de dinero circulante por sus arcas.

Uno de los que creen que la situación ya ha cambiado es Steven Klebe, vicepresidente de la compañía de soluciones de seguridad *Cybersource*, que intervino en la reciente feria *Internet Worl*

Los rostros del delito...

REUTERS/CORDON PRESS

***I Love You* da la cara**
El filipino de 24 años Onel De Guzmán, principal sospechoso de difundir el virus *I Love You*, reconoció que quizá lo había hecho por accidente. Los expertos que buscaban al creador del programa hallaron muchas similitudes entre aquél y una tesis que De Guzmán había presentado en el instituto de informática AMA.

Culpable reconocido
David L. Smith, un estadounidense de 30 años, admitió haber escrito el código del virus *Melissa*. Al ejecutarse, el programa se autoenviaba a las 50 primeras direcciones de correo del usuario, lo que originó la caída de los sistemas de mensajería electrónica y pérdidas millonarias.

Sólo en pocas ocasiones el delito informático tiene una cara visible ante los tribunales

2000 en Nueva York con una ponencia sobre *la cara oscura del comercio en Internet*. En ella afirmó que "los temores iniciales de que los números de tarjeta de crédito de los consumidores iban a ser robados no eran ciertos; en su lugar, los comerciantes se han convertido en el objetivo".

La razón de este nuevo interés de la delincuencia es que "los comerciantes electrónicos y las entidades financieras que operan en la red tienen centros que almacenan las bases de datos de 10,000 o más clientes que realizan transacciones".

● Si el comercio *on line* fuese mayor, habría más delitos

Klebe recordó el caso del *Western Union Bank*, donde un programador dejó abierta lo que en el argot informático se llama una "puerta trasera", un agujero del sistema que el diseñador crea deliberadamente para poder acceder a él en caso de necesidad. Por la puerta abierta entraron cibercriminales que le robaron datos de 15,000 clientes.

Además citó entre las principales víctimas potenciales a aquellos que venden en Internet los llamados bienes digitales, es decir, todo aquello que está hecho de *bits* y *bytes*, por ejemplo programas informáticos, acceso a servicios *on line* (suscripciones, juegos de pago) o documentos en formato digital (archivos en *Word* y en otros). También aquellos que venden productos de alto valor a través de la red (coches o joyas) se encuentran entre los principales candidatos a ser atacados.

Un punto de coincidencia claro entre las predicciones de Klebe y Power es la escasa cuantía que todavía supone el comercio electrónico como causa de que no se den delitos. Klebe cuantifica las transacciones en Internet como sólo un 2 por 100 del total de operaciones realizadas con tarjeta de crédito, lo que las deja como un segmento poco interesante para los malos... ¡y para los buenos! Según Klebe, difícilmente la policía va a poder dedicar muchos medios a delitos que alcancen poca cuantía, por lo que cada organización debe estar bien preparada para no encontrarse luego con sorpresas desagradables.

● *I love you*, ¿una declaración de amor?

Pero si los ataques de los *hackers* que se internan en un sistema informático suponen un peligro directo para las organizaciones que operan en redes, hay otro riesgo informático más indirecto pero no por ello menos real: los virus, o lo que es lo mismo, los programas que infectan a otros programas.

El jueves 4 de mayo del año pasado muchos usuarios de correo electrónico de todo el mundo, mexicanos incluidos, recibieron un mensaje en su buzón electrónico cuyo tema decía así: *I love you*. En el tan solitario y a veces frío mundo de la red, un mensaje así →

REUTERS/CORDON PRESS

La Administración, opuesta a los *hackers*
El presidente Bill Clinton se reunió en febrero del 2000 con los responsables de la industria informática para estudiar una nueva estrategia con la que proteger los sitios *web* comerciales de los piratas.

Los negocios *on line*, los más vulnerables
Según los especialistas, los delitos contra los negocios en la red no son motivo de preocupación, todavía. Pero conforme aumente el flujo de transacciones en Internet, se convertirán en un bocado irresistible para los cibercriminales.

UNITED ARTISTS/CORTESÍA KOBAL

También en el cine...

Todo un subgénero

***Juegos de guerra*, estrenada en 1983, fue la primera película que se centraba en los piratas informáticos. Desde entonces, la ciencia-ficción ha acogido con los brazos abiertos sus peripecias. Así, en *Hackers* –izquierda–, interpretada por Angeline Jolie y Johnny Lee Miller, los protagonistas deben destruir una conspiración industrial.**

Hoy por hoy, la gran amenaza para el usuario son los virus

puede ser muy pero que muy prometedor. Más de un usuario en la oficina llamó a sus compañeros de trabajo para enseñarles el titular del mensaje recibido, sobre todo cuando provenía de un corresponsal del sexo opuesto.

Al abrirlo podía leerse en inglés: "Sé tan amable de leer la carta de amor que te envío adjunta". Hasta ahí todo muy bien. El problema empezaba al abrir ese archivo adjunto, como hicieron miles de usuarios picados por la curiosidad. Lo que se aparecía entonces no era ninguna declaración de amor eterno sino un *programa gusano*.

Millones de computadoras infectadas en todo el mundo

El programa empezaba a actuar inmediatamente corrompiendo determinados tipos de archivos, como los que contienen imágenes –que terminan con la extensión .jpeg– y los musicales en formato MP3. Dichos archivos eran, desde ese momento, imposibles de ejecutar directamente, además de muy difíciles de recuperar.

Lo peor de todo, sin embargo, es que el *gusano* se autorreplicaba y, una vez abierto el archivo desde el programa de correo electrónico, se reenviaban nuevos mensajes con idéntico contenido a todos los usuarios que el receptor tuviera identificados en su agenda de direcciones electrónica. Se calcula que 43 millones de usuarios de Internet fueron infectados en las primeras 24 horas y que 1.9 millones de ellos abrieron el fatídico mensaje.

El caso se convirtió en un auténtico *shock* internacional y afectó al funcionamiento de miles de compañías. En Europa, una destacada víctima de sus efectos fue la redacción del diario *El País*. Se calcula que la crisis del *I Love You* supuso unos costos de más de 700 millones de dólares en todo el mundo. Los expertos han lanzado sus dardos contra *Microsoft*, ya que el virus afectaba únicamente a los usuarios de su programa de correo electrónico *Outlook*, el más extendido en todas las computadoras. Una debilidad en su sistema de compartición de datos ocasionó, según reputados expertos, la formidable epidemia electrónica.

En opinión del autor Richard Power, "está claro que muchas organizaciones no han aprendido las lecciones del virus *Melissa*", antecesor directo del *I Love You* que actuó el año pasado. No en vano, la conclusión de su libro es que "son las personas quienes construyen y mantienen las defensas del ciberespacio".

José Ángel Martos

PARA SABER MÁS

Takedown, persecución y captura de Kevin Mitnick. T. Shimomura y J. Markoff. El País Aguilar. 1997.

En Internet

www.2600.com. Sitio web considerado el órgano de expresión de los hackers.

AP/RADIAL PRESS

Clases para protegerse de los *hackers*

El experto en seguridad informática Dane Skagen –izquierda– enseña durante un seminario de *hacking* los "trucos básicos del oficio". Los alumnos de estos cursos aprenden así a proteger a sus compañías de intrusiones.

Ciberdelitos para todos los gustos

La tipología de los posibles delitos informáticos es casi tan amplia como la capacidad de programar de un ingeniero informático.

Los programas que actúan como **virus** son una de las lacras que inundan la red. En concreto, los que se autorreplican pueden infectar millones de computadoras en muy poco tiempo.

Los **ataques de denegación de servicio** es otra de las prácticas habituales de los ciberdelincuentes. Con ellos pretenden que un sistema deje de prestar el servicio habitual colapsándolo, por ejemplo, con un enorme número de mensajes falsos.

El **spam** es una de las prácticas más odiadas por los internautas. Provoca la avería de un sistema al inundarlo con un exceso de datos que le es muy difícil de manejar.

Uno de los programas más temidos y también contra el que más se previene a los usuarios es el llamado **sniffer** o **husmeador**.

Según explica Rafael Calvo, *webmaster* de la cibertienda **SportArea.com**, "se trata de un programa que permite capturar todos los datos que pasan a través de una tarjeta de red, esto es, capta y tiene acceso a toda la información que está pasando por la red mientras esté conectado".

Se utiliza habitualmente para conseguir nombres de usuarios y contraseñas que puedan introducirse más tarde con otras identidades, por ejemplo en sitios *web* que requieren de una autorización para entrar en ellos. Pero también sirve, y esto es más peligroso, para la obtención de los tan deseados números de tarjetas de crédito.

Para impedir que los husmeadores hagan su dañino trabajo existe un antídoto muy recomendable. Según señala Calvo, "cuando queremos enviar datos confidenciales, se utilizan servidores seguros por donde la información viaja encriptada –esto es, codificada–, por lo que, en caso de ser interceptada, llegará en un estado completamente ilegible". A nadie se le escapa, sin embargo, que la información también puede ser decodificada.

EVALUACIÓN
CAPÍTULO 5

1. ¿Si se comete un crimen a través de *Internet*, en que jurisdicción debe ser enjuiciado, desde donde se cometió el acto delictvo o donde ocurrió el resultado criminal?
2. Mencione la diferencia entre evidencia digital versus evidencia física.
3. Mencione de que manera los *"hackers"* pueden ayudar a los agentes del orden público. Ver artículo del Nuevo Día.
4. ¿Cómo puede reconocer la evidencia digital?

UNIDAD TERCERA

ETAPA INVESTIGATIVA

6 MODUS OPERANDI

A medida que los criminales van haciendo más sofisticados sus métodos de delinquir, también se va haciendo más difícil el descubrirlos y más aun lograr una sentencia en su contra.

El *Modus Operandi* es el término en latín que significa manera de actuar, o técnica criminal. En el trabajo policial se conecta con las actividades criminales. El primer material publicado relacionado con el *modus operandi* fue en 1913, escrito por el Mayor de Campo Sir Llewelyn W. Atcherley. El método fue introducido en los Estados Unidos por el jefe de la policía August Vollmer, en el estado de California.

La teoría por la cual se desarrolla el concepto de *modus operandi,* es que todos los seres humanos somos criaturas de hábitos consistentes. Un hábito puede ser intencional o accidental, pero una vez la memoria lo graba lo sigue repitiendo subsiguientemente en ocasiones parecidas que se le presenten a ese ser humano.

Los delincuentes involuntarios o por imprudencia (negligencia), muchas veces carecen de un *modus operandi.* De modo que por estos no nos preocupamos tanto porque en sus actos dejan muchas pruebas, y como consecuencia son fáciles de descubrir. No ocurre lo mismo con los delincuentes profesionales quienes perfeccionan tanto que sus métodos, que los hacen de calidad y usualmente cometen el mismo tipo de delito y con un estilo igual. Por eso pueden ser identificados por su técnica de operación o *modus operandi.*

FACTORES DEL *MODUS OPERANDI*

La mayoría de las personas tienen una manera determinada de hacer sus labores, como por ejemplo: el carpintero tiene une manera de clavar, cada abogado tiene una manera exclusiva de litigar, cada cirujano tiene una manera específica de hacer las suturas, el dentista cuando hace un trabajo en los dientes de su paciente deja su huella como un artista en cada una de sus obras. Así también el delincuente profesional tiene su manera exclusiva de obrar; la manera como cada uno comete sus delitos será usualmente de la misma manera y rara es la vez que cambia en el tipo de delito que cometerá.

Los factores que influencian al *modus operandi* de un criminal, según los criminólogos, son dos: 1) la oportunidad, sea esta accidental o creada; y 2) la necesidad, sea real o imaginaria. Estos dos factores se pondrán en movimiento por lo que llamamos el deseo, sea este normal o anormal. El querer satisfacer ese deseo es a lo que nos referimos como motivo que unido a la oportunidad, da como resultado un acto o comisión.

El conocimiento y la experiencias son factores que también influenciarán en los actos criminales. El conocimiento se obtiene mediante estudio, asociación con otros criminales que pasan sus técnicas unos a otros o por la mera experiencia. La experiencia hace que cualquier persona aprenda de sus actos pasados, por eso dice un dicho: "más sabe el diablo por viejo que por diablo". Es decir, si un criminal en la comisión de su primer delito, cometía **x, y** y **z** errores, en sus posteriores crímenes cometerá cada vez menos de los errores cometidos en un principio. Es entonces que se irá convirtiendo en todo un profesional al cometer actos antijurídicos con una técnica muy bien perfeccionada.

MANERA DE LLEVAR EL *MODUS OPERANDI*

El *modus operandi* se debe llevar en forma de legajos que se clasifican y archivan de manera que ayuden a relacionar ciertos actos delictivos con posibles sospechosos o con su autor exacto, o solamente varios actos antijurídicos que no se pueden relacionar con un autor.

En Puerto Rico casi ningún Departamento de la Policía lo hace en forma de archivo, sino caso a caso por el recuerdo que tengan los investigadores. Entiendo que este modo no es el más eficaz ni eficiente, porque lo escrito permanece y la memoria puede pasar datos importantes por alto, el mejor método es utilizar el archivo computarizado.

El llevar un buen archivo de los *modus operandis* puede llamarse el eje central de la fuerza investigativa. A la técnica de clasificación a base de *modus operandi* se le llama método de Rogues. El éxito del sistema depende de la habilidad de los investigadores y de la persona que lleva el archivo. Los investigadores deberán saber darle a los archivadores toda la información necesaria para la correcta clasificación. Entre la información que necesitará el archivador se encuentran los hechos esenciales del delito y la correcta clasificación del delito cometido. El archivista tendrá que ser capaz de poder comparar la información obtenida con la que tiene en los archivos.

Cada vez que se comete un delito y se abre un expediente, el investigador debe determinar factores como:

1. Cómo se cometió el delito.
2. Cuál era el motivo para cometerlo.
3. Qué tipo de conocimientos especializados necesitaba el criminal.
4. Cuáles hábitos del criminal se pueden establecer.
5. Qué oportunidades tuvo a su disposición.
6. Cuál podría ser la personalidad del autor de los hechos.
7. Cómo se planeó el crimen.
8. Cuántas personas participaron en la planificación y en la comisión.

MODELO DE UN ARCHIVO DE *MODUS OPERANDI*

Para que funcione adecuadamente el archivo de *modus operandi,* debe clasificarse en tres archivos generales:

1.Delincuentes conocidos, 2. delincuentes degenerados y 3. delincuentes ocasionales, estos para poderlos identificar y en caso de que vuelvan a cometer un delito poder localizarlos. Los delincuentes por negligencia no son clasificados, ya que ellos no tuvieron **intención** de delinquir. También debe existir una clasificación para las gangas o grupos.

Cada uno de los archivos debe incluir los siguientes elementos primordiales:

1. Clasificar el delito; desde el robo hasta el aborto ilegal y en el caso de los delincuentes degenerados deben clasificarse los delitos sexuales como: anormales, maniáticos, enfermos y pervertidos.
2. Tipo de víctima, no la identidad. La información necesaria deberá incluir la ocupación, edad sexo, color, etc.
3. Tipo de propiedad en la que se cometieron los delitos.
4. De qué manera se cometió el delito.
5. Medios empleados; esta es una clasificación sumamente importante.
6. Motivo de la comisión del delito.
7. Fecha, hora y estado del tiempo.
8. Señales individuales que lo distingan de otros delincuentes, como por ejemplo, que deje una flor, una nota (En caso de notas, la letra es un factor importante).
9. Preparativos.
10. Cualquier otra información pertinente.

Es importante que las tarjetas se mantengan al día en los archivos, es decir hay que eliminar a los delincuentes que hayan muerto y colocar en otro archivo a los delincuentes que están cumpliendo una sentencia. Estos volverán al archivo activo tan pronto como estén en libertad.

El archivo de *modus operandi* es un método ordenado de codificar información relacionados con hábitos, tendencias y prácticas criminales de algunos criminales.

Los mejores archivos de *modus operandi* en el mundo los tienen los Estados Unidos en el F.B.I. Específicamente las ciudades mejor organizadas son Washington y Los Angeles.

USOS DEL *MODUS OPERANDI*

El *modus operandi* puede tener gran valor para la aprensión e identificación del criminal y para la prevención de un crimen.

La información que nos brindan los testigos al identificar físicamente a un delincuente, cuando forma parte del archivo *modus operandi,* nos sirve para tener información de un posible sospechoso. Entonces podremos recurrir a ese archivo para buscar información de las características físicas como si tiene cicatrices, estructura o sea, marcas, deformidades, altura, peso, tatuajes, etc.

También debemos incluir, para una mejor identificación, los apodos. En Puerto Rico es muy usual el uso de estos, como por ejemplo: Pepe a José, Bea por Beatriz. Pero también tenemos los apodos por oficios y/o especialidades como por ejemplo: El Matón, El Torero, La Rapidita y así muchas veces es que son conocidos en su lugar de estar o residencia. Por eso es bueno saberlos para poderlos identificar en su medio ambiente. También es bueno conocer los apodos porque se interroga a un sospechoso es en algunas ocasiones mejor llamarlo por su apodo.

Para la aprehensión del delincuente nos ayuda, ya que nos identifica al posible sospechoso del delito. Por ejemplo: el tipo de víctima que le gusta a un violador, el lugar donde le gusta cometer sus fechorías, el día de la semana, tipo de compra, que hace, manera de vestir, conversaciones que tiene, etc.

Tan pronto como a un sospechoso se le detiene, deben tomársele sus huellas digitales y ser enviadas al archivo y al laboratorio. Se enviará primero donde pueda haber más probabilidades de que existan antecedentes del sospechoso. También se le debe hacer un interrogatorio para comparar la comisión de este nuevo delito con delitos anteriores, y para saber si tiene antecedentes de haber cometido un delito anterior de la misma naturaleza.

Deben incluirse unas fotografías tanto de frente como de perfil.

Nos ayuda en la prevención de los delitos, ya que conociendo sus patrones de comportamiento podemos crear sistemas para evitar que se cometa el crimen. Como por ejemplo: a una delincuente a quien le gusta robar prendas finas de joyerías con renombre y ha seguido un patrón por localización, se le pone mayor vigilancia en esas zonas, o si a determinados vendedores de drogas les gustan como punto de venta las escuelas primarias, ponemos mayor vigilancia en las mismas.

Además de servirnos a los propósitos antes mencionados, nos sirve también en casos en que necesitemos hacer interrogatorios, para identificar fugas y para identificar cualquier persona sospechosa de la comisión de un delito que se haya ido a otra jurisdicción.

LEGALIDAD DEL *MODUS OPERANDI*

Legalmente, el *modus operandi* puede ser utilizado únicamente para la investigación de un caso, que se puede traer al tribunal como evidencia para demostrar un propósito determinado y la manera de operar del sospechoso cuando ha cometido el mismo delito en momentos diferentes y se le está acusando por más de uno de los delitos cometidos o como evidencia circunstancial. De otra manera no puede ser admitida por el tribunal.

Podemos concluir indicando que, el *modus operandi* bien manejado es un artículo de gran valor para auxiliar al investigador a dilucidar la identidad de un criminal.

EVALUACIÓN
CAPÍTULO 6

1. ¿Qué es el *Modus Operandi*?
2. ¿Cómo establecería un archivo del *modus operandi* para casos de delitos sexuales?
3. Busque y discuta el asesinato de la esposa (y su acompañante) de O.J. Simpson a la luz del *modus operandi* de ciertas gangas hispanas de narcotráficantes.

7 TÉCNICA DE ENTREVISTAS E INTERROGATORIOS

La evidencia no se limita a objetos físicos, pues el testimonio de una persona es también una gran pieza de evidencia. Es por esta razón que el negocio de los agentes policíacos es trabajar con personas, al igual que ocurre con un investigador. Las personas y la información que estas brindan ayudan al investigador a completar su obligación investigativa.

En muchos casos vemos, excepto en los más simples, que se necesita tanto la evidencia física como la de testigos no expertos.

Por lo tanto, el saber hacer una entrevista al igual que un interrogatorio es un arte al igual que una destreza metódica. Se requiere que el investigador tenga conocimiento de la naturaleza humana (mucha gente puede no estar dispuesta a cooperar por innumerables razones), de las limitaciones de los humanos entrevistados y las propias del entrevistador, sus actitudes, perjuicios, así como de sus conocimientos y destrezas comunicativas.

Los interrogatorios al igual que las entrevistas forman parte de la investigación, pero no la sustituyen. Un **interrogatorio** tiene por objeto inducir a un sospechoso a que revele los actos antijurídicos cometidos por él y por sus cómplices, si los hubo. El propósito de un interrogatorio es asegurar una confesión admisible por el tribunal. Cuando se trata de obtener y evaluar información de una víctima o de un testigo que tenga conocimiento propio de los hechos o de alguna de las circunstancias del acto delictivo, lo más correcto es llamar a este acto una **entrevista**.

Toda técnica que se utilice debe conformarse con llegar a la verdad.

ENTREVISTA

LOS ENTREVISTADOS

Existen varios tipos de personas en el mundo, con diferentes pensamientos, deseos, motivaciones, miedos, experiencias y percepciones. Por lo tanto, hay distintos caracteres a los que vamos a confrontar al hacer una entrevista. Las distintas características o condiciones humanas que hemos mencionado, influenciarán las respuestas que nos den los entrevistados, ya sea consciente o inconscientemente.

Las respuestas que nos dan los entrevistados debemos evaluarlas desde su valor potencial en la corte, por esta razón el entrevistador deberá evaluar la competencia y credibilidad de cada uno de los entrevistados.

COMPETENCIA

La competencia describe las cualificaciones personales para que un testigo testifique en el Tribunal. Las cualificaciones personales dependerán de las circunstancias que afecten al testigo en su habilidad legal como declarante en un tribunal. La competencia no tiene nada que ver con lo que se le crea o no a ese testigo.

La regla 36 de las Reglas de Evidencia de Puerto Rico, establece un principio general de competencia que tienen que tener los testigos, al expresar que: *"Toda persona es apta para ser testigo, salvo disposición en contrario en estas reglas o en alguna disposición de ley."* 32 L.P.R.A. Ap. IV R.36. según esta regla podemos entender que toda persona es apta para ser testigo, excepto lo que declare la propia ley. Por lo que nos debemos referir entonces, a la regla 37 y 38 de las mismas reglas de Evidencia, estas se refieren, a que una persona no podrá ser un declarante si no estuviere en su cabal juicio o es un menor de edad que no tuviese capacidad de expresarse inteligiblemente en torno al asunto sobre el cual va a declarar. Además debe tener el conocimiento personal, exigido por la regla 38 de las Reglas de Evidencia. Y según jurisprudencia, como el caso, *Pueblo v. Arrocho Medina*, 93 D.P.R. 162 (1966), nos añade que un testigo tiene que ser capaz de entender el compromiso moral y jurídico de decir la verdad. 32 L.P.R.A. Ap. IV. R.37 y 38.

Los factores que un investigador debe evaluar para determinar la competencia de un testigo son: la edad, el nivel de inteligencia, su estado mental, su relación con otros seres humanos involucrados en el caso y sobre todo su aptitud de decir la verdad.

Menciono la relación entre los individuos, ya que la misma puede afectar la competencia, debido a los privilegios que existen y se enumeran en las reglas de Evidencia (reglas 23 a la 32). 32 L.P.R.A. Ap. IV. R.23-32.

Posibilidades como las antes dichas harían que un testigo no pudiera declarar en el juicio, por lo que el investigador debe tratar de darse cuenta de ellas antes de presentarlo en el juicio.

CREDIBILIDAD

La credibilidad podemos definirla como la cualidad que demuestra el testigo al relatar los hechos de una manera verídicamente creíble por los que lo escuchan. La misma se establece en términos de presencia en el lugar de los hechos, cuán consciente estuvo de lo que ocurría, cuán buena memoria tiene ese testigo, si tiene alguna deficiencia en sus sentidos, o si estuvo atento en el momento en que ocurrieron los hechos.

El entrevistador debe saber reconocer tanto los efectos físicos y emocionales, como las características externas que pudieran influenciar el testimonio del testigo, para determinar cuán creíble será ante el tribunal, ya sea de derecho o por jurado, el argumento articulado por el testigo que presentará.

CÓMO LOCALIZAR A LOS TESTIGOS

Una de las responsabilidades de un investigador al llegar a la escena del crimen es localizar posibles testigos.

Cualquier persona presente en la escena del crimen es un testigo potencial. Por lo que, el primer paso debe ser separar a los testigos de los meros observadores.

En las escenas dentro de locales usualmente son pocas personas las que presencian el crimen comparativamente con las de escenas de crímenes cometidas en exteriores. Por esta razón se le podrá pedir a todos los que estén en la escena dentro de un local, que se identifiquen con nombre y dirección en caso de que haya que comunicarse con ellos posteriormente.

Muchas veces son suficientes una o dos preguntas para distinguir los testigos de los espectadores; las preguntas pueden ser en relación con lo que ocurrió en el sitio, o si la persona estuvo en el lugar de los hechos en el momento en que ocurrió el delito. Aquellos que contesten en la afirmativa alguna de las preguntas relacionadas con lo anteriormente dicho, deben quedarse en la escena del crimen. Aquellos que contesten en la negativa podrán retirarse del lugar, pero con la advertencia de que posteriormente pueden volverse a comunicar con ellos.

Como dijimos, en una escena de crimen en las afueras de un local, usualmente se agrupan grandes cantidades de personas, antes de que un agente de la policía haya podido llegar. En este caso, el poder eliminar a los testigos de los espectadores es una tarea un poco más difícil. El tiempo que tenemos muchas veces para poder hablar con cada una de las personas presentes no es suficiente, además de que usualmente estas personas no están tan disponibles para hablar. Así pues, se trabajará primero con aquellos que estén más cerca del lugar de los hechos. Estos serán los primeros con los que se conversará y se les tomará la identificación necesaria. Pero siempre tenemos que estar pendientes de aquellas personas que quieren salir rápidamente de la escena. A estos se les debe detener antes de que se alejen y tomarles sus nombres, apodos y direcciones.

Muchas veces al problema básico que se nos presenta es que no conseguimos suficientes testigos. En estos casos dos técnicas nos podrían ser útiles.

La primera es la búsqueda física. Esta se comienza en la escena del crimen, y en sus proximidades, donde buscaremos a alguna persona que estuviera cerca del evento criminal que se cometió. Por ejemplo, en un edificio, si el delito se cometió en un apartamento donde sólo vive una persona, se tratará de hablar con el vecino más cercano.

La segunda técnica es que los testigos vayan mencionando nombres de otras posibles personas que se pudieron encontrar en el lugar de los hechos.

Una vez están identificados todos los posibles testigos, es extremadamente importante separarlos unos de otros y que tengan el menor contacto verbal o algún tipo de comunicación unos con otros. El propósito es que no se cuenten los hechos unos a otros (para no contaminar sus ideas). Usualmente son de gran ayuda las discrepancias y diferencias que puede haber entre una historia y otra.

TIPOS DE TESTIGOS

Hay diferentes tipos de testigos, ya sea porque tienen motivaciones distintas, o por percepciones, actitudes o experiencias variadas. La manera en que cada una de estas personas debe ser entrevistada debe ser diferente. Aunque las variantes de personalidad son innumerables, algunos patrones básicos se pueden descubrir.

EL TESTIGO COOPERADOR

Este tipo de testigo es de gran valor para el investigador, pero no significa que se le tenga que creer todo. Aparte de ser un testigo admirable, el mismo está sujeto a todos los factores que pueden influenciar a un testigo, tales como la edad, las características físicas, y sus emociones.

Este tipo de testigos deben ser los primeros entrevistados. Así el investigador podrá obtener información básica, la cual comparará posteriormente con la ya obtenida.

EL TESTIGO SILENCIOSO, QUE NO SABE NADA, O ESTA DESINTERESADO

Estos tres tipos de testigos tienen algo en común: son los más difíciles de entrevistar. Estos testigos no quieren dar información ni buena, ni mala, ni cierta, ni falsa. Sus razones y motivos son variados, pero el efecto es el mismo: no tendremos información disponible.

Cuando el entrevistador se enfrenta a este tipo de testigo, tiene que hacer uso de todas sus técnicas y conocimientos, para tratar de obtener la información.

EL TESTIGO RENUENTE Y RECELOSO

Este sólo es un poco más sencillo de entrevistar que el anterior, pero sigue siendo un sujeto difícil. Este puede ser convencido si se le explica la importancia de la contribución que está haciendo.

EL TESTIGO HOSTIL

Estos son los testigos que deliberadamente tratan de impedir que el investigador obtenga información. En estos casos el investigador debe tratar de ver por qué motivos esta persona no quiere que se logre la investigación. Puede que exista algún tipo de relación entre el testigo y el sospechoso. Puede que el testigo tenga antecedentes penales, lo que ocasiona en el frustración ante un agente policial o alguien que lo represente. Puede ser un testigo que padezca de alguna enfermedad mental que lo hace mentir desenfrenadamente, que haya adquirido el hábito a través de los años.

Muchas veces las incongruencias de estos testigos son buenas si nos llevan a la futura aprehensión del sospechoso.

Por lo que, se le debe dar suficiente oportunidad de conversar a este tipo de testigo.

EL TESTIGO TÍMIDO

La gran mayoría de las personas que son tímidas, lo son por varias razones, entre ellas: carecen de suficiente educación, se les discrimina socialmente, enfrentan barreras de lenguaje, sienten miedo a la policía y les falta entendimiento del proceso investigativo.

En esos casos, el investigador debe invertir gran cantidad de tiempo y confianza. Debe ser comunicativo, pero dejando lugar a que el testigo pueda expresar sus temores y ansiedades.

EL TESTIGO HABLADOR

Este testigo es tan bueno como tan peligroso. Este testigo quiere dar tanta información que la misma tiene que ser evaluada desde el punto de vista de cuán certera es. Ya que la imaginación de estas personas podría entrelazarse con la verdad.

EL TESTIGO INFLUENCIADO

Este es el testigo que está influenciado por el uso de sustancias que no le permiten decir cuanto piensan o que les han afectado su percepción, memoria o alguno de sus sentidos. Estas son personas que usan drogas ilegales o legales descontroladamente, o que usan alcohol. Como vemos, la legalidad de la sustancia al entrevistador no le importa, sino en qué grado puede ser riesgoso para la investigación el entrevistarlo en ese momento.

LUGAR Y MOMENTO EN QUE SE DEBE ENTREVISTAR

Los agentes policíacos hacen entrevistas en gran número de situaciones. Ya sea en un accidente de tráfico, en una investigación rutinaria de portación de armas, o en un caso de asesinato.

Una vez se identifica a los testigos, estos deben ser separados unos de otros. Se debe tratar de tomarles sus declaraciones lo antes posible, para que la memoria esté fresca. Esta regla podría ser flexible en algunos casos.

El lugar donde se hace la entrevista puede ser crucial para determinar el valor de la información que se obtenga. Las inmediaciones del lugar a veces deben ser descartadas, ya que carecen de privacidad, o son incómodas por alguna razón para el testigo. Las condiciones que tienden a distraer al testigo deben ser descartadas.

Si existe alguna de estas condiciones el investigador debe coger una información preliminar del testigo y posteriormente en un lugar más cómodo, para este, debe entonces hacerle la entrevista.

En algunos casos, la entrevista puede hacerse en la casa del testigo, pero existen situaciones donde el lugar ideal es el departamento policíaco. En su casa el testigo se puede sentir más en control de la entrevista que el entrevistador, sin embargo, en la oficina del policía se sentirá con menor control sobre la situación y con una responsabilidad mayor ante la investigación. El entrevistador tiene que hacer sentir cómodo al entrevistado y ser justo, pero nunca puede dejar el control en manos del entrevistado. Después de tomar en cuenta factores como cercanía, privacidad, conveniencia y control se puede hacer en la casa o trabajo de la persona que declarará.

Como manera de cortesía, se tratará de hacer la entrevista a una hora conveniente para el entrevistado y en caso de que trabajen para una compañía trataremos de que sea en horas no laborables para esa persona.

La privacidad es un factor apremiantemente importante al momento de hacer una entrevista, ya que las distracciones como niños, teléfonos, televisores o vecinos ruidosos, pueden hacer que la entrevista tenga resultados negativos.

La condición física y emocional del entrevistado son determinantes al momento de hacer una entrevista. Es favorable para la entrevista esperar a que la condición o dolencia que esté afectando a esa persona desaparezca o disminuya antes de hacerle la entrevista.

Cuando se entrevistan menores hay que ser sumamente cuidadosos. Principalmente debemos siempre llamar al adulto o tutor responsable de ese menor y notificarle la naturaleza y propósito de la entrevista. En algunas situaciones es preferible que el adulto acompañe al menor. Aunque el padre o tutor responsable por el menor se encuentre presente, estos no deben distraer al menor, y mucho menos influenciarlo de alguna manera.

PROCESO Y TÉCNICAS DE FORMULAR PREGUNTAS

Existen varias personalidades y caracteres a los que nos enfrentamos al momento de entrevistar, pero existe una técnica básica que se amoldará y se cambiará dependiendo de la persona a quien se va a entrevistar.

Toda entrevista debe hacerse de una forma planificada y ordenada, así que tenemos que pensar que la misma tiene un principio, un intermedio y un final. El hacerla de esta forma ayuda al investigador a llevar sus notas de una forma organizada, además de que ayuda al entrevistado a poder recordar los hechos mas fácilmente.

El principio de la entrevista debe estar dirigido a establecer una dinámica positiva entre el entrevistado y el entrevistador. Por eso se formularán preguntas relacionadas con la identificación del declarante tales como: su nombre completo y apodo, dirección postal y física, lugar de trabajo y dirección del mismo, teléfonos de la casa, del trabajo y de algún familiar o amigo, y qué relación (si alguna) tenía con la víctima. Si el entrevistado estuviese nervioso se le harán aseveraciones positivas para relajarlo, así que para este tipo de testigos puede incluir preguntas de interés general como los deportes, los niños, organizaciones cívicas o el ejército.

Las preguntas del intermedio estarán dirigidas a adquirir la información necesaria. Las preguntas en esta etapa deben relacionarse con los sucesos que acontecieron. Se le harán preguntas generales para que así la persona se sienta en libertad de poder responder sin limitaciones. El entrevistador no debe interrumpir para esclarecer algún detalles. Si tiene alguna pregunta porque no entiende lo que ha dicho el testigo, debe hacer una pequeña anotación para preguntarle cuando él termine de hablar. Debe dejar que el testigo hable todo el tiempo que desee. Pero, si el entrevistado pierde la secuencia de lo que estaba hablando, entonces el entrevistador podrá formularle una pregunta para llevarlo a la contestación de la pregunta anteriormente formulada. En esta etapa es importante escuchar lo más posible y no hacer muchos apuntes, para que el declarante se sienta lo más cómodo posible y que le están prestando atención a lo que él está diciendo. También se puede grabar la entrevista.

En la etapa final de la entrevista se harán varias preguntas para corroborar información y corregir cualquier error. En esta etapa deberá anotar todo lo más posible. Es decir se hará un resumen de todo lo dialogado. Además debe darle las gracias al testigo por su esfuerzo y cooperación.

El investigador debe recordar que esta etapa es para recopilar la mayor cantidad de información posible. Por esa razón, independientemente del carácter del testigo, debe establecer la mejor relación. Nunca debe discutir con el declarante. Para evitar confrontaciones no trate de contestar las preguntas por el testigo y deje que use sus propias palabras y lenguaje. Es más, copie su forma de hablar para que el testigo se sienta más cómodo.

Una regla importante es que nunca se debe revelar a quien está siendo entrevistado, las contestaciones de los demás entrevistados o de alguna evidencia que haya sido encontrada. Por otra parte, están los testigos que son la propia víctima quienes están interesados en saber cómo sigue el proceso del caso, a estos se les dará información general pero nada específico. A cualquier pregunta que hagan los entrevistados, para conocer alguna información indebida acerca del caso, no se le indicará que no tiene derecho a conocer esa información, sino que se le dirá que en ese momento están haciéndole preguntas a él para poder obtener mayor información, y se seguirá el proceso de preguntas. Posiblemente tenga que repetir varias veces algunas de las preguntas, porque hay personas que, o estarán cómodas o serán testigos hostiles. El entrevistador debe tener gran paciencia con estas personas.

DOCUMENTACIÓN

Una vez terminada la entrevista se le leerá al entrevistado lo que éste le dijo y el entrevistador copió. Una vez leida la entrevista, el entrevistado pondrá sus iniciales en cada una de las páginas y al final firmará el documento.

Muchas personas se sentirán incómodas con este procedimiento, pero a otras les dará seguridad la seriedad e importancia que tiene su testimonio.

INTERROGATORIOS

La técnica de interrogatorios esta dirigida a obtener una confesión o una admisión por parte de un sospechoso. Tiene como objetivo inducir al autor de unos hechos delictivos a que revele sus actuaciones y las de sus cómplices.

Podemos enumerar cuatro objetivos reconocidos en un interrogatorio. Estos son los siguientes:

1. Obtener hechos de valor ocurridos, para llenar los espacios con evidencia incompleta.
2. Eliminar la posibilidad de que sea inocente el sospechoso e identificar a los posibles culpables.
3. Obtener una corroboración.
4. Obtener una confesión o una admisión.

La diferencia entre una confesión y una admisión, es que en la confesión se admiten todos los elementos del delito y es en sí una declaración de culpabilidad. La admisión es la admisión de uno o más elementos del delito, que los podemos tomar como parte de la evidencia ya probada que conducen a la culpabilidad del sospechoso. *Pueblo v. Delgado*, 128 D.P.R. 721 (1991).

A medida que el investigador va avanzando en el alcance de los objetivos antes mencionados, va creciendo la dificultad para obtener la información necesaria. Mas esa dificultad nos trae como recompensa un valor informativo mayor.

Para alcanzar los primeros tres objetivos, el investigador hará preguntas básicas, como: Por qué, quién, cuál era el objetivo o el motivo, dónde, cuándo, con qué, con quiénes, y si le pagaron por el trabajo.

SIMILITUDES Y DIFERENCIAS ENTRE LA ENTREVISTA Y UN INTERROGATORIO

El planificar y controlar el medio ambiente donde se efectúan la entrevista y el interrogatorio es importante para el desarrollo de los mismos, pero será aun más crítico el saber escoger el lugar y cuando se hace un interrogatorio. También es más crítica la privacidad que se necesita al hacer un interrogatorio, que al hacer una entrevista.

En ambas situaciones son igual de importante las características personales así como la experiencia y dedicación a su labor que debe tener el investigador. Por ejemplo es importante que el investigador pueda: establecer una buena dinámica, hacer preguntas importantes, el escuchar cuidadosamente y documentar toda la información.

Al hacer una entrevista no hay tantas implicaciones de orden constitucional como al hacer un interrogatorio. Ya que estas implicaciones legales son el éxito o fracaso de que se admita una confesión o una admisión por parte del tribunal para poder obtener una convicción del sospechoso que las ha declarado.

Por lo que implica que, para hacer un interrogatorio, necesitamos más preparación y planificación que para hacer una entrevista.

Los propósitos son distintos, ya que en un interrogatorio usualmente conocemos la información, lo único es que la estamos corroborando.

Es importante tener en mente, que al hacer un interrogatorio usualmente el testigo que estamos interrogando es más hostil que en una entrevista, ya que este es un acusado o un sospechoso. En el caso de una entrevista es solamente un testigo.

REQUISITOS LEGALES

Según las Reglas de Evidencia de Puerto Rico, específicamente la regla 62 dispone las razones por las cuales se admiten confesiones y admisiones extrajudiciales durante un juicio. El Tribunal Supremo aclaró que no se viola el privilegio constitucional contra la autoincriminación el que se admita una confesión **libre y voluntariamente** hecha, sobre la comisión de un crimen. Véase *Pueblo v. López*, 118 D.P.R. 515 (1987). 32 L.P.R.A. Ap. IV R. 62.

Con relación a tomar una declaración de una manera que sea admisible posteriormente por el tribunal, se ha expresado el Tribunal Supremo Federal y nuestro Tribunal Supremo estableciendo unas normas, de cómo la policía debe llevar a cabo los interrogatorios de una manera que lo que diga la persona sea libre y voluntario.

La historia de los casos de confesiones comienza con los casos, *Escobedo v. Illinois*, 378 U.S. 478 (1964), en adelante *Escobedo*, y con el caso *Miranda v. Arizona*, 384 U.S. 435 (1966), en adelante *Miranda*, los cuales nos dan unos controles que se deben tener cuando se está llevando a cabo un interrogatorio.

Tradicionalmente en un interrogatorio se le debe dar oportunidad al sospechoso para explicar los hechos ocurridos, o para indicar que él es inocente de los hechos que se le imputan. Es en ese momento cuando debe presentar su declaración donde explique que no estuvo presente en el lugar de los hechos (posible defensa de coartada), o que no ha tenido nunca contacto con la víctima. Luego de esa declaración debe proceder una investigación de verificación.

ESCOBEDO V. ILLINOIS

Este es el primer caso que llegó hasta el Supremo Federal en 1964. Según los hechos, el Sr. Escobedo fue arrestado por el asesinato de su cuñado. Después de un extenso interrogatorio fue dejado en libertad, y diez días después, cuando la policía adquirió mayor información, lo arresto nuevamente. Durante el segundo interrogatorio el abogado de defensa pidió una conferencia con su cliente, lo cual le fue denegado por la policía en repetidas ocasiones. Al mismo tiempo el, Sr. Escobedo, pedía poder hablar con su abogado, mas la policía le informaba que este no lo quería ver. Incluso en una ocasión al abogado se le permitió ver el cuarto donde estaban interrogando al Sr. Escobedo, pero no se le permitió entrar a hablar con su cliente. El Sr. Escobedo confesó haber cometido el crimen, por el cual fue juzgado y encontrado culpable por la corte de Illinois. Su apelación a la Suprema Corte del Estado fue denegada y, por lo tanto, confirmada la sentencia de la corte de Instancia. Por lo que el acusado apeló a la Suprema Corte de los Estados Unidos. Alegó que se había errado en su sentencia, ya que su confesión no debió haber sido admitida como evidencia por el tribunal, pues al admitirla se violaban sus derechos constitucionales. La Suprema Corte estableció, que:

> *"We hold, therefore, that where, as here, the investigation is no longer a general inquiry into unsolved crime, but has begun to focus upon a particular suspect, the suspect has been taken into the custody, the police carry out a process of interrogation that lends itself to eliciting incriminating comments, the suspect has request and been denied an opportunity to consult with his lawyer, and the police have not effectively warned him of his absolute constitutionals rights to remain silent... the accused has been denied the assistance of consel in violation of the Sixth Amendment of the Constitution as made obligatory upon the states by the Fourteenth Amendment... and that no statement elicited by the police during the interrogation may be used against him at a criminal trial."*
>
> *Escobedo v. Illinois,* 378 U.S. 478 (1964).

La decisión de este caso fue tan significativa para los estados como para Puerto Rico. Pero aun así *Escobedo* dejó algunas lagunas, que vino el Supremo Federal a aclarar dos años después con el caso de *Miranda*, resuelto para 1966. Id, *Miranda v. Arizona*, 384 U.S. 435 (1966).

MIRANDA V. ARIZONA

En este caso, el Tribunal Supremo Federal señala los requisitos y procedimientos que deben ser seguidos por los oficiales cuando dirigen un interrogatorio a un sospechoso.

Los hechos de este caso siguen así, en marzo de 1963, el Sr. Miranda fue arrestado por secuestro y violación. Después de haber sido identificado por la víctima, la policía lo interrogó por varias horas y le obtuvo una confesión, la cual incluía una declaración firmada de que la confesión fue obtenida voluntariamente. La confesión fue admitida en evidencia, aun habiendo sido objetada por la defensa, y el jurado lo encontró culpable. La Suprema Corte de Arizona confirmó la sentencia. Se apeló a la Corte Suprema de los Estados Unidos, aclarando su decisión del caso *Escobedo*, especificando las guías que debe seguir la policía antes de interrogar a una persona que esté en custodia y posteriormente se utilice su declaración en su contra durante el juicio. Como resultado el Tribunal incluyó la Quinta Enmienda de la Constitución de los Estados Unidos, sobre los requisitos de la autoincriminación. Por lo que un policía investigativo, debe hacer las siguientes advertencias de derechos antes de hacer un interrogatorio:

1. Tiene derecho a guardar silencio.
2. Tiene el derecho de saber que todo lo que diga puede ser utilizado en su contra.
3. Tiene el derecho de consultar a un abogado, antes de contestar el interrogatorio y tiene derecho a que su abogado esté presente durante el interrogatorio.
4. Tiene derecho a un abogado. Si es un indigente, el Estado le proveerá uno.

La Enmienda Quinta de la Constitución de los Estados Unidos, al igual que el Artículo II, Sección 11 de la Constitución de Puerto Rico, salvaguardan el derecho de que una persona no se autoincrimine durante la investigación. En Puerto Rico expresamente las Reglas de Evidencia en sus reglas 23 y 24 instrumentan dicho concepto convirtiéndolo en un privilegio del acusado. 32 L.P.R.A. Ap. IV R. 23 y 24.

El privilegio consiste en que se le prohibe a cualquier persona el obligar a otra a prestar un testimonio en su contra. Esta garantía es más amplia que en la esfera Federal, ya que nuestra Constitución no solamente consagra el derecho contra la autoincriminación, sino que señala que un acusado podrá mantenerse en silencio y el mismo no podrá ser cuestionado de manera alguna. *Pueblo v. González*, 109 D.P.R. 683 (1980).

El Tribunal Supremo de Puerto Rico mediante el caso *Pueblo v. Sulman*, 103 D.P.R. 429 (1975), nos aclara que hay que hacer tanto las advertencias en los casos en donde se obtiene una confesión como una admisión sustancial.

Dichas advertencias, según el caso *Pueblo v. Pellot*, 121 D.P.R. 791 (1988), sólo hay que hacerlas cuando se interroga a un sospechoso bajo custodia gubernamental, y podemos añadir que también si está imputado del delito.

Ha dicho el máximo Tribunal de Puerto Rico por medio del caso *Pueblo v. López*, 118 D.P.R. 515 (1987), que las advertencias no tienen que seguir un lenguaje talismático y que la omisión de alguna palabra no las hace inconstitucionales, lo importante es la advertencia de los derechos sustanciales.

Es importante que el investigador siga este proceso legal, ya que si no lo sigue, dicha prueba será excluida por el tribunal. *Pueblo v. López*, 92 J.T.S. 142.

Durante el proceso del juicio debemos recordar que la carga de presentar prueba, con relación a las advertencias y a que el acusado renunció libre y voluntariamente, recae sobre el Ministero Público. Si no presentara prueba sobre las confesiones y las admisiones, las mismas no serán aceptadas por el tribunal. *Pueblo v. García*, 93 J.T.S. 124.

En el caso de que el sospechoso sea un menor y este preste su confesión o admisión, no bastará con hacerle las advertencias. Hay que asegurarse de que estas fueron voluntarias, máxime si no estuvo acompañado por un abogado o familiar alguno. *Pueblo ex rel JLDR*, 114 D.P.R. 497 (1983).

Con esto vemos que los requisitos constitucionales al hacer un interrogatorio son más que al hacer una entrevista. Eso hace que el trabajo de un agente sea más meticuloso. Ya no estamos en la era de las películas, cuando se golpeaba y amedrentaba a un sospechoso.

Los medios ilegales de obtener una confesión o una admisión a la larga resultan en una farsa para el propio investigador, ya que pueden llevar a culpar incluso a un inocente. La confesión o admisión sólo es creíble cuando es producto de una decisión voluntaria e inteligente de parte del acusado y/o custodiado.

POR QUÉ ALGUNAS PERSONAS CONFIESAN

Usualmente hay dos categorías de personas que confiesan. A la primera pertenecen aquellas personas que por alguna razón psicológica "necesitan sacárselo del sistema", usualmente por lo que llamamos un complejo de culpabilidad. A la segunda pertenecen aquellas personas, que no siendo culpables de la comisión del delito sienten una necesidad de confesar.

Basándose en esta última categoría es que una persona no puede ser convicta a base de su sola confesión, sino que necesita prueba que lo corroboren. En el caso *Pueblo v. Fradera*, 88 J.T.S. 45, nuestro Tribunal Supremo aclaró que; además de la confesión, tiene que existir prueba independiente que, conjuntamente con la confesión establezca el Corpus Delicti. Añade que esta prueba sólo tiene que ser corroboratoria, la misma no tiene que probar todos los elementos del delito.

Las presiones psicológicas y fisiológicas a las que se ve sometida una persona que comete un delito hacen que la misma cree un complejo de culpabilidad, y esto se alivia cuando la persona habla de los hechos ocurridos. Por esto, aunque la persona sea advertida de sus derechos constitucionales, ella querrá hablar de todos modos.

Rara es la vez en que una persona que confiese se sienta culpable consigo misma por haber hablado, al contrario sentirá un alivio psicológico y espiritual.

La habilidad psicológica y la experiencia del investigador son básicas para poder reconocer a un acusado que quiera declarar en su contra y así hacer un interrogatorio dirigido de manera que la persona confiese.

La técnica que utilizará el interrogador en estos casos será la de asociación de palabras. La técnica consiste en intercalar ciertas palabras claves relacionadas con los hechos cometidos. Estas palabras claves pueden ser intercaladas con preguntas relajantes personales o de interés social. La actitud general del sospechoso debe ser observada por el investigador para saber cuándo intercalar las palabras claves.

Esta técnica se usa mucho en conjunto con el detector de mentiras o el llamado polígrafo, que no se usará realmente como un detector de mentiras, sino como un auxiliar para sacar provecho del complejo de culpabilidad.

PREPARACIÓN PARA EL INTERROGATORIO

El éxito de un interrogatorio se basa en el tiempo y dedicación que invierta el investigador en planearlo. Cada caso debe ser preparado independientemente, aunque los hechos se parezcan mucho a otro caso.

El repasar toda la información que tengamos disponible del caso nos ayudará a ser más eficientes, sistemáticos y exhaustivos en el interrogatorio. Debemos considerar toda la información que tengamos: 1. Del crimen, 2. del sospechoso y 3. de la víctima.

EL CRIMEN

Es necesario que el investigador sepa qué delitos específicos fueron cometidos, su naturaleza y delitos menores procedentes del mismo. Este conocimiento incluye una familiaridad vasta sobre los elementos del delito y conocimiento de qué prueba o evidencia necesita para probar cada uno de estos elementos.

Se necesita tener información precisa sobre la fecha, la hora, el lugar, el método empleado, incluso los instrumentos que fueron usados, puntos de referencias: como las entradas y salidas, transportación utilizada, propiedad afectada (si hubo), armas utilizadas, modus operandi y tipo de evidencia física recopilada en la escena del crimen.

Debe ya haberse hecho el croquis del lugar y tener fotografías, para que el investigador esté completamente familiarizado con los detalles de la escena y sus alrededores.

Los posibles motivos de la comisión del delito son importantes al momento del interrogatorio, por lo que el investigador debe conocerlos.

LA VÍCTIMA

La información necesaria de la víctima que debe ser estudiada incluye: su estatus legal, su reputación, su situación financiera, su empleo y actividades de recreo. También debe tener conocimiento de la naturaleza del daño sufrido o de la pérdida, actitud hacia la investigación e información pertinente a seguros de pérdida de propiedad.

EL SOSPECHOSO

De la misma investigación debemos recopilar información tal como: qué propiedades tiene a su haber el sospechoso, todo lo necesario sobre su pasado, relación si alguna con la víctima, motivos, oportunidad de cometer el delito, si tiene expediente policíaco, empleos previos, ocupación actual, asociaciones legales así como ilegales, actividades de recreo, grupos con los que se asocia, vicios, tipo de familia, marca de automóvil que guía o que posee estatus financiero, número de seguro social, circunstancias físicas y mentales, posibles perjuicios o complejos, intereses sexuales.

Es importante reconocer la capacidad mental del sospechoso antes de sentarlo a hacerle un interrogatorio. Esto nos podría indicar si fue él directamente quien cometió el delito o hay una tercera persona involucrada.

Antes de comenzar el interrogatorio, el investigador debe conocer la postura del sospechoso ante el interrogatorio y ante la policía, para así poder anticipar niveles de hostilidad o de cooperación durante el proceso del interrogatorio.

MODELO DE UN INTERROGATORIO

Al hacer un interrogatorio, no vamos a utilizar el estilo del policía bueno y del malo ni seremos un investigador que utilice la violencia. Nos dejaremos guiar por nuestros instintos, conocimientos y buen juicio legal.

Antes de hacer el interrogatorio, nos aseguraremos de la capacidad y estado mental del sospechoso.

Las preguntas básicas de la etapa de introducción son por ejemplo:

P. ¿Cuál es su nombre?

P. ¿Donde usted vive?

P. ¿Usted ha estado antes en este lugar?

P. ¿Qué día es hoy?

P. ¿Qué fecha es?

P. ¿Qué hora es?

P. ¿Usted sabe mi nombre?

P. ¿Usted sabe mi ocupación?

Como al hacer un interrogatorio la meta es lograr una confesión, debemos asegurarnos de que el sospechoso no está esperando el resultado de alguna promesa hecha implícitamente, cuando no se ha hecho. Debemos incluir algunas preguntas del siguiente estilo:

P. ¿Usted está consiente de que ningún agente policíaco le ha hecho ningún tipo de promesas?

P. ¿Alguien asociado conmigo le ha hecho algún tipo de promesa sobre su condena?

P. ¿Es cierto o falso que a usted nadie le ha hecho ningún tipo de promesas con relación al caso?

Al igual que una entrevista, el interrogatorio tiene una introducción, el cuerpo del interrogatorio y el final. La introducción estará dirigida, como vemos, a preguntas personales. El cuerpo estará concentrado en la actividad delictiva en sí. Por último, el final del interrogatorio, podría ser una confesión o admisión escrita o la verificación de la historia narrada por el sospechoso.

CONFESIONES ESCRITAS

El método moderno es dejar que el sospechoso mismo escriba su propia confesión en sus propias palabras o dictar la misma a una grabadora. Una transcripción *"ad verbatim"* de la grabación debe ser firmada por el sospechoso, y por el interrogador como testigo de la misma.

Todo el documento debe estar según lo haya dictado el sospechoso, es decir en sus propias palabras.

Confesiones tomadas violando los derechos constitucionales destruyen la posición del Estado. Por lo que, no pueden utilizarse posteriormente en un tribunal.

Se debe tener en consideración al tomar una confesión que la misma no puede ser involuntaria o forzada y debe estar presente su representante legal durante el interrogatorio.

En algunas ocasiones el sujeto puede negarse a firmar después de haber dado una declaración oral. En ese caso la misma debería ser leída por el oficial. Este debe declarar en la misma transcripción escrita no firmada, que se le leyó la declaración al sospechoso y que este aceptó todo lo que allí se encuentra escrito. También debe especificar las razones por las cuales no quiso firmar dicho documento. La declaración, aun sin haberse firmado debe poderse utilizar como una confesión, si esta se obtuvo de una manera legal.

Por lo que, todo investigador, al hacer un interrogatorio, debe tener presente las leyes. En ninguna instancia debe convertirse en violador de la misma. En el momento en que él se convierta en un violador de las leyes, estaría solamente pareciéndose a los violadores legales que él mismo persigue. Por lo tanto, preserve siempre su dignidad como profesional y ser humano, en su lucha contra el crimen.

ESTADO LIBRE ASOCIADO DE PUERTO RICO
POLICIA DE PUERTO RICO
SUPERINTENDENCIA AUXILIAR EN INVESTIGACIONES CRIMINALES
DIVISION ROBO Y FRAUDE A INSTITUCIONES BANCARIAS

ENTREVISTA A TESTIGO

FECHA ENTREVISTA: ______________________ **QUERELLA:** ________________________

ROBO ( ) **FRAUDE ( )** **ESCALAMIENTO ( )**

BANCO ( ) **COOPERATIVA ( )** **FINANCIERA ( )** **COLECTURIA ( )**

TRANSPORTE DE VALORES ( ) **OTROS ( )**

NOMBRE INSTITUCION: ___________________________ **SUCURSAL:** __________________

FECHA INCIDENTE: _________________________ **HORA:** __________ **(a.m. / p.m.)**

NOMBRE DEL TESTIGO: ____

DIRECCION: ____

TELEFONO: ________________________ **OCUPACION:** _________________________

NUM. SEG. SOCIAL: ___________________ **FECHA DE NACIMIENTO:** ___________________

LICENCIA DE CONDUCIR: ________________ **RELACION CON EL CASO:** _________________

ENTREVISTA

____

____

____

____

____

____

____

____

____

ENTREVISTADO POR: ______________________________ **HORA:** ________ **(a.m. / p.m.)**

CONTINUA: SI ( ) NO ( )

DIVISION ROBO Y FRAUDE A INSTITUCIONES BANCARIAS ENTREVISTA A TESTIGO

HOJA DE CONTINUACION

____

____

____

____

____

____

____

____

____

____

____

____

____

____

____

____

____

____

____

____

____

____

____

____

____

____

ENTREVISTADO POR: ______________________ **HORA:** __________ **(a.m. / p.m.)**

ESTADO LIBRE ASOCIADO DE PUERTO RICO
POLICIA DE PUERTO RICO
SUPERINTENDENCIA AUXILIAR EN INVESTIGACIONES CRIMINALES
DIVISION ROBO Y FRAUDE A INSTITUCIONES BANCARIAS

DATOS GENERALES PERSONA ARRESTADA Y/O DENUNCIADA

NOMBRE: ______________________ C/P: ______________________

DIRECCION: ____

____

FECHA NACIMIENTO: ______________________ NATURAL DE: ______________________

SEGURO SOCIAL: ______________________ LIC. CONDUCIR: ______________________

RAZA: ____________ TEZ: ____________ ESTATURA: ____________ PESO: ____________

FECHA ARRESTO Y/O DENUNCIA: ______________________ QUERELLA: ______________________

ARRESTADO Y/O DENUNCIADO POR EL AGENTE: ______________________________

DELITO POR EL QUE FUE ARRESTADO Y/O DENUNCIADO: ______________________

FECHA EN QUE COMETIO EL DELITO: ______________________________

NOMBRE INSTITUCION PERJUDICADA: ______________________________

DIRECCION: ____

INGRESADO EN LA INSTITUCION DE: ______________________________

HON. JUEZ: ______________________ FIANZA: ______________________

HON. FISCAL: ____

CANTIDAD DINERO HURTADO: ______________________________

CANTIDAD DINERO RECUPERADO: ______________________________

Ejemplo de una declaración:

Fecha:___________

(Introducción) " Yo Fulano de Tal (nombre del acusado) hago esta declaración libre y voluntariamente, después de haberme hecho el oficial X (nombre del interrogador) las advertencias en ley, y de haberlas yo entendido. El oficial X se identificó a sí mismo como un miembro de la Policía de Puerto Rico. Hago estas declaraciones sin coacción ninguna, ni promesa alguna, por parte de ningún oficial a mi persona.

Yo declaro tener ____ años de edad, mi número de seguro social es el 456-78-5678, mi fecha de nacimiento es el ___ de __________ de 19___, San Juan, Puerto Rico. Mi dirección es calle Labra 324, Santurce, Puerto Rico, 00987. En este momento me encuentro casado con Petra San (misma información personal). Me gradué de la Escuela Gautier Benítez.

(Cuerpo de la declaración) Detalles del delito en el orden cronológico en que ocurrieron los hechos.

(Final) (el propio sujeto de su puño y letra debe redactar esta parte) He leído todo el anterior documento que consiste de ___ páginas y declaro que es la verdad."

TESTIGOS:___________________________

FIRMA:______________________________

EVALUACIÓN
CAPÍTULO 7

1. Escriba 25 preguntas que usted haría en el interrogatorio de un testigo en un caso de accidente automovilístico en el que perdió la vida un peatón al ser impactado por un automóvil.
2. ¿Qué análisis de laboratorio lo ayudarían a dilucidar el grado de responsabilidad de los involucrados en el accidente del caso 1?
3. ¿Cómo localizaría a los testigos de ese caso?
4. ¿Qué importancia tienen las decisiones en Escobedo y en Miranda en el interrogatorio de un sospechoso?
5. Si la víctima ha muerto, ¿qué datos podemos obtener de ésta? ¿Cómo lo logró?

8 LA INVESTIGACIÓN EN EL LABORATORIO

El depender únicamente del interrogatorio de un sospechoso hace que se retarde el crecimiento de los laboratorios criminales. Otros factores de este retraso es el factor económico y la falta de conocimiento profesional en el campo técnico forense. En el futuro esperamos que esté disponible para todo tipo de casos, para así poder establecer con mayor certeza la inocencia o culpabilidad de una persona.

Hoy en día está en alto crecimiento el conocimiento de los agentes policíacos, lo que hace que trabajen más en conjunto con los técnicos de laboratorio. Y los técnicos de laboratorio cada vez tienen técnicas y maquinarias más sofisticadas que, sin importar cuán microscópica sea la evidencia encontrada, permiten al laboratorio rendir un informe preciso y cuantitativo.

EL PROPÓSITO DEL LABORATORIO CRIMINAL

El laboratorio criminal es una organización científica dedicada al proceso criminal. Provee esta ayuda respondiendo, o ayudando a responder, las preguntas vitales como por ejemplo: cómo se cometió el crimen, quién lo cometió, o quién no lo pudo haber cometido. Para que esta organización pueda tener un funcionamiento eficiente, debe trabajar en conjunto con los investigadores que recogieron la evidencia en la escena del crimen.

El laboratorio criminal donde la policía investigativa lleva la evidencia física que ha obtenido para ser examinada, se conoce como el laboratorio forense. El grupo profesional en este campo cae dentro de la criminalística.

La criminalística es la profesión y la ciencia que dirige sus conocimientos al reconocimiento, identificación, individualización y a la evaluación de evidencia física, aplicando las ciencias naturales.

Las ciencias forenses son aquella parte de las ciencias aplicadas que se utilizan para contestar interrogantes legales.

Las ciencias forenses se componen de la patología, toxicología, antropología física, la odontología (la estructura dental, su desarrollo y las enfermedades asociadas), la psiquiatría, la evidencia documental, las armas de fuego, las comparaciones de marcas, la serología, la biología molecular y la genética.

Una de las ramas de las ciencias forenses que estudia la evidencia física relacionada con un delito cometido, es la criminalística. Ese estudio que un crimen pueda ser reconstruido. Cuando los hallazgos científicos son interpretados, las deducciones del **criminalista** en la reconstrucción del evento son dadas desde la base de un criterio razonable, y no se le asignan probabilidades matemáticas a dos evidencias de orígenes distintos.

Podemos medir la efectividad de un laboratorio forense desde tres criterios establecidos: calidad, aproximación y tiempo.

TESTIMONIO

Los técnicos de un laboratorio forense pueden testificar como testigos expertos, ya que son personas cualificadas para evaluar y ofrecer una opinión basada en su trabajo científico.

Un experto en los servicios de laboratorio y técnicos es una persona con estudios en ciencias, usualmente con una especialización académica y con experiencia en el campo científico. Esta combinación de estudios y experiencia es lo que lo convierte en un perito en corte. *Pueblo v. Echevarría*, 91 J.T.S.431[1], Regla 52 de Las Reglas de Evidencia.

Su mayor función será testificar en el área en que está cualificado como experto o perito. El perito no será el que decida la culpabilidad o inocencia de un acusado.

Al expresar sus conclusiones, el perito no tiene que indicar en qué hechos se funda para llegar a una conclusión. *Pueblo v. Canino,* 93 J.T.S. 157.[2] Esto no significa que la parte contraria no pueda contrainterrogar en cuanto a los hechos en que funda su opinión. Regla 54 de Las Reglas de Evidencia de Puerto Rico. 32 L.P.R.A. Ap. IV R. 54.

ENTREGA DE EVIDENCIA AL LABORATORIO

Cuando se entrega la evidencia física al técnico del laboratorio forense, debe estar acompañada de un expediente informativo, que deberá traer al laboratorio la escena del crimen recreada, debe ser oficial y traído por la agencia con jurisdicción para hacerlo. Incluirá lo siguiente:

1. Nombre y dirección de la agencia que lo entrega.

---

[1] Doctrina vigente, ver 97 J.T.S. 110.

[2] Doctrina vigente, ver 98 J.T.S. 2.

2. Clasificación de la naturaleza del crimen y grado.
3. El número del caso dado por la agencia que entrega la evidencia.
4. Copia del expediente del delito cometido o copia de la investigación preliminar o una breve historia de los hechos ocurridos en el caso.
5. Una lista de la evidencia, numerada consecutivamente por artículo, con una breve descripción de cada uno de los mismos y una anotación que indique dónde fueron encontrados, qué tipo de evidencia es y para qué quiere ser utilizada, si ha habido algún cambio en la evidencia desde el momento en que fue encontrada hasta que es entregada al laboratorio, ya sea porque ocurrió algún tipo de accidente o porque no se le está entregando la evidencia completa al laboratorio forense.
6. Una lista de las pruebas científicas requeridas.
7. Una lista breve de los problemas que se han presentado en el caso.
8. El nombre y dirección del agente a quien se le deben entregar los resultados, una vez se haya finalizado con la investigación.

Los paquetes, envases y todo tipo de evidencia debe ser marcada como "evidencia en proceso de ser examinada". Muchas veces en Puerto Rico la marcamos también en el idioma inglés, de la siguiente manera "evidence for examination". Debe tener en la parte de afuera marcado, además, qué tipo de evidencia es la que contiene el empaque, para que así el técnico sepa qué evidencia estará examinando.

Al entregar la evidencia, el agente debe hacerlo con el mayor cuidado posible, para no dañar la evidencia, y hoy en día también, para protegerse de la transmisión de ciertas enfermedades como la hepatitis B y C o el virus causante del síndrome de inmunodeficiencia adquirida ("SIDA"). Los empaques que contienen sangre u otros fluidos del cuerpo humano deben ser marcados como "PRECAUCIÓN" ("CAUTION"). Si se sospecha que estos fluidos están contaminados por alguna enfermedad contagiosa, se debe añadir el tipo de enfermedad de la que tenemos conocimiento o sospecha. Antes de entregar una evidencia como la mencionada anteriormente se le debe notificar al técnico de la entrega.

Muchos laboratorios tienen autoclaves, este tipo de esterilización con calor tiende a disminuir la utilidad del espécimen para propósitos de análisis, ya que se puede destruir parte de la muestra.

Los expertos en el laboratorio marcarán la prueba y la identificarán. En este proceso sumamente cuidadoso de marcar evidencia, el laboratorio trata de preservar la integridad de la evidencia física que se le entregó.

EQUIPO EN EL LABORATORIO

En un laboratorio forense aparte de los tubos de ensayo y de los calentadores, debido al modernismo también encontraremos, equipos de tamaño considerable y de técnicas considerablemente sofisticadas, tales como microscopios usados para la identificación de armas de fuego y otros diseñados para fotografía microscópica.

Equipos para el análisis espectrográfico forman parte de la escena criminalística, desde hace varios años. En la espectrografía la radiación de un gas incandescente o de vapor es concentrada en ondas de tamaño discrecional. Cada onda se caracteriza por la emisión de elementos en forma de gas y cada elemento emite un característico y único patrón de onda o espectro. El espectrógrafo tiene una pequeña ranura que admite la radiación, un prisma que distribuye la radiación, y un sistema de lentes que enfocan los patrones de ondas en un plato fotográfico. Este patrón es, por lo tanto, grabado fotográficamente por una serie de líneas pequeñas, siendo estas una imagen de la radiación, recibida por una onda. El técnico analiza la composición de una muestra de la evidencia por el tamaño de las líneas, su ancho y posición en el espectro.

Los espectrógrafos se utilizan en el área de la criminalística para examinar evidencias que contienen minerales y otros compuestos inorgánicos.

Los distintos espectrógrafos utilizados son:

1. Espectrógrafo de emisión
2. Espectrógrafo de masa
3. Espectrógrafo de luz visible y ultra violeta
4. Espectrógrafo infrarrojo
5. Espectrógrafo de absorción atómica.

Otro instrumento que se usa en el laboratorio forense es el cronomatógrafo. Este método lo que hace es que separa los diferentes componentes para así poder identificarlos. Se utiliza usualmente con materiales como: gas, aceite, perfumes, rociadores de pelo y pinturas.

Existen dos tipos de cromatógrafos: de gas y de vapor.

La cristalografía de rayos-X es útil en la identificación de cristales o sus derivados. La difracción de rayos-X es utilizada en el procesamiento de pequeñas cantidades de evidencia que no contengan impurezas cristalinas y en la identificación de sustancias inorgánicas y minerales. El espectro de rayos-X se utiliza para la identificación y análisis.

En los laboratorios modernos hacen uso de los reactores nucleares y de los análisis de neutrones, una técnica que puede analizar los más pequeños ejemplos de evidencias que tengamos.

Algunos metales como de armas, artículos mecánicos u otros objetos metálicos se pueden detectar por algunos sistemas de identificación metálica utilizando algunas soluciones de laboratorio y siendo posteriormente examinados a través de una luz ultraviolenta. Con este procedimiento se pueden detectar estos metales en la ropa o en la piel de un sospechoso.

El ultrasonido es un método muy utilizado para recobrar números de series.

Los rayos *lasers* son los más utilizados para detectar huellas dactilares latentes.

HUELLAS DACTILARES

Las huellas dactilares en un medio de identificar a una persona. Su identificación se basa en los dibujos que forman las crestas dactilares, estas son las que se encuentran en las yemas los dedos de las manos y forman líneas realzadas y depresiones. Las mismas, permanecen invariables durante toda la vida de un individuo y son exclusivas de esa persona. Cada dibujo que forman tiene características individuales, ya que no son líneas rectas sino que tienen variaciones que reciben los nombres de, bifurcaciones u horquillas, trifurcaciones, bifurcaciones dobles, terminales, figuras cerradas, puntos, espuelas o ganchos y puentes.

Incluso condiciones que afecten la piel como cortadas, callosidades o alguna condición temporera que causan algunos oficios, no tienen un efecto permanente en las características individuales, una vez se corrige el problema que afectaba a la piel.

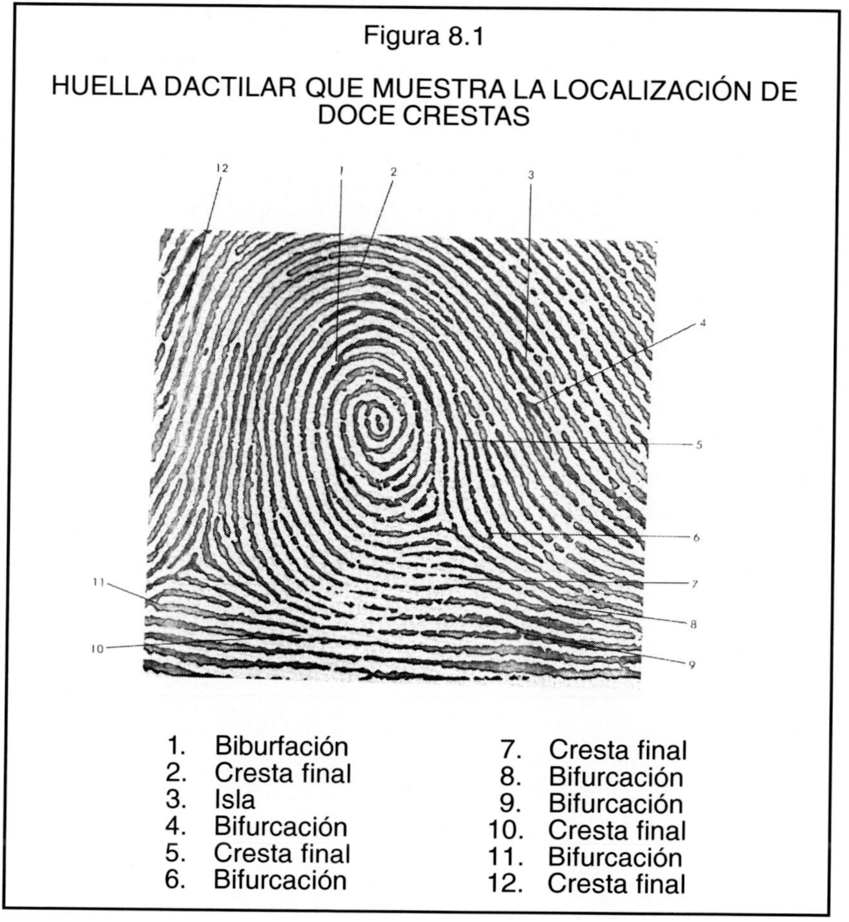

Figura 8.1

HUELLA DACTILAR QUE MUESTRA LA LOCALIZACIÓN DE DOCE CRESTAS

1. Biburfación
2. Cresta final
3. Isla
4. Bifurcación
5. Cresta final
6. Bifurcación
7. Cresta final
8. Bifurcación
9. Bifurcación
10. Cresta final
11. Bifurcación
12. Cresta final

Figura 8.2

EJEMPLOS DE PATRONES BÁSICOS DE HUELLAS DACTILAES

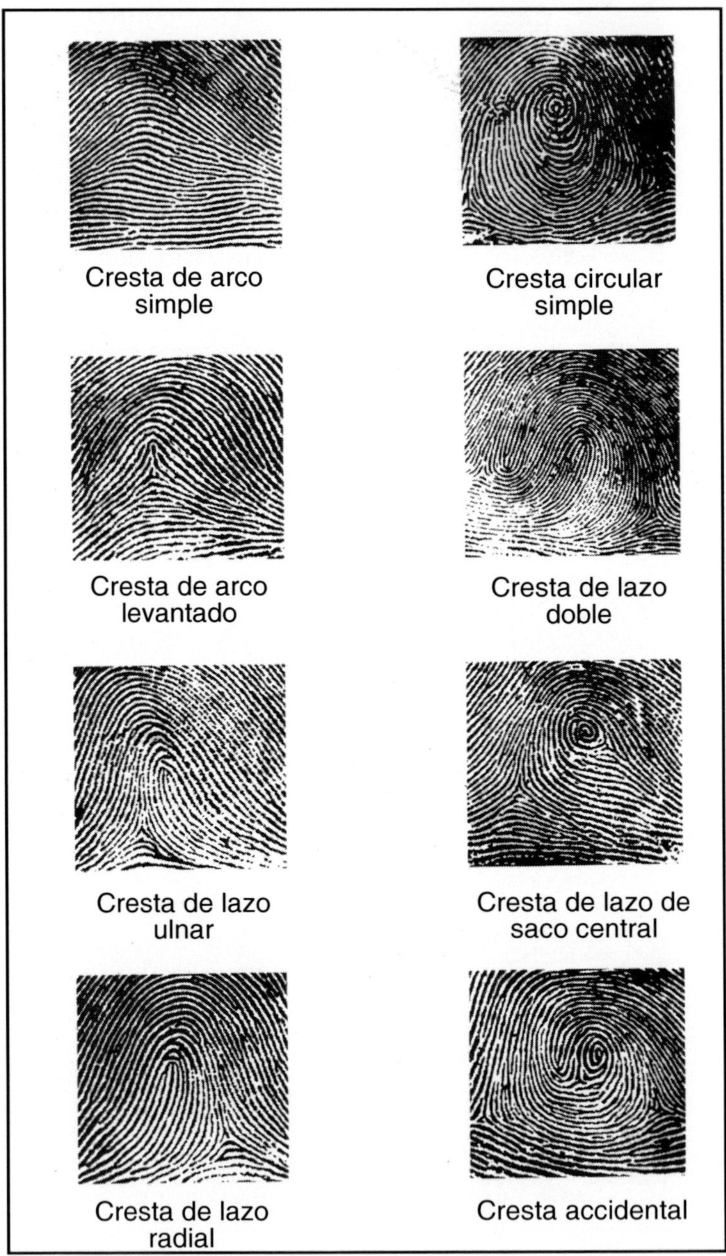

HISTORIA DE LAS HUELLAS DACTILARES

La historia de las huellas dactilares data de antes del comienzo de la civilización, es decir de la prehistoria. Y así sucesivamente la podemos ver en distintas etapas de la formación de la civilización, como por ejemplo en China, hay documentación disponible en el Instituto Smithsonian, en Washington D.C., de la dinastía Tang (618-907) en donde los documentos encontrados tienen como firma las huellas dactilares. Mas no tenemos conocimiento si desde este momento se utilizaban como identificación individual o como mero rito de superstición.

Ya para el 1686 el Profesor Marcello Malpighi, un italiano anatomista, comento en sus escritos sobre las diferentes figuras que formaban las líneas de los dedos, pero no le dio importancia suficiente a sus observaciones por lo que no fue hasta siglos después que se tenga conocimiento, que se descubrió algo más.

En 1823, el profesor Johnaness Purkinje, un profesor checoslovaco en la Universidad de Breslau, publicó un tratado en el cual comentaba la diversidad de crestas en las yemas de los dedos. Hizo una diferenciación y las clasificó en nueve variedades. Pero, solamente se le dio valor escolar y no práctico.

En 1858, Sir William James Herschel, introdujo el uso de la impresión de las huellas dactilares en gran escala en varios departamentos del distrito de Hooghly, en la India. Mas no pudo establecer un método de clasificación adecuado.

En 1880, el Dr. Henry Faulds, un doctor inglés residiendo en Japón, escribió una publicación en la revista inglesa

"Nature" el 28 de octubre de 1880, acerca del uso práctico de las huellas dactilares. Recomendó en dicha publicación que para poder hacerlas se debía utilizar una película delgada de tinta como medio de transferencia, como se utiliza hoy en día. El Dr. Faulds condujo una serie de experimentos de los cuales concluyó que había una gran cantidad de patrones dactilares individuales y que estos no cambiaban con el tiempo.

También en 1880, Sir Francis Galton, un antropólogo británico y sobrino de Charles Darwin, empezó sus observaciones que lo llevaron a la publicación de su libro titulado *"Finger Prints"*. En sus estudios estableció la individualidad y permanencia de las huellas dactilares y elaboró un método científico de clasificación de los patrones de las crestas dactilares.

Para 1882 aparece el primer registro auténtico del uso oficial de las huellas dactilares en los Estados Unidos.

En 1891, Juan Vucetich, un oficial policíaco argentino, instaló el sistema de huellas dactilares como método oficial de identificación criminal. Vucetich basó sus sistema en los patrones que había establecido Sir Galton. El sistema de Vucetich es el que se utiliza en la mayoría de los países de Centro y Sur América. Se le reconoce además a Vucetich la utilización del sistema de huellas dactilares en la escena del crimen.

El año de 1901 marcó la entrada oficial de la impresión dactilar para la identificación de criminales en Gales e Inglaterra. El sistema que se empleó surgía de las observaciones de Galton, revisadas por Edwuard Richard Henry, Inspector delegado en la India y posteriormente Comisionado en Inglaterra, en la Policía Metropolitana. Henry simplificó el sistema de clasificación y lo hizo aplicable a la policía. Su sistema fue sacado tomando como base el de Vucetich, que es la base para todos los sistemas dactilares en los que se utilizan los diez dedos de las manos. Este es el sistema (el de Henry) que se utiliza en los Estados Unidos y en Puerto Rico.

En 1902 comenzó a utilizarse en los Estados Unidos, por el doctor Henry P. de Forest, quien instaló un sistema para el uso de las huellas dactilares en los Estados Unidos. Pero es la Prisión de New York en Albany la que reclama el uso práctico y sistemático de las huellas digitales, en 1903. Actualmente los expedientes del FBI contienen aproximadamente 200 millones de series de huellas dactilares.

LEGALIDAD DE LAS HUELLAS DACTILARES

Una vez un Tribunal determina causa probable para el arresto por cualquier delito grave cometido, el funcionario público o policíaco encargado de tomar las huellas digitales procederá a hacerlo de la manera correspondiente. En el caso de que el imputado del delito se negare la Ley núm.. 8 del 27 de abril de 1984, es la ley que se le deberá aplicar.

Una vez la persona es procesada y sale absuelta del delito imputado o cuando se archiva la acusación, podrá solicitar al Tribunal la devolución de las huellas (en caso de las fotografías sera igual). Por lo tanto una persona que resulta absuelta de un delito tiene derecho a que se le devuelva el récord de arresto con las huellas dactilares, Ley núm. 8, supra; *Archivali v. E.L.A.*, 110 D.P.R. 767 (1981).

---

[3] Doctrina vigente, ver 97 J.T.S. 24.

Este derecho que posee la persona absuelta de un delito proviene del derecho de intimidad, *Pueblo v. Torres Albertorio,* 115 D.P.R. 128 (1984).[3]

El fiscal podrá objetar que se le entreguen los documentos que incluyen las huellas digitales, dentro de diez días de haber sido notificado. En dicha objeción deben existir circunstancias especiales que realmente ameriten que la Policía guarde y/o conserve los mismos.

CÓMO TOMAR LAS HUELLAS DACTILARES

Cuando se toman las huellas dactilares de una persona se toman de los diez dedos de las manos. De las huellas dactilares se sacan dos tipos de impresiones: las giradas o las individuales o las planas.

En su uso ordinario la piel es entintada y las impresiones de los dedos se transfieren a una tarjeta que mide 8 por 8 pulgadas que será utilizada a su vez como archivo para mantener las huellas dactilares.

Los materiales importantes al momento de tomar las huellas dactilares son los siguientes:

1. Un tubo de tinta especial para tomar las identificación de huellas (es una pasta negra y espesa)
2. Cristal para echar la tinta (1/4 de grosor, 6 pulgadas de ancho y 14 pulgadas de largo)
3. Rodillo de plástico para regar la tinta
4. Lugar donde pueda poner el cristal que tenga suficiente largo como para poder poner el brazo de forma horizontal)

5. Carta de papel de 8 por 8 pulgadas
6. Solvente de limpiar que no sea flamable o alcohol isopropílico
7. Toallas para limpiarse los dedos, el rolo, y el plato de tinta

Para hacer una buena toma de las huellas dactilares se debe hacer en forma metódica con un procedimiento formal, el cual enumeramos a continuación:

1. Se deben colocar pequeñas cantidades de tinta en el cristal y suavemente debe pasarle el rolo hasta que obtenga una capa fina, pero que cubra toda la superficie. El utilizar tinta en exceso puede alterar las huellas dactilares, por lo que la película de tinta debe ser bastante delgada, tanto que se puedan ver objetos a través de la placa, si se pusiese contra la luz.
2. A la persona que se le van a tomar las huellas se le colocará frente a la placa entintada, a una distancia como del antebrazo. La persona debe estar lo más relajada posible y debe ser advertida de que no necesita ayudar al operario, cuando le tomen las huellas.
3. El operario le sujetará la mano derecha a la persona y comenzará con el dedo pulgar primero. El dedo lo hará girar de un lado a otro, comenzando por el lado interior de la uña y terminando en el exterior; proseguirá con los dedos índice, cordial, anular y el meñique.
4. El mismo procedimiento que se siguió con la mano derecha se hará con la mano izquierda. Siempre se comenzará con el dedo pulgar y después con los subsiguientes.

5. La tinta deberá cubrir hasta seis milímetros por debajo de la yema de los dedos.
6. Los cuatro dedos (excluyendo el pulgar), al colocarlos para imprimir en la tarjeta se harán girar hacia afuera del cuerpo del sujeto. Los pulgares se harán girar hacia adentro.
7. Antes de dar por terminada la toma de las impresiones debe cerciorarse de que las mismas están tomadas correctamente.
8. La persona debe firmar las tarjetas en presencia suya, puede ser al principio o al final de la sesión (preferiblemente al principio). También debe llenar toda la información descriptiva que la misma tarjeta solicita.
9. Se debe dejar todo limpio para la próxima sesión de toma de las impresiones dactilares.

Si la persona tiene algún tipo de golpe o raspadura que pueda causar problemas ya sea que impida que se le entinte o que no deje notar con claridad y detalle la yema de los dedos en la tarjeta, se indicará así en la tarjeta y se le tomarán posteriormente, cuando haya sanado la herida.

En algunos casos, debido a la ocupación de la persona se ha creado cierta callosidad en la yema de los dedos. En estos casos se le debe untar una crema suavizadora. Al tomarle las huellas deberá hacerlo con muy poca tinta.

Si es una persona que tiene problemas de sudor en los dedos, antes de entintarlos deberá secárselos con una toalla o con algún agente químico que se los seque rápidamente, como por ejemplo, alcohol.

Si la persona nació sin uno de los dedos, hará una anotación en la tarjeta, "perdido al nacer", en el espacio que le correspondía a ese dedo específico. VER FOTO.

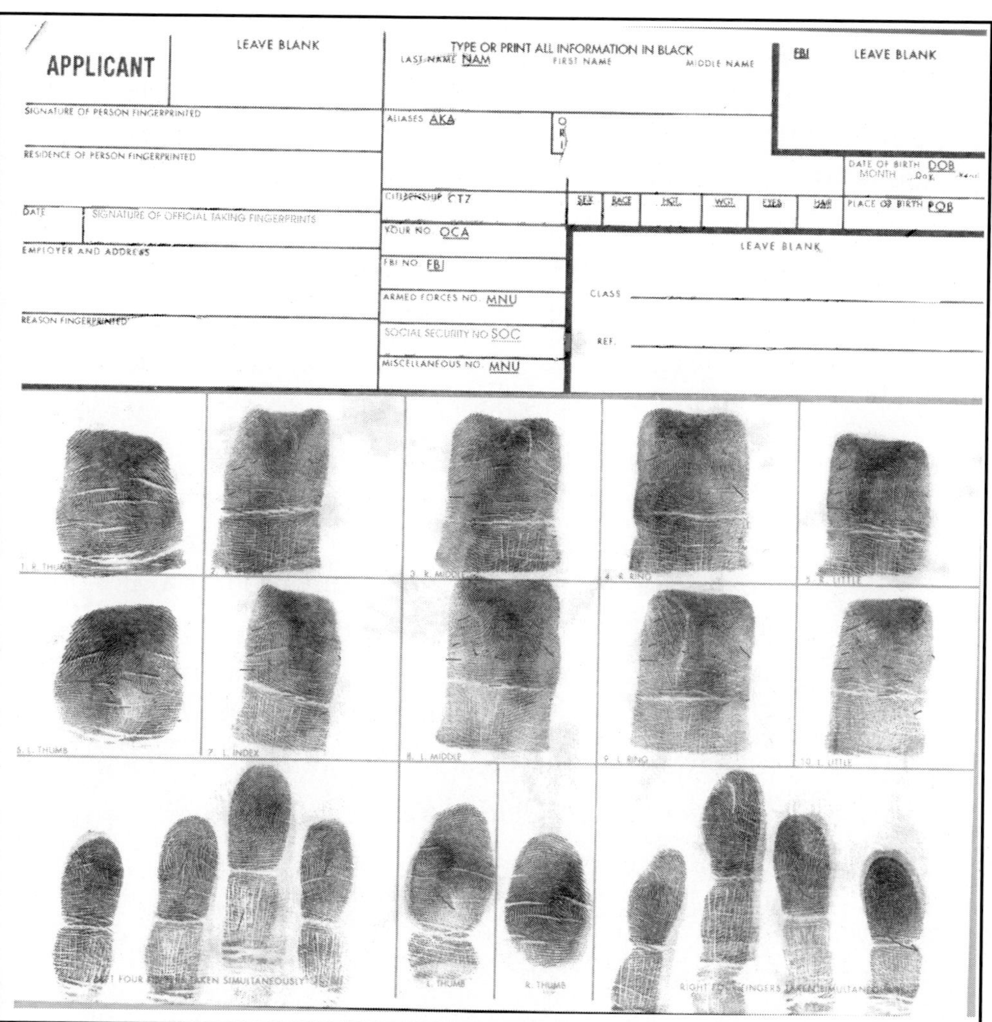

APPLICANT | LEAVE BLANK

TYPE OR PRINT ALL INFORMATION IN BLACK

LAST NAME NAM | FIRST NAME | MIDDLE NAME

FBI | LEAVE BLANK

SIGNATURE OF PERSON FINGERPRINTED

ALIASES AKA

RESIDENCE OF PERSON FINGERPRINTED

DATE OF BIRTH DOB

MONTH

CITIZENSHIP CTZ | SEX | RACE | HGT. | WGT. | EYES | HAIR | PLACE OF BIRTH POB

DATE | SIGNATURE OF OFFICIAL TAKING FINGERPRINTS

YOUR NO. OCA

EMPLOYER AND ADDRESS

LEAVE BLANK

FBI NO. FBI

CLASS

ARMED FORCES NO. MNU

REASON FINGERPRINTED

SOCIAL SECURITY NO SOC

REF.

MISCELLANEOUS NO. MNU

1. R. THUMB | 4. R. RING

L. THUMB | 7. L. INDEX | 8. L. MIDDLE | 9. L. RING | 10. L. LITTLE

TAKEN SIMULTANEOUSLY | L. THUMB | R. THUMB | RIGHT

Figura 8.3

EJEMPLOS HUELLAS DACTILAES

USO DE LAS HUELLAS DACTILARES

La identificación de las huellas dactilares , se puede reconocer como una gran contribución que se le hace a la fuerza legal. Es un ejemplo de la ciencia en función de la justicia. Algunos de los usos que se les puede dar a las huellas dactilares son:

1. Identificar al sospechoso del cual se encontraron huellas dactilares en la escena del crimen.
2. Identificar fugitivos de la justicia.
3. Utilizar como prueba corroborativa, para uso de fiscalía en el proceso del juicio.
4. Ayudar a imponer una sentencia a la persona correcta.
5. Proveer identificación e información a los oficiales de custodia y a la junta de probatoria, al momento de tomar una decisión.
6. Intercambiar información con otras jurisdicciones en casos donde existan intereses mutuos.
7. Utilizar como identificación personal.
8. Identificar desconocidos o deambulantes.
9. Identificar personas inconscientes o muertas.
10. Identificar personas desaparecidas o perdidas.
11. Identificar personal y víctimas en zonas de desastres.
12. Efectuar procedimientos de identificación con tarjetas de identificación del Estado.

En esta última década ha nacido el sueño de la computadora, la cual es de gran ayuda para poner en función las leyes de una manera altamente tecnológica.

El uso de las computadoras como archivo y método de búsqueda de huellas dactilares se utiliza en los Estados Unidos desde mediados de los setenta (1970). En la ciudad de San Francisco fue donde primero experimentaron con este método. Al método de tomar huellas dactilares por medio de computadoras le llamamos, Sistema Automatizado de Identificación Dactilar (S.A. I.D.).

Este sistema (S.A.I.D.) ayuda a las agencias relacionadas con lo criminal, al hacer comparaciones del sospechoso con literalmente cientos o miles de archivos en cuestión de sólo unos minutos. Este trabajo, si se fuese a hacer manualmente, se necesitarían muchos trabajadores y muchas horas de labor y las posibilidades de triunfo serían mínimas. El por ciento de efectividad de la computadora es de 98 a 100 por ciento de certeza matemática. No obstante, la decisión identificar a la persona nunca recae en último lugar en lo que la computadora decida, ya que la misma lo que hace es brindar a los expertos una lista de posibles sospechosos, o lo que llamamos la lista de candidatos. El experto en dactilografía utilizará esa lista y tomará una decisión.

La efectividad en Puerto Rico depende de la creación de un archivo general de identidad amplio, con la cooperación de las distintas agencias gubernamentales. Desde 1998 el Departamento de Toma de Huellas Dactilares ha comenzado a utilizar la tecnología por lo que se pueden coger las huellas dactilares por medio de una forma electrónica ("*electronic scanning*"). El cual se conoce con el nombre de AFIS (Automatic Finger Identification System) o S.A.I.D. (Sistema Automatizado el cual toma diez (10) impresiones en 12 segundos del patrón de huella y 150 características del dedo pulgar, índice y medio, 160 del dedo anular y 80 del dedo meñique. Se tarda 24 segundos en buscar contra la tarjeta de huellas y contra el archivo latente.Este método sólo requiere poner la mano de un individuo en una placa, donde electrónicamente se leerían las huellas dactilares y convertiría dicha información en dígitos que podrían ser codificados, almacenados e investigados. En el campo policíaco sería enormemente útil que el mismo fuese portátil.

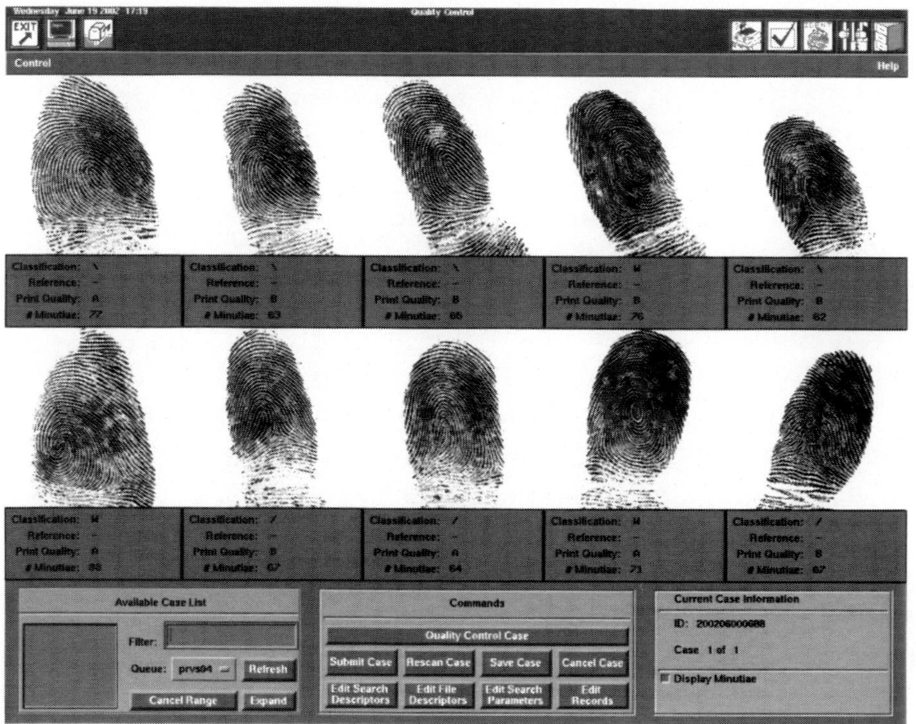

Figura 8.3

EJEMPLOS DE HUELLAS DACTILAES

EVALUACIÓN
CAPÍTULO 8

1. Prepare un expediente para entregar al laboratorio forense un cuchillo de cocina con el que se supone ha sido cometido un crimen.
2. Usted ha sido designado para comprar el equipo necesario para habilitar un laboratorio de investigación criminal. Describa el equipo que necesita comprar y justifique para qué lo va a usar.
3. Además de las huellas dactilares, en muchos casos es necesario usar otros métodos de identificación. Describa el uso de los dientes para identificar a una persona.

UNIDAD CUARTA

ARRESTO Y PROCESO JUDICIAL

9 CONTINUACIÓN DE LA INVESTIGACIÓN

CUÁNDO DECIDIR CONTINUAR INVESTIGANDO

Se sigue investigando un caso cuando se necesita prueba adicional para el momento de presentarse ante el juez. La mayoría de los delitos graves como lo son invariablemente los asesinatos, los homicidios, las violaciones y las agresiones, siempre requerirán más investigación posterior. Si otro tipo de delito amerita que se continúe investigando, eso lo determinarán el departamento policíaco y el fiscal que lo tenga a cargo.

Para que la decisión de proseguir con la investigación no recaiga sobre una sola persona, se deben preparar unas guías para operar en los distintos casos.

Las guías deben ser preparadas por un grupo de expertos en criminología e investigación que puedan establecer unos parámetros de acción para distintas situaciones de hechos. Esto no significa que cada caso no se vea independientemente. Cada caso se verá según sus singularidades y las guías sólo estarán para poder dirigir la acción de proseguir o no con la investigación.

PROCEDIMIENTO

REINVESTIGAR A LA VÍCTIMA

En muchos casos, los investigadores tienen que volver a entrevistar la víctima. Se hará en caso de querer verificar la información brindada al oficial investigador (al primero), para encontrar nueva información o meramente para conocer mejor a la víctima, su carácter o credibilidad.

INVESTIGAR AL SOSPECHOSO

Se debe investigar dentro de los archivos internos del Departamento Policial, para verificar si la persona sospechosa del delito tiene algún tipo de expediente criminal. De esta investigación no siempre se saca provecho ya que una persona puede que no tenga ningún expediente porque no ha estado involucrada con ninguna agencia o porque sea o haya cometido delitos como menor. En esos casos no quedan en su expediente criminal las hazañas delictivas que haya cometido.

PISTAS ADICIONALES

Las pistas iniciales del caso las brinda la víctima, pero esto no significa que el agente investigador se deje llevar solamente por la información que este le brindó. En todos los casos hay que corroborar la historia de la víctima.

Debemos examinar, en todos los casos, la información que nos brinda la víctima, pues nuestra investigación dependerá de la misma. Distintos tipos de información que nos guían al sospechoso son las siguientes:

1. La víctima conoce al acometedor del acto delictivo. Si contesta afirmativamente, cuán bien lo conoce.
2. La víctima sospecha de alguna persona específica. ¿Por qué sospecha de esa persona?
3. La víctima tiene historial criminal.
4. La víctima tenía un arma en el momento de perpetrarse el delito.
5. La víctima tiene un carácter agresivo.
6. Cuál es la licencia y descripción del carro (automóvil) de la víctima.

El reinvestigar a la víctima puede traer nuevos conocimientos acerca del carácter del sospechoso, de la escena del crimen y de la misma víctima. Dentro del nuevo grupo de conocimiento o información debemos considerar lo siguiente:

1. Personas que tienen acceso normalmente al lugar del crimen y a sus alrededores
2. Personas que conozcan las propiedades de valor, dónde se encontraban las mismas, o la rutina de vida de la víctima:
    a. algún empleado o su cónyuge
    b. personal de servicios
    c. vecinos
    d. algún tipo de profesional ocasional que visite el lugar
    e. algún criminal conocido o persona con antecedentes criminales relacionado con los anteriormente mencionados

Es importante saber si la víctima o algún familiar se beneficia por la pérdida del otro ser o de la propiedad que fue objeto del acto delictivo. Como, por ejemplo, en el caso del asesinato del marido con un seguro millonario a favor de la mujer. Posiblemente la mujer podría ser una víctima, pero a su vez sospechosa del crimen. Si el acto hubiese sido perpetrado por una tercera persona, posiblemente haya una relación de autores múltiples, y la mujer es uno de los autores del delito.

Otra pista importante podría ser la oportunidad que tuvo el sospechoso de cometer el delito. Es importante verificar cualquier aseveración que refleje una futura defensa de coartada.

El tipo de arma de fuego empleada también es importante para la búsqueda específica del tipo de sospechoso que se quiere encontrar. Existen distintos tipos de armas desde cuchillos hasta explosivos.

En Puerto Rico, al igual que en los Estados Unidos, la División de Alcohol, Tabaco y Armas de Fuego (posteriormente ATF) es la agencia comprometida con dar el servicio de rastreo de armas de fuego o la identificación de estas, tanto a nivel nacional como en el extranjero. El Centro Nacional de Identificación ha logrado localizar el origen de más de medio millón de armas de fuego.

En su función de rastreo se investigan varios datos específicos tales como:

1. **La fabricación** - dónde se fabricó el mismo, el país y la ciudad. Esta información suele aparecer en el armazón o la caja, debajo de las empuñaduras o en cualquier lugar que sea oculto. Este es un dato realmente útil para poder rastrear el arma.

2. **Tipo** - si es una pistola, revólver, rifle, escopeta, o si tiene cañones combinados, etc.
3. **Modelo** - el modelo puede ser una letra o una marca comercial con designación numérica o una combinación de las dos cosas.
4. **Calibre** - si es corto, largo y el número que se utiliza para su descripción.
5. **Número de serie** - puede tener varios números en la serie. Si esto ocurre se deben indicar el informe, todos los números y donde se encuentra cada uno de los mismos. Según las disposiciones reglamentarias vigentes, se estipula que el número de serie de un arma debe estar situado visiblemente en la caja o recipiente. Entre los lugares donde aparecen usualmente figuran la parte lateral de la caja, la culata, debajo del brazo de soporte (montante) o en la abracadera frontal. En caso de haberse, dañado el metal donde se encontraba el numero de serie, el arma debe ser llevada al laboratorio de la División ATF para que sea analizada y en muchos casos restaurada.

Es usual que un arma pueda ser rastreada fácilmente, si tenemos disponible la información antes mencionada. El rastreo se hace a través de los vendedores, ya que estos deben llevar expedientes de sus ventas.

Los cuchillos son más difíciles de rastrear, ya que no tienen un número que los identifique, pero aun así los mismos pueden ser identificados.

Drogas o veneno utilizados al cometer el delito, pueden ser rastreados en la mayoría de los casos, por medio del vendedor.

En los casos donde hay explosivos envueltos no se comunique con el vendedor. El procedimiento a seguirse en estos casos es comunicarse con el Centro de Comunicaciones de la ATF (1-800-424-9555). Si llama al fabricante este le remitirá al Centro, por lo que habrá perdido tiempo y esfuerzos. El rastreo de explosivos no debe tardar más de un plazo de 24 horas. El proceso de rastreo comienza en el centro de rastreo, donde se hace una llamada al fabricante de explosivos u organismo militar correspondiente, se corrobora la información con los registros o se documentan los mismos. Cuando se finaliza el rastreo, la información obtenida se le comunica al solicitante.

REDACCIÓN DE INFORMES

El propósito y el alcance de la preparación de informes de la investigación realizada, depende del caso que se le haya asignado al investigador. Si la labor del investigador estaba limitada a una sola de las pistas o a interrogar a uno de los testigos, el alcance del informe debe limitarse a la investigación efectuada. Pero si ha sido una investigación extensa, debe redactar un informe similar al que se redacta al final de cada investigación.

El informe debe ser una descripción de las actividades y descubrimientos efectuados durante la investigación. Es un registro fundamental del caso para la actividad futura del juicio y esencial para proveerle información suficiente a los demás oficiales de la uniformada para el arresto y solución del caso. Es decir, en el informe el investigador hará una especie de resumen de su trabajo. Es la culminación de sus esfuerzos.

El informe tiene cuatro (4) objetivos primordiales:

1. Informar.
2. Facilitar la investigación.
3. Completar investigaciones inconclusas.
4. Asignar labores investigativas.

Hemos dicho que los informes nos proveen información esencial para el arresto del sospechoso, pero también desempeñan otras funciones importantes. A continuación se resumen esas funciones:

1. Provee un registro escrito de la información y una memoria accesible a todo oficial investigador.
2. Refresca la memoria de los oficiales investigativos y de la fiscalía.
3. Provee un método controlado de comunicación entre el Departamento Policíaco y sus agencias relacionadas.
4. Provee una base estadística donde una decisión o política interna puede fundamentarse.
5. Ayuda en la detención y arresto de los sospechosos.
6. Analiza las operaciones investigativas.
7. Indica las faltas o dificultades usuales que se presentan.
8. Ofrece un contacto entre los distintos oficiales que han estado a cargo durante el proceso investigativo.
9. Ayuda en la petición de recursos económicos al Departamento Policíaco.

10. Ayuda a precisar objetivos dentro de la investigación.
11. Ayuda al fiscal en el juicio.

REGLAS PARA REDACTAR UN BUEN INFORME

La redacción de un buen informe no significa que usted sea o no sea un buen investigador, pero si no puede redactar un buen informe, esto lo hace menos adecuado para desempeñar ciertas comisiones, sin tomar en consideración cuán capaz sea para desempeñarse en su campo investigativo. El informe ofrece una imagen de sus actividades, ante sus superiores.

Por lo tanto, al redactar un informe tendrá presente que el mismo debe mostrar unas características esenciales que permitan redactarlo con prontitud y adecuacidad. Los requisitos que se deben tener en cuenta al redactar un informe son los siguientes:

COMPLETO

Los informes tendrán la gran mayoría de los detalles del caso. Los hechos descritos parcialmente dan una idea falsa o incorrecta de la realidad de lo ocurrido. El que un informe sea completo significa que contiene toda la información relevante y esencial, pero que la información irrelevante debe ser omitida. **Antes** de omitir una información debe asegurarse de que la misma carece de importancia, y de que ha incluido los resultados negativos así como los positivos, ya que esto evitara duplicar esfuerzos. Debe dejar que otro de los agentes lean su informe, para ver si hay preguntas que no hayan sido contestadas. Si para estas preguntas que surgen usted no tiene contestación, considere continuar con la investigación.

CONCISO

Los informes serán un resumen de información necesaria, no un cuento de hadas. Incluye la información esencial de una manera clara y entendible (legible). Para lograr esto elimine palabras innecesarias, las frases técnicas y las oraciones muy extensas, tienden a crear confusión. Exprese sus ideas en la menor cantidad de palabras posible. Practique esta técnica con pequeñas composiciones de por lo menos sesenta y cinco palabras, que contengan una idea de investigación legal. Una vez terminada, corríjala y condénsela.

CLARO

Al leer un informe debe entenderse en su primera lectura. Por lo tanto, una vez lo termine, se lo puede leer a un compañero para ver si este puede entenderlo a cabalidad. Por esto es importante el uso de oraciones cortas, ya que, las mismas tienden a dar claridad al escrito. Nunca deje al lector sin entender lo que está leyendo, esto puede dar ocasión a una mala interpretación y, por ende, a que se desvíe la investigación o traiga confusión. Para evitar lenguaje confuso utilice palabras simples y poco técnicas.

Las abreviaturas, deben ser utilizadas juiciosamente. Estas pueden ayudar a dar claridad al escrito, pero debe utilizar las que son internacionales o de uso en su área de trabajo. Nunca debe inventar su propio lenguaje al redactar un informe, ya que este no es solamente para su lectura individual. Si hay alguna duda sobre el posible significado de una abreviatura, **no** la utilice.

Las abreviaturas de los nombres de las agencias del gobierno se hacen sin punto entre letra y letra y se utiliza letra mayúscula: "Federal Bureau of Investigation, FBI; Departamento de Vehículos Motorizados, DVM. De otra manera, se utilizarán las abreviaturas generalmente aceptadas.

EXACTO

Para poder lograr la exactitud se debe escribir solamente la verdad, lo que usted conoce a través de sus sentidos (conocimiento propio). Un investigador debe aceptar como un hecho son lo que haya palpado, oído, visto, olido o gustado. La veracidad refleja su integridad como profesional y como ser humano, y por eso no se aleja de la misma. Los informes deben ser lo más exactos posibles para que puedan tener algún valor legal.

No solamente deben ser veraces, sino que la información contenida debió haber sido previamente investigada.

Hay muchos motivos que causan la inexactitud, los más conocidos son estos tres que se mencionan: confundir hechos con murmuraciones, incapacidad para distinguir entre el hecho y la opinión o conclusión y el empleo de palabras que no expresan exactamente lo que se quiere decir.

La exactitud requiere incluir fechas, direcciones, nombres de todas las personas incluidas en el informe, número de teléfono, seguro social, número de evidencia encontrada en la escena del crimen y descripción exacta de todas las cosas.

TIPOS DE INFORMES

Los tipos de informes varían según el lugar y el departamento. Esto es así, debido a factores como la jurisdicción y la responsabilidad de cada uno de los departamentos policíacos, las necesidades particulares de cada departamento, la naturaleza del crimen y las preferencias de las distintas agencias.

Aparte de las diferencias que puedan tener unas agencias de otras, básicamente los departamentos policíacos producen los siguientes tipos de informes:

1. Informes internos que explican los procedimientos administrativos de la agencia, como por ejemplo: informes personales, correspondencia interna, correspondencia de compras y ventas, estados financieros y documentos relacionados.
2. Informes técnicos relacionados con materias especializadas.

   Los informes que explicaremos a continuación, a su vez, se dividen de la siguiente manera:

   a) Inicial.
   b) Progresivo.
   c) Prejudicial.
   d) Final .

   El conjunto de todas estas partes estará incluido en los siguientes tipos de informes.
3. Informes de hechos - Incluyen información necesaria para la solución del caso, accidentes en la búsqueda de información y errores cometidos administrativamente. Estos informes tienen un propósito importante, el de mantener informados

a las demás autoridades y al público en general del progreso del caso. Además satisface las necesidades de retroalimentación informativa de otras agencias.

4. Informes de operaciones - En estos se detallan los incidentes policíacos, las investigaciones, los arrestos, las identificaciones y todo tipo de operaciones llevadas a cabo por los agentes policiales.

CONTENIDO DEL INFORME

Un informe debe mostrar todas las actividades de la investigación, tanto las hechas o cumplidas como las que están por cumplirse, de tal manera que sobresalga lo que falta por cumplir para que sirva de guía a las actividades futuras del investigador. Es una manera más de asegurar que no queda nada por terminar, o de dar por terminada la investigación.

Al redactar un informe se deben responder cinco (5) preguntas fundamentales, a saber; **quién, qué, cuándo, dónde y cómo**. Las preguntas complementarias serían: **en qué forma** y **por qué**.

Al responder las preguntas, el redactor deberá hacerlo de una forma concreta, exacta y verídica para que no queden dudas, con relación a los elementos esenciales del informe. De esa manera los responsables de tomar una decisión futura podrán hacerlo sin ninguna duda.

QUIÉN

Quiénes son las personas involucradas en el crimen. Como por ejemplo: 1- los autores y cómplices; 2- los testigos y encubridores, y por último 3- las víctimas. (ver capítulo primero para definición de conceptos).

La información con relación a quiénes, es primordial y esencial, ya que el quién es el principal o el título en el caso.

Debe ser lo más detallado posible, siempre incluirá el nombre del sujeto, los conocidos aunque sean falsos, y los apodos, domicilios conocidos, trabajos recientes, número de seguro social o números, información relacionada con amistades, hábitos o costumbres.

Se deberá llevar un orden exacto al escribir del o los sujetos. Debe comenzar con los autores del delito y en orden debe seguir con los siguientes: cómplices, encubridores, víctimas, denunciantes, testigos, parientes y amigos. De esta manera al lector se le facilita saber en todo momento acerca de quién esta leyendo.

QUÉ

Esta pregunta se debe contestar de una manera específica, una contestación general no es válida.

Esta pregunta contiene los elementos del delito. Además se puede incluir en la misma la pregunta POR QUÉ, la cual se responde con los motivos de la comisión del delito. No siempre se incluyen los motivos porque no son necesarios para todos los delitos, y porque los motivos son deducciones que hacemos basándonos en unos hechos específicos (los elementos) que sí son sumamente importantes para la solución del caso y el enjuiciamiento del sospechoso.

CUÁNDO

Esta pregunta responde a cuándo ocurrieron los hechos, la fecha y hora del crimen, la fecha y la hora del descubrimiento del crimen, las fechas y las horas de la identificación de bienes, de las víctimas, arresto del sospechoso y de la recuperación de algún objeto perdido en la comisión de los hechos delictivos. Si no se pueden fijar fechas exactas, estas deben ser especificadas con la mayor exactitud. No se deben usar expresiones tales como en algún momento, durante la semana pasada, ya que son expresiones verbales sumamente vagas y no revelan una idea en concreto.

DÓNDE

Toda la información relacionada con la ubicación de lugares, personas y con los objetos serán detallados bajo este inciso DÓNDE .

Debe especificar dónde ocurrieron los hechos, la ubicación exacta (la escena del crimen), los alrededores, el trayecto tomado al llegar, al huir y la autoridad con jurisdicción sobre el caso.

CÓMO

El contestar esta pregunta es principal en la redacción del informe y muchos investigadores tienden a pasar por alto esta importante respuesta. Es la descripción de la escena del crimen, de los medios de acceso y de los procedimientos utilizados por el sospechoso.

EN QUÉ FORMA

Esta pregunta sólo se usará para los casos en que el investigador la considere pertinente debido a su conocimiento y experiencia en la redacción de informes.

Esta pregunta se responde con actos sobresalientes o hechos, con la descripción del botín (importante para establecer el tipo de delito -grave o menos grave) y cualquier otra descripción de un objeto como por ejemplo; el vehículo utilizado, ropa que se utilizó al cometer el crimen y marcas.

Las contestaciones a todas estas preguntas serán la base que utilizará el Ministerio Público al formular las acusaciones, por lo que es indispensable incluir las respuestas a todas las preguntas.

EVALUACIÓN

CAPÍTULO 9

1. Describa cómo los casquillos de bala encontrados en la escena del crimen pueden dar información sobre la posible arma homicida. Sea exhaustivo en su descripción.
2. Enumere y describa las reglas para dar un buen informe.

EL ARRESTO

INTRODUCCIÓN

El sospechoso puede ser una persona que podemos localizar fácilmente, porque tenemos toda la información para poder ubicarlo. Pero también, existen los casos donde se conoce a la persona, pero no se sabe su nombre o su dirección, es decir, no se sabe cómo hallarlo o encontrarlo. Al inicio de la investigación, tan pronto sabemos quién es el posible sospechoso, enviamos una alarma noticiosa al resto de las agencias y departamentos policíacos. Si no lo encontramos de esa manera, se procede a enviar avisos a otras jurisdicciones. Esto se hace para que el sospechoso aunque salga de nuestra jurisdicción pueda ser encontrado y no se escape de la justicia.

El rastreo de los sospechosos fugitivos depende en gran medida de la experiencia con las fuentes de información del sujeto, con los elementos del delito, con el tipo de crimen perpretrado, con los informes redactados, con la información relacionada con el sospechoso, con los historiales personales del sospechoso y con todos los informes públicos que hayan sido redactados.

El arresto es una etapa sumamente importante y delicada procesalmente. El arresto, en algunas ocasiones, se efectuará en el momento de la comisión del delito (con las manos en la masa), pero en la mayoría de las ocasiones será efectuado después de la recolección de evidencia que nos lleve a poder determinar que ese sujeto es el sospechoso. En otras ocasiones no tendremos suficiente evidencia incriminatoria por lo que tendremos que esperar el momento de poder aprenderlo con la evidencia suficiente, y así no peder todos los esfuerzos.

Al momento de registrar y allanar evidencia, al igual que al detener a una persona sospechosa de la comisión de un acto antijurídico, se deben salvaguardar en todos los Derechos Constitucionales. Debemos estar en todo momento conscientes de que uno de los fundamentos de nuestro sistema democrático es el derecho a la seguridad personal y a proteger las propiedades de registros y allanamientos irrazonables. El respeto a las leyes debe comenzar con los agentes encargados del orden público. Este depende en gran medida de que se observe un derecho fundamental y esencial de nuestra constitución, el derecho a la LIBERTAD. Un investigador que viole este derecho es la semilla del mal social y el primer gran criminal.

EL ARRESTO

Un arresto es la detención personal de un individuo, al cual se pone en custodia, con el fin de que sea juzgado y responda por la comisión de sus crímenes. Se diferencia de una simple detención en que esta se practica usualmente con motivos investigativos, a esta la denominaremos como una detención investigativa.

Legalmente, el arresto sólo tiene una justificación: que la persona esté disponible cuando se le declare culpable. Puede tener una segunda justificación: prevenir que el criminal continúe en sus andanzas criminales, al menos por el tiempo en que esté confinado.

Existen tres elementos fundamentales al efectuar un arresto, estos son: 1. la intención, 2. autoridad (sea real o asumida), 3. custodia, este elemento se cumple, ya sea por sumisión voluntaria o por restricción física por parte del agente.

Lo que no podemos tolerar es que una persona sea puesta en custodia por el simple hecho de que no sea agradable para la sociedad, cuando no existe evidencia que lo relacione con la comisión de algún delito. Por lo tanto, deben cumplirse cuatro condiciones antes de efectuar legalmente una detención. El policía debe:

1. Actuar con autoridad legal.
2. Poner bajo custodia al sospechoso, esa debe ser su finalidad.
3. Retener a la persona.
4. Indicar y leer sus derechos a la persona e indicarle por cuáles delitos se le está acusando.

Los derechos que se le leerán (deben tenerlos toda persona que efectúe un arresto –por escrito, en una tarjeta–), serán los que enumera el caso *Pueblo v. López Guzmán*, 92 J.T.S. 142. Enumerándolos;

1. Tiene derecho a guardar silencio, todo lo que diga podrá ser utilizado en su contra durante el juicio, en el caso criminal por el que está siendo arrestado,
2. tiene derecho a asistencia de abogado aunque no lo solicite,
3. si no tiene dinero para un abogado, el Estado le proveerá uno gratuitamente.

Además de estos derechos, debe tener en la tarjeta escrito lo siguiente;

4. usted tiene derecho dejar de hablar cuando usted lo desee,
5. usted tiene derecho a poder renunciar al privilegio de mantenerse en silencio y
6. ¿ha entendido lo que le he leído anteriormente?.

Un arresto es un acto que conlleva varios procedimientos que deben hacerse de una manera legal. Si este se hace de una manera ilegal, podría poner en peligro todo el proceso y, lo que es peor, la vida del oficial que lo efectúa. Por lo tanto, para que sea de una manera legal, debe planearse el mismo, en los casos en que se pueda, dependiendo de la naturaleza del delito. En los casos en que concurran los siguientes elementos siempre deberá planearse el arresto:

1. El crimen ocurrió (en un tiempo pasado) y ha sido investigado.
2. El sospechoso fue identificado como resultado de una investigación y se tiene suficiente causa probable con la cual se puede obtener una orden de arresto[1].
3. El paradero del sospechoso se conoce.

En este tipo de circunstancias el arresto se estará haciendo con una orden judicial[2] (en casos de delitos graves)

---

[1] *Pueblo v. Félix Rivera,* 96 J.T.S. 92. Se tiene que determinar causa probable conforme a derecho. Constitución del Estado Libre Asociado Art. II Sec 10.

[2] DEFINICIÓN ORDEN DE ARRESTO- Mandamiento escrito a nombre del Pueblo de Puerto Rico basado en una determinación de causa probable por un magistrado en su carácter oficial, requiriendo a uno o cualquier funcionario del orden público que ponga a una persona determinada bajo custodia y la lleve sin demora ante un magistrado para instrucción de cargos y trámites ulteriores. Regla 6 (b); 22(a) de Procedimiento Criminal.

o una citación[3] (discrecional en delitos menos graves). Esta orden deberá ser expedida a nombre del Pueblo de Puerto Rico y deberá ser firmada por un juez. Ver Regla 6 y 7 de Procedimiento Criminal. 34 L.P.R.A. Ap. II R. 6 y 7.

Para que el arresto con orden judicial se haga conforme a las leyes, el oficial deberá llevar la orden consigo, arrestar a la persona que se menciona en la orden y, al efectuar el arresto, el agente deberá enseñar la orden de arresto al interesado y manifestarle sus intenciones de detenerlo, así como su autoridad. También debe indicarle por el o los delitos que se le acusa.

Los arrestos planeados conllevan dos etapas principales: vigilar al sospechoso y la ejecución del arresto.

VIGILANCIA

Vigilancia es el acto de observar algún lugar determinado, a varias personas o a una persona en particular, para obtener datos relacionados con la investigación que se está llevando a cabo.

Usualmente la vigilancia es parte de la investigación previa a la identificación del sospechoso. Mas aun así, la vigilancia debe ser parte del arresto. El motivo de vigilar antes de efectuar el arresto es el **observar** meramente los patrones de comportamiento del sospechoso. De ese modo, el arresto pueda ser planificado.

El recopilar esta información relacionada con las actividades diarias no criminales del sospecho, debe tomar no menos de dos días.

---

3 DEFINICIÓN CITACIÓN- Mandamiento, expedido a nombre del Pueblo de Puerto Rico, requiriendo a la persona que comparezca ante un magistrado para instrucción de cargos y trámites ulteriores. Regla 7 de Procedimiento Criminal.

Para que no llame la atención del sospechoso, esto se hará por distintos agentes, vestidos de civil. Se clasifican dos tipos de vigilancias; la estacionaria y la móvil. La estacionaria consiste en la observación desde un lugar determinado para observar o esperar. Algunos harán la vigilancia (ambos tipos) a pie y otros en vehículos. Los vehículos que se utilicen deben ser aquellos que llamen menos la atención o que estén menos relacionados con los de la uniformada, como por ejemplo camiones de la compañía eléctrica, de correo etc. Por la noche debe utilizar ropa oscura pues esta se nota menos. Pero nunca debe utilizar cosas que llamen la atención, como bigotes falsos, pelucas, pipas o ningún tipo de postizos. Un investigador debe ser un desconocido para el sospechoso, por lo que, el investigador deberá comportarse de la manera más natural.

Se terminará la vigilancia, si hay alguna indicación por parte del sospechoso de que este ha descubierto que lo están vigilando (se dice en estos casos que el investigador esta caliente). En ese caso, procederá a arrestarlo lo antes posible. También se dará por terminada la vigilancia una vez se haya recopilado la información necesaria.

EJECUCIÓN DEL ARRESTO

El lugar más seguro para efectuar un arresto es en un sitio abierto (campo abierto), lejano del lugar de residencia del sospechoso. Ideal es que el sospechoso se encuentre solo, lejos de algún vehículo (si se encuentra dentro del vehículo esperamos a que se estacione) o de algún lugar donde podría haber armas escondidas y lejos de personas que podrían salir heridas. El sitio que se escoja debe darle poca oportunidad al sospechoso para que escape, que no haya edificios cercanos o lugares de fácil acceso.

El sitio que elegido debe ser escogido porque conocemos los hábitos del sospechoso, por lo tanto, será a la hora que él usualmente pasa por ese lugar. Si el sospechoso tiene un estilo de vida que no propicia ningún tipo de rutina, entonces lo vigilaremos y esperaremos a que pase por un lugar preseleccionado.

Todo arresto debe ser efectuado por al menos dos agentes. Pero si existe alguna razón para pensar que la persona se opondrá al arresto debe haber por lo menos tres oficiales, preferiblemente cuatro. No es recomendable que haya demasiados policías en el área, esto podrá alertar al sospechoso antes de poder hacer el arresto. En casos en donde pensemos que pueda haber cualquier tipo de peligro (de que se escape) tendremos fuerzas uniformadas en las cercanías del lugar. Es importante que exista contacto radial entre todos los oficiales en el área.

Un agente debe ser el encargado del arresto, usualmente lo es el investigador principal que lleva todo el caso.

El elemento sorpresa, es la mejor herramienta que tendrán los agentes que efectúan el arresto. Ya que usualmente, si todo se hace de una manera adecuada, el sospechoso no se dará cuenta del proceso de arresto hasta que este haya casi finalizado. Pero en caso de que el sospechoso por miedo reaccione de una manera violenta los agentes deben estar preparados.

Una vez se detiene al sospechoso, los esfuerzos se orientaran a mantener la calma y el no enseñar ningún tipo de arma de fuego si no es necesario. En la medida que los agentes mantengan la calma usualmente el detenido hará lo mismo.

Una vez detenido, se le enseñará la orden o la citación en su contra y se le leerán las debidas advertencias. En este

Figura 10.1
VIGILANCIA a pie

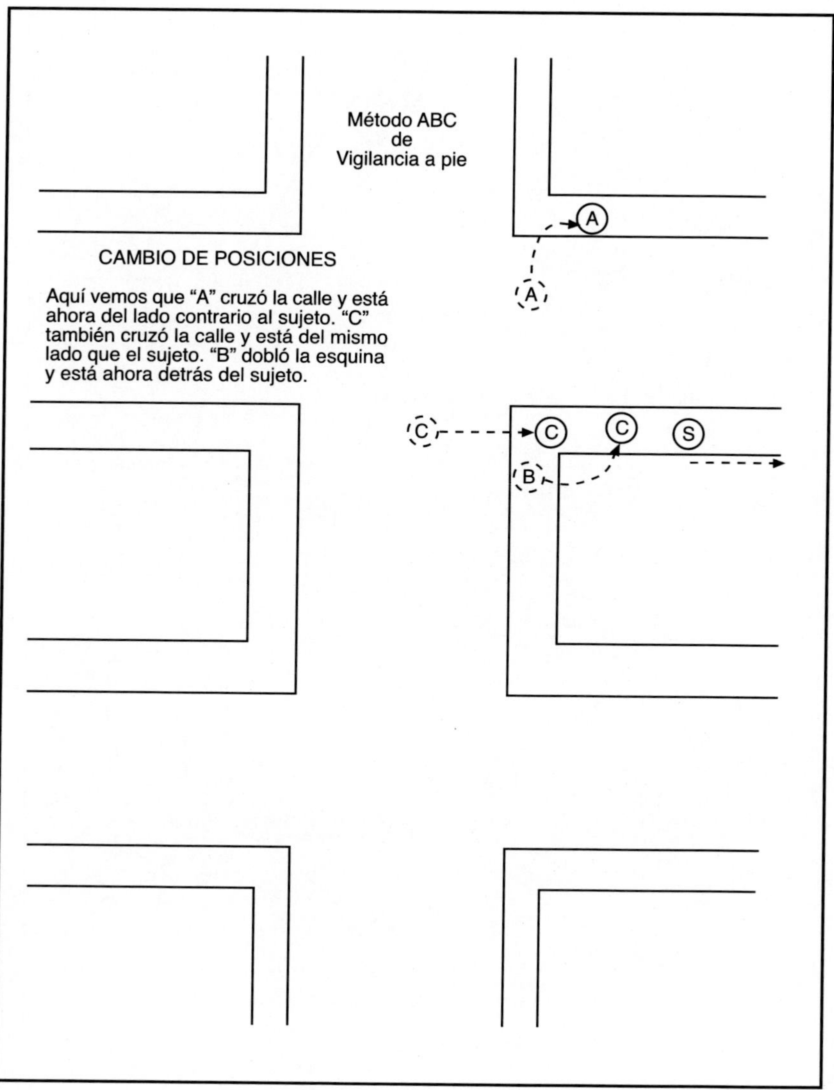

Figura 10.2
VIGILANCIA CON AUTOMóVILES

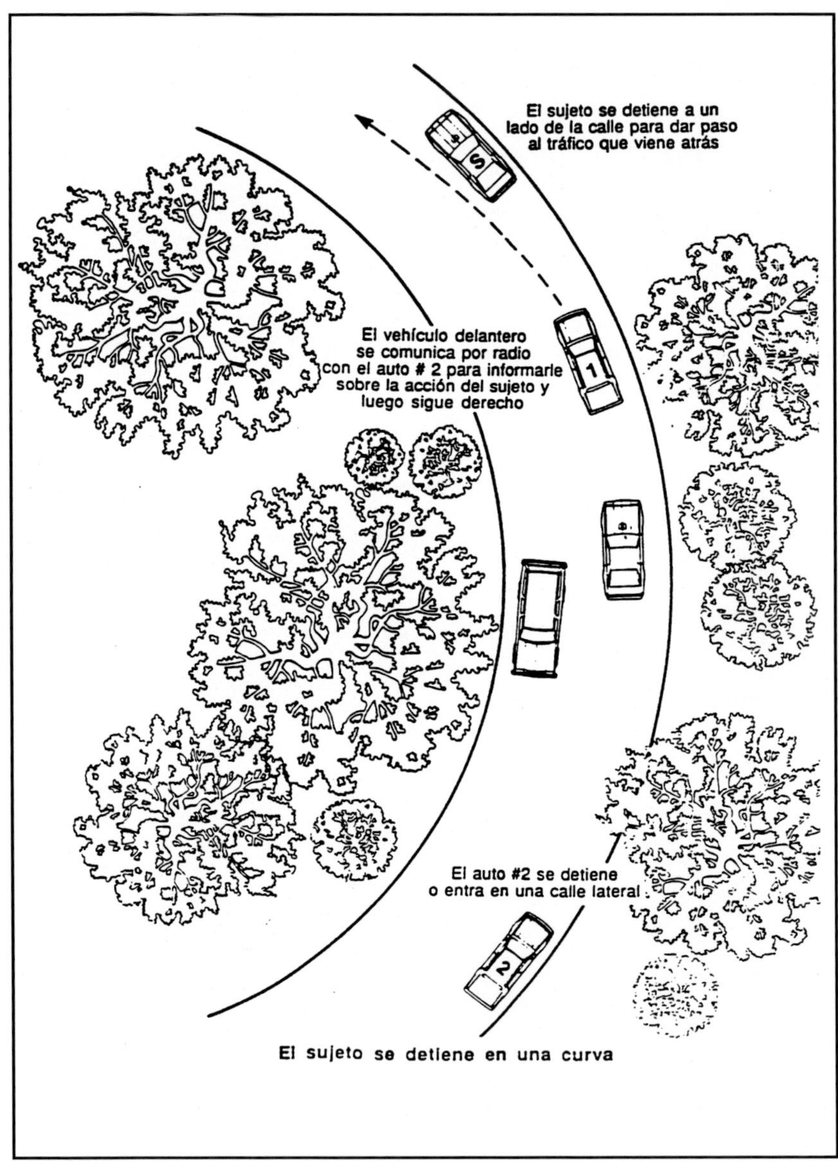

momento, el sospechoso debe ser registrado y se procederá a esposarle. Si está debidamente esposado y no ha sido registrado, no habrá que hacerlo, ya que este no podrá alcanzar ningún arma escondida. El exceso de uso de la fuerza no será necesaria, y de así hacerlo quien hace el arresto se convertirá en el asaltante. Un agente de la Policía podrá disparar su arma, a matar, solo cuando sea para proteger su vida o la de alguna otra persona, o cuando el criminal vaya huyendo y no exista otra forma de pararlo (en este caso no dispara para matar, sólo para detener). Regla 16 de Procedimiento Criminal; *Cruz v. Sierra*, 93 J.T.S. 109. 34 L.P.R.A. Ap.II R. 16.

Una vez efectuado el arresto, el sospechoso debe ser llevado lo antes posible fuera del lugar donde se efectuó el arresto, ya que podría haber otro autor o cómplice y este podría poner en peligro el arresto.

Todo el proceso no debe tomar más de dos minutos, desde su comienzo hasta llevarse al sospechoso del lugar. No debe alterarse al público en general ni ser motivo de una gran escena de noticia.

EL ARRESTO NO PLANIFICADO

Existen ocasiones en que un arresto no puede ser planificado. Usualmente un arresto no planificado, sucede cuando ocurre un hecho inesperadamente. Como por ejemplo, que un agente se enfrente a unos hechos delictivos que ocurren en su presencia.

En estos casos (en arrestos no planificados) el oficial policíaco no tendrá una orden de arresto. Pero aun así podrá efectuar el arresto, si existen cualquiera de las siguientes circunstancias:

1. Cuando el funcionario tuviese motivos fundados para creer que la persona ha cometido un delito en su presencia. En este caso el arresto debe ser inmediato. En este caso es cuando se comete un delito de cualquier grado o se trata de cometer en su presencia (conocimiento personal –se requiere–). Se requiere que el arresto se haga sin demora innecesaria, pero en circunstancias extraordinarias (que constituya una impru-dencia, riesgo para el funcionario o para las personas en el lugar) se podrá aplazar el arresto, mas no debe dejarse al sospechoso sin vigilancia.
2. Cuando se hubiese cometido un delito grave, aun cuando no fuese en presencia del funcionario público;
3. Cuando tuviese motivos fundados para creer que se ha cometido un delito grave, independientemente de que el delito se hubiere cometido en realidad. No aplica en casos de delitos menos graves. 34 L.P.R.A. Ap.II R.11.

El concepto de motivos fundados al que alude la regla 11 de Procedimiento Criminal, es cuando una serie de hechos o circunstancias o una situación induzca a cualquier persona con sentido común a creer o sospechar honradamente que una persona cometió un delito. No es una simple sospecha, ya que debe poder apoyarse en hechos verídicos y fehacientes o en circunstancias con suficiente solidez legal. El caso *Pueblo v. Malavé*, 120 D.P.R. 470 (1988),[4] explica el concepto de motivos fundados como sinónimo de causa probable. *Pueblo v. Malavé, id*. El concepto de motivos fundados va a incluir tanto evidencia directa como la circunstancial. Lo importante

---

[4] Doctrina vigente, ver 97 J.T.S. 24.

es que cuando se analicen en conjunto, una persona razonable y prudente pueda concluir, que se cometió un delito grave. *Pueblo v. Alcalá*, 109 D.P.R. 326 (1980). 34 L.P.R.A. Ap.II R.11.

El término "motivos fundados" es compatible con la acción concertada de varios agentes. Como por ejemplo, cuando están trabajando con la vigilancia de un caso, el conocimiento de cada uno se atribuye a los demás. Por lo que puede establecerse la existencia de causa probable, que justifique el arresto, sin una orden o citación. *Pueblo v. Luzón*, 113 D.P.R. 315 (1982). Si la comunicación ha sido por medio del sistema de comunicación, dependerá de que el agente que inició la cadena de información tenía "motivos fundados". *Pueblo v. Luzón*, supra.

Nuestro más Alto Foro, ha convalidado los arrestos bajo la regla 11(a) basándose en las confidencias. Pero ha aclarado que deben concurrir unos requisitos para la determinación de motivos fundados. Los criterios son:

1. Que el confidente, previamente ha suministrado información correcta
2. Que la confidencia conduce hasta el criminal en cuanto al lugar y al tiempo
3. Que la confidencia ha sido corroborada por observación del agente o información de otras fuentes; y
4. Que la corroboración se relaciona con actos delictivos cometidos o en proceso de cometerse. *Pueblo v. Flores Valentín*, 88 D.P.R. 913 (1963), *Pueblo v. Cruz Rivera*, 100 D.P.R. 345 (1971), *Pueblo v. Acevedo*, 112 D.P.R. 770 (1981). 34 L.P.R.A. Ap. II R.11.

Ningún agente de la policía debe efectuar un arresto de un crimen realmente serio sin ayuda. La única excepción a esta regla debe ser un caso en que se hayan involucrado civiles inocentes en el lugar de los hechos.

Una persona particular también podrá efectuar un arresto, sin tener una orden para practicarlo. Pero solamente en dos tipos de ocasiones: 1. cuando se cometa cualquier delito en su presencia; ó 2. cuando en realidad se hubiera cometido un delito **grave** y el ciudadano tuviere motivos fundados para creer que el arrestado lo cometió. Regla 12 de Procedimiento Criminal. 34 L.P.R.A. Ap.II R.12. *Pueblo v. Benjamín Igartúa*, 92 J.T.S. 24.

En estos casos, no se incluyó el inciso de motivos fundados por lo tanto se requiere una certeza del acto delictivo o su tentativa, al practicar el arresto, podemos ver que la facultad que tiene el ciudadano es más limitada que la que tiene un funcionario. También podemos añadir que en estos casos se requiere que el arresto sea hecho en el acto, de lo contrario sería nulo el arresto. *Pueblo v. Velazco*, 91 J.T.S. 32; *Pueblo en interés de N.R.O.*, 94 J.T.S. 118.

Tan pronto sea arrestada la persona debe de ser llevada ante un juez, sin demora innecesaria. Regla 22 de Procedimiento Criminal. 34 L.P.R.A. Ap. II R. 22.

Normalmente el arresto se efectúa antes del registro, pero podría ocurrir un caso a la inversa. *Pueblo v. Pacheco*, 92 J.T.S. 69.

ESTADO LIBRE ASOCIADO DE PUERTO RICO
POLICIA DE PUERTO RICO
SUPERINTENDENCIA AUXILIAR EN INVESTIGACIONES CRIMINALES
DIVISION ROBO Y FRAUDE A INSTITUCIONES BANCARIAS

ADVERTENCIA A SOSPECHOSO O ACUSADO

Usted está aquí como sospechoso o presunto acusado y antes de hacerle cualquier pregunta, quiero advertile sobre sus derechos:

1. Usted tiene derecho a permanecer callado y a no declarar.
2. Cualquier cosa que usted diga puede ser usada en su contra.
3. Usted tiene el derecho de hablar con un abogado para que le aconseje antes de yo hacerle cualquier pregunta y además dicho abogado puede acompañarlo durante el interrogatorio.
4. Si usted no puede pagar un abogado, le conseguiré uno antes de interrogarlo, libre de costo, si asi lo desea.
5. Si usted se decide a contestar mis preguntas sin estar asistido de un abogado, puede negarse a contestar cualquier pregunta, y en cualquier momento puede dejar de contestar y pedir asistencia legal.
6. Su declaración tiene que ser libre, voluntaria y espontánea y no se le puede ejercer ninguna presión, ni amenaza, ni acción o intimidación, para obligarlo a declarar.

¿HA ENTENDIDO LO QUE LE HE EXPLICADO?

¿DESEA USTED DECLARAR?

CERTIFICO QUE SE ME HICIERON LAS ADVERTENCIAS LEGALES A LAS CUALES TENGO DERECHO POR LEY.

ENTERADO

____
FIRMA SOSPECHOSO O ACUSADO

____
FIRMA TESTIGO

____
NOMBRE Y PLACA DEL FUNCIONARIO QUE LEE Y EXPLICA LAS ADVERTENCIAS

____
FECHA Y HORA

RENUNCIA DE LOS DERECHOS

He leído esta declaración de mis derechos y entiendo lo que son. Estoy dispuesto a hacer una declaración y a contestar las preguntas. No quiero que esté presente un abogado en este momento. Tengo conciencia de lo que hago. No se me han hecho ni promesas, ni amenazas y no se ha ejercido presión alguna en mi contra.

FIRMADO: _________________________

TESTIGO: ___________________________ HORA: ____________

TESTIGO: ___________________________

PPR - 468
9 - 99

POLICIA DE PUERTO RICO — PROTECCIÓN INTEGRIDAD

DE ORI:

DE INCIDENTE:

TIPO DE INFORME:
☐ INFORME INICIAL ☐ SUPLEMENTO

ESTADO LIBRE ASOCIADO DE PUERTO RICO

POLICIA DE PUERTO RICO

INFORME DE INCIDENTE

SITUACION DE INCIDENTE:
☐ INFUNDADO
☐ ESCLARECIDO POR:
☐ ARRESTO
☐ EXCEPCIONAL

A ☐ MUERTE DEL DELINCUENTE
B ☐ SE REHUSA ENJUICIAMIENTO
C ☐ SE DENIEGA EXTRADICION
D ☐ SE NEGO A COLABORAR
E ☐ MENOR DE EDAD, SIN CUSTODIA
N ☐ NO APLICA

DELITO

DENUNCIANTE: (Apellidos, Nombre, Segundo Nombre) | S.S.: | TELEFONO: (Domicilio) ( )

DIRECCION: | TELEFONO: (Trabajo) ( )

LUGAR DEL INCIDENTE: (Dirección Exacta)

DELITO:	(Marcar si fue motivado por prejuicio)	DELINCUENTE:
1.	1. ☐	1.
2.	2. ☐	2.
3.	3. ☐	3.

CODIGO DE DELITO UCR:	FECHA(S) DEL INCIDENTE:	HORA DEL INCIDENTE:
1.	1.	1.
2.	2.	2.
3.	3.	3.

MOTIVACION DE PREJUICIO: (Marcar una para delito # 1)

RACIAL:
11 ☐ ANTI-BLANCO
12 ☐ ANTI-NEGRO
13 ☐ ANTI-INDIO AMERICANO/NATIVO DE ALASKA
14 ☐ ANTI-ASIATICO/ISLEÑO DEL PACIFICO
15 ☐ ANTI-GRUPO MULTIRACIAL

GRUPO ETNICO/ORIGEN NACIONAL
31 ☐ ANTI-ARABE
32 ☐ ANTI-HISPANO
33 ☐ ANTI-OTRO GRUPO ETNICO/ORIGEN NACIONAL

RELIGIOSO:
21 ☐ ANTI-JUDIO
22 ☐ ANTI-CATOLICO
23 ☐ ANTI-PROTESTANTE
24 ☐ ANTI-ISLAMICO/MUSULMAN
25 ☐ ANTI-OTRA RELIGION
26 ☐ ANTI-GRUPO MULTIRELIGIOSO
27 ☐ ANTI-ATEISMO/AGNOSTICISMO

SEXUAL
41 ☐ ANTI-HOMBRE HOMOSEXUAL
42 ☐ ANTI-MUJER HOMOSEXUAL
43 ☐ ANTI-HOMOSEXUAL (Hombres y Mujeres)
44 ☐ ANTI-HETEROSEXUAL
45 ☐ ANTI-BISEXUAL

INDICAR EL CODIGO DE MOTIVACION SI ES DISTINTO A DELITO #1:
2 [|]
3 [|]

SITUACION DE DELITO: (Marcar sólo una por delito)
1. ☐ INTENTO ☐ COMPLETO 2. ☐ INTENTO ☐ COMPLETO 3. ☐ INTENTO ☐ COMPLETO

DELINCUENTE(S) USO: (Marcar todas las que apliquen)
A ☐ ALCOHOL C ☐ EQUIPO DE COMPUTADORA
D ☐ DROGAS N ☐ NO APLICA

(Sólo para robos) NUM. DE LOCALES ALLANADOS: _____
METODO DE ENTRADA:
F ☐ A LA FUERZA N ☐ SIN FUERZA

LUGAR DEL DELITO: (Marcar sólo una) (Indicar núm. de código para delito #2 __________ y #3__________)
01 ☐ TERMINAL AEREO/DE AUTOBUS/DE TREN
02 ☐ BANCO/AHORRO Y PRESTAMO
03 ☐ CANTINA/CLUB NOCTURNO
04 ☐ IGLESIA/SINAGOGA/TEMPLO
05 ☐ EDIFICIO COMERCIAL/DE OFICINA
06 ☐ SITIO DE CONSTRUCCION
07 ☐ FERRETERIA
08 ☐ TIENDA POR DEPARTAMENTO/DE DESCUENTO
09 ☐ FARMACIA/CONSULTORIO DE MEDICO/HOSPITAL
10 ☐ CAMPO/BOSQUE
11 ☐ EDIFICIOS DEL GOBIERNO/PUBLICOS
12 ☐ TIENDA DE COMESTIBLES/SUPERMERCADO
13 ☐ CARRETERA/CALLE/CALLEJON
14 ☐ HOTEL/MOTEL/ETC.
15 ☐ CARCEL/PRISION
16 ☐ LAGO/VIA ACUATICA
17 ☐ TIENDA DE LICORES
18 ☐ ESTACIONAMIENTO/GARAJE
19 ☐ CENTRO DE ALQUILER DE ALMACENAMIENTO
20 ☐ RESIDENCIA/HOGAR
21 ☐ RESTAURANTE
22 ☐ ESCUELA/UNIVERSIDAD
23 ☐ GASOLINERA
24 ☐ TIENDA ESPECIALIZADA
25 ☐ OTRO/DESCONOCIDO

VICTIMA

TIPO DE ACTIVIDAD CRIMINAL: (Marcar hasta tres)
B ☐ COMPRAR/RECIBIR
C ☐ CULTIVAR/FABRICAR/PUBLICAR
D ☐ DISTRIBUIR/VENDER
E ☐ EXPLOTAR A NIÑOS
O ☐ OPERAR/PROMOVER/ASISTIR
P ☐ POSEER/OCULTAR
T ☐ TRANSPORTAR/TRANSMITIR/IMPORTAR
U ☐ USAR/CONSUMIR

TIPO DE ARMA/FUERZA INVOLUCRADA: (Marcar hasta tres) (Ingresar A en casilla si es automática)
11 ☐ ARMA DE FUEGO (Tipo no identificado)
12 ☐ PISTOLA
13 ☐ RIFLE
14 ☐ ESCOPETA
15 ☐ OTRA ARMA DE FUEGO
20 ☐ CUCHILLO/INSTRUMENTO CORTANTE
30 ☐ OBJETO DESAFILADO
35 ☐ VEHICULO DE MOTOR
40 ☐ ARMAS PERSONALES
50 ☐ VENENO
60 ☐ EXPLOSIVOS
65 ☐ FUEGO/INCENDIARIO
70 ☐ NARCOTICOS/DROGA
85 ☐ ASFIXIA
90 ☐ OTRA
95 ☐ DESCONOCIDA
99 ☐ NINGUNA

VICTIMA #1: (Apellidos, nombre, segundo nombre) | TELEFONO: (Casa)

DIRECCION: (Calle, ciudad, código postal)

TIPO DE VICTIMA: (Marcar sólo una)
I ☐ INDIVIDUO
N ☐ NEGOCIO
F ☐ FINANCIERO
G ☐ GOBIERNO
R ☐ RELIGIOSO
S ☐ SOCIEDAD/PUBLICO
O ☐ OTRO
D ☐ DESCONOCIDO

RAZA:
B ☐ BLANCA
N ☐ NEGRA
I ☐ INDIO AMERICANO/ NATIVO DE ALASKA
A ☐ ASIATICA
H ☐ HAWAIIANA
D ☐ DESCONOCIDA

SEXO:
M ☐ MASCULINO
F ☐ FEMENINO
D ☐ DESCONOCIDO

CONDICION DE RESIDENCIA:
R ☐ RESIDENTE
N ☐ NO RESIDENTE
D ☐ DESCONOCIDA

GRUPO ETNICO:
H ☐ HISPANO
N ☐ NO HISPANO
D ☐ DESCONOCIDO

EDAD:_______
_______ FECHA DE NAC.
_______ NUM. DE VICTIMAS

CIRCUNSTANCIAS DE AGRESION GRAVE/HOMICIDIO: (Marcar hasta dos)
01 ☐ DISCUSION
02 ☐ AGRESION CONTRA AGENTE DE LA POLICIA
03 ☐ VENTA DE DROGAS
04 ☐ CRIMEN ORGANIZADO
05 ☐ PANDILLAS JUVENILES
06 ☐ PELEA ENTRE AMANTES
07 ☐ EUTANACIA
08 ☐ OTRO DELITO INVOLUCRADO
09 ☐ OTRAS CIRCUNSTANCIAS
10 ☐ CIRCUNSTANCIAS DESCONOCIDAS

TIPO DE LESION: (Marcar hasta cinco)
N ☐ NINGUNA
H ☐ HUESOS
L ☐ POSIBLES LESIONES INTERNAS
D ☐ DESGARRADURA SEVERA
M ☐ LESION MENOR
O ☐ LESION MAYOR
D ☐ PERDIDA DE DIENTES
C ☐ PERDIDA DE CONOCIMIENTO

VICTIMA RELACIONADA CON NUM. DE DELITO INDICADO MAS ARRIBA:
1 ☐
2 ☐
3 ☐

RELACION DE VICTIMA A DELINCUENTE: (Para relaciones de delincuente múltiples, ingresar número(s) de delincuente en el espacio)
SE __ CONYUGE
CS __ CONYUGE POR ACUERDO CONSENSUAL
PA __ PADRE
SB __ HERMANO(A)
CH __ HIJO(A)
GP __ ABUELO(A)
GC __ NIETO(A)
IL __ PARIENTE POLITICO
SP __ PADRASTRO/MADRASTRA
SC __ HIJASTRO(A)
SS __ HERMANASTRO(A)
OF __ OTRO FAMILIAR
AQ __ CONOCIDO(A)
FR __ AMIGO(A)
NE __ VECINO(A)
BE __ NIÑO CUIDADO POR NIÑERA
BG __ NOVIO(A)
CF __ HIJO(A) DE "BG"
HH __ PARIENTE HOMOSEXUAL
XS __ EX-CONYUGE
EE __ EMPLEADO(A)
ER __ PATRONO
OK __ OTRO CONOCIDO(A)
ST __ DESCONOCIDO
VO __ LA VICTIMA FUE EL DELINCUENTE
RU __ RELACION DESCONOCIDA

Página ____ de ____

BIENES

TIPO DE PERDIDA DE BIENES/ETC.	CODIGO	CANTIDAD	DESCRIPCION DE BIENES (Incluir marca, modelo, tamaño, tipo, núm. de serie, color, etc.)	VALOR	FECHA EN QUE SE RECUPERARON
1 ☐ NINGUNA					
2 ☐ QUEMADOS					
3 ☐ FALSIFICADOS					
4 ☐ DAÑADOS					
5 ☐ RECUPERADO					
6 ☐ DECOMISADOS					
7 ☐ ROBADOS					
8 ☐ DESCONOCIDA					

CUADRO DE CODIGOS DE DESCRIPCION DE BIENES: (Ingresar número de código en la columna correspondiente arriba)

01 ☐ AERONAVE
02 ☐ ALCOHOL
03 ☐ AUTOMOVILES
04 ☐ BICICLETAS
05 ☐ AUTOBUSES
06 ☐ ROPA
07 ☐ EQUIPO/PROGRAMAS DE COMPUTADORA
08 ☐ BIENES CONSUMIBLES
09 ☐ TARJETAS DE CREDITO/DEBITO
10 ☐ DROGAS/NARCOTICOS
11 ☐ EQUIPOS DE DROGAS/NARCOTICOS
12 ☐ EQUIPOS AGRICOLAS
13 ☐ ARMAS DE FUEGO
14 ☐ EQUIPOS DE JUEGO
15 ☐ EQUIPOS DE CONSTRUCCION PESADO/ INDUSTRIAL
16 ☐ BIENES CASEROS
17 ☐ JOYAS/METALES PRECIOSOS
18 ☐ GANADO
19 ☐ MERCANCIAS
20 ☐ DINERO
21 ☐ INSTRUMENTOS NEGOCIABLES
22 ☐ INSTRUMENTOS NO NEGOCIABLES
23 ☐ EQUIPOS DE OFICINA
24 ☐ OTROS VEHICULOS DE MOTOR
25 ☐ CARTERAS/BOLSOS/BILLETERAS
26 ☐ RADIOS/TELEVISORES/GRABADORAS DE VIDEO
27 ☐ GRABACIONES-AUDIOVISUAL
28 ☐ VEHICULOS DE RECREACION
29 ☐ ESTRUCTURAS-VIVIENDAS UNIFAMILIAR
30 ☐ ESTRUCTURAS-OTRAS VIVIENDAS
31 ☐ ESTRUCTURAS-COMERCIALES
32 ☐ ESTRUCTURAS-INDUSTRIALES/MANUFACTURA
33 ☐ ESTRUCTURAS-PUBLICAS/COMUNITARIAS
34 ☐ ESTRUCTURAS-ALMACENAMIENTO
35 ☐ ESTRUCTURAS-OTRAS
36 ☐ HERRAMIENTAS ELECTRICAS/MANUALES
37 ☐ CAMIONES
38 ☐ PIEZAS/ACCESORIOS DE VEHICULOS
39 ☐ EMBARCACIONES
77 ☐ OTROS
88 ☐ EN ESPERA DE INVENTARIO
99 ☐ (________________)

DELINCUENTES

NUMERO DE DELINCUENTES: ______

1. | SEGURO SOCIAL: | DIRECCION: (Calle, ciudad, estado, código postal)

EDAD: | SEXO: M ☐ MASCULINO, F ☐ FEMENINO, D ☐ DESCONOCIDO | RAZA: B ☐ BLANCA, N ☐ NEGRA, I ☐ INDIO AMERICANO, A ☐ ASIATICA, H ☐ HAWAIIANO, D ☐ DESCONOCIDA | FECHA/LUGAR NACIMIENTO: | ESTATURA: | PESO: | OJOS: | CABELLO: | ROPA:

2. | SEGURO SOCIAL: | DIRECCION: (Calle, ciudad, estado, código postal)

EDAD: | SEXO: M ☐ MASCULINO, F ☐ FEMENINO, D ☐ DESCONOCIDO | RAZA: B ☐ BLANCA, N ☐ NEGRA, I ☐ INDIO AMERICANO, A ☐ ASIATICA, H ☐ HAWAIIANO, D ☐ DESCONOCIDA | FECHA/LUGAR NACIMIENTO: | ESTATURA: | PESO: | OJOS: | CABELLO: | ROPA:

3. | SEGURO SOCIAL: | DIRECCION: (Calle, ciudad, estado, código postal)

EDAD: | SEXO: M ☐ MASCULINO, F ☐ FEMENINO, D ☐ DESCONOCIDO | RAZA: B ☐ BLANCA, N ☐ NEGRA, I ☐ INDIO AMERICANO, A ☐ ASIATICA, H ☐ HAWAIIANO, D ☐ DESCONOCIDA | FECHA/LUGAR NACIMIENTO: | ESTATURA: | PESO: | OJOS: | CABELLO: | ROPA:

DETENIDO

NUMERO DE DETENIDOS: ______

INDICADOR DE ESCLARECIMIENTO MULTIPLE: M ☐ MULTIPLE C ☐ CONTAR A DETENIDO N ☐ NO SE APLICA

1. | SEGURO SOCIAL: | DIRECCION: (Calle, ciudad, estado, código postal)

EDAD: | SEXO: M ☐ MASCULINO, F ☐ FEMENINO, D ☐ DESCONOCIDO | RAZA: B ☐ BLANCA, N ☐ NEGRA, I ☐ INDIO AMERICANO, A ☐ ASIATICA, H ☐ HAWAIIANO, D ☐ DESCONOCIDA | FECHA/LUGAR NACIMIENTO: | GRUPO ETNICO: H ☐ HISPANO, N ☐ NO HISPANO, D ☐ DESCONOCIDO | CONDICION DE RESIDENCIA: R ☐ RESIDENTE, N ☐ NO RESIDENTE, D ☐ DESCONOCIDA

EL DETENIDO ESTABA ARMADO CON: (Marcar hasta dos) (Ingresar A en casilla si es automática)
01 ☐ NO ARMADO
11 ☐ ARMA DE FUEGO (Tipo no identificado)
12 ☐ PISTOLA
13 ☐ RIFLE
14 ☐ ESCOPETA
15 ☐ OTRA ARMA DE FUEGO
16 ☐ INSTRUMENTO DE CORTE LETAL
17 ☐ MANOPLA (Otro objeto contundente)

TIPO DE DETENCION:
V ☐ EN EL ACTO
C ☐ CITADO
L ☐ LLEVADO BAJO CUSTODIA

DISPOSICION DE DETENIDO MENOR DE 18 AÑOS:
M ☐ TRAMITADO DENTRO DEL DEPARTAMENTO
R ☐ RECOMENDADO A OTRA AUTORIDAD

ESTATURA:	PESO:	OJOS:	CABELLO:	NUM. DE DETENCION:	FECHA DE DETENCION:	CODIGO DE DELITO DE DETENCION UCR:

TESTIGO

	NOMBRE: (Apellidos, nombre, segundo nombre)	DIRECCION: (Calle, ciudad, estado, código postal)	TELEFONO RESIDENCIAL:	TELEFONO DE TRABAJO:
1.				
2.				

RELATO

FIRMAS

DENUNCIANTE:		FECHA:
PREPARADO POR:	PLACA:	FECHA:
SUPERVISOR:	PLACA:	FECHA:

☐ Continúa en suplemento

Página ____ de ____

PPR-491
5-82

ESTADO LIBRE ASOCIADO DE PUERTO RICO
POLICIA DE PUERTO RICO

RESUMEN DE EXPEDIENTE

UNIDAD DE TRABAJO ______________________________

AREA ________________

INVESTIGADOR ______________________________

SUPERVISOR ______________________________

NUMERO DE QUERELLA ____________ DELITO ____________

VICTIMA ______________________________

DIRECCION ______________________________

____

FISCAL ____________________ HORA HECHOS ____________

FECHA HECHOS ______________ HORA NOTIFICADA ____________

HORA LLEGADA ____________ LUGAR HECHOS ______________

____

TECNICO ______________________________

EVIDENCIA EN ESCENA ______________________________

ANALISIS LABORATORIO ______________________________

PATOLOGO ____________________

CAUSA DE LA MUERTE ______________________________

TESTIGO(S) ______________________________

____

____

ARRESTO(S) ______________________________

____

____

IMPUTADO ______________________________

JUEZ ______________________________

NUMERO DENUNCIA TRIBUNAL ________________

SINOPSIS ______________________________

____

____

____

____

____

____

____

____

REGISTROS Y ALLANAMIENTOS

La Constitución de los Estados Unidos en la Enmienda IV reglamenta los registros y allanamientos. En Puerto Rico la Constitución del Estado Libre Asociado, también los reglamenta en el Artículo II, Sección 10. El contenido y alcance de la protección constitucional de nuestra Constitución son más amplios que los admitidos en la Cuarta Enmienda de la Constitución de los Estados Unidos. De ahí, la facultad de los Tribunales para aplicar las garantías contra registros y allanamientos más allá de los límites constitucionales de la cuarta enmienda de la Constitución de los Estados Unidos. *Pueblo v. Malavé,* 120 D.P.R. 470 (1988)[5], *Pueblo v. Yip*, 97 J.T.S. 14.

En consecuencia, el derecho de intimidad y de dignidad del ser humano puede hacerse valer entre personas privadas, sin que sea necesario demostrar la existencia de la acción estatal ("state action"). *Cortés Portalatín v. Hau Colón*, 103 D.P.R. 734 (1975), *Figueroa Ferrer v. E.L.A.*, 107 D.P.R. 250 (1978), *Pueblo v. Miranda*, 97 J.T.S. 84.

Señalan dichas disposiciones que no se violarán sus derechos a persona alguna con relación a sus documentos y propiedades y que para poder allanarlas se deberá expedir una orden judicial que contenga la causa probable y que se especifique lo que será allanado. Esta protección de la que gozan el ciudadano y sus pertenencias, trata de proteger específicamente el derecho de intimidad de las personas y al mismo tiempo la inviolabilidad de sus propiedades y áreas circundantes ("curtilage"), en contra

---

[5] Este caso define varios aspectos constitucionales sobre los registros y allanamientos en Puerto Rico. Se sugiere su lectura.

de abusos de poder por parte del Estado. La protección constitucional contra registros irrazonables se refiere a aquella propiedad sobre la cual la persona tenga una expectativa de privacidad. *Pueblo v. Miranda*, supra.

Un arresto es la retención y/o detención de un ser humano, y se distingue en la democracia porque se protege contra ataques abusivos por parte del Estado.

Lo que **no** se protege es el registro y allanamiento hecho de una forma ilegal, ya que la ilegalidad nunca puede ser protegida. Sí se podrán hacer registros y allanamientos siempre y cuando se hagan de una forma **razonable**, nunca irrazonables. Así que la garantía constitucional lo que protege es que no se hagan registros y allanamientos irrazonables. Al fin de cuentas el que decide si se actuó con razonabilidad es el Tribunal, midiendo todas las circunstancias que rodearon al caso.

La determinación debe hacerse basándose y considerando las siguientes circunstancias; si la intervención con la persona, en el lugar en que ocurrió el registro y el allanamiento, estuvo justificada. Es entonces cuando debe el tribunal analizar si no fue violentado el derecho de intimidad, si existían motivos fundados para intervenir, si su presencia se justificaba en el lugar de los hechos y que se condujera dicho registro y/o allanamiento dentro de su alcance. *Pueblo v. Ríos Colón*, 91 J.T.S. 66

Los factores a tomarse en consideración para determinar si la persona tiene una expectativa de intimidad sobre el lugar a ser allanado lo son; el derecho individual sobre el lugar o propiedad; las precauciones adoptadas para mantener la intimidad; las características del lugar, incluyendo el grado de accesibilidad al público. *Pueblo v. Luzón*, 113 D.P.R. 315 (1982).

También incluye el derecho de intimidad, como dijéramos anteriormente, no sólo la residencia, sino el terreno contiguo, los pasillos, áreas comunes (en edificios) y las estructuras accesorias. *Pueblo v. Meléndez*, 94 J.T.S. 103.

Se examinará caso a caso lo siguiente:

1. Proximidad de la residencia,
2. Naturaleza y uso que se le da al área,
3. Las medidas o los pasos tomados por el residente para proteger su intimidad, de observadores que transiten por el área. Véase, *Pueblo v. Rivera*, 91 J.T.S. 61.

No incluirá los campos abiertos contiguos, y los Agentes Policíacos podrán penetrar si la residencia contigua está implícitamente abierta al público.

La medida de razonabilidad, significa que se le requerirá a los agentes que **obtengan previamente una orden de registro y allanamiento** para poder penetrar en la casa de un tercero con el propósito de arrestar a un sospechoso; siempre que sea en ausencia de consentimiento por parte del dueño, residente o cualquier persona con suficiente control sobre la admisión de visitantes en el hogar, que conscientemente admita la entrada. El consentimiento puede ser implícito o expreso.

Las personas que se encuentren en el lugar allanado, de encontrarse evidencia delictiva, serán arrestados -regla 11 de Procedimiento Criminal. O en circunstancias apremiantes, que serían las excepciones, al requerimiento de la orden previa. Los registros, allanamientos y arrestos que se realicen sin orden se presumen irrazonables. Esta regla, general admite ciertas excepciones. *Pueblo v. Ramírez*

Lebrón, 123 D.P.R. 391 (1989). Es decir, sin orden judicial constituirá "prima facie" un registro ilegal. *Pueblo v. Lebrón*, 108 D.P.R. 324 (1979), *Pueblo v. Espinet*, 110 D.P.R. 70 (1980). 34 L.P.R.A. Ap. II R.11.

Debe entregarse una copia de la orden de allanamiento y un recibo de la propiedad incautada, a la persona a quien se le ocupó dicha propiedad. Si no hay nadie en la propiedad, se dejarán en la misma propiedad. *Pueblo v. Albizu*, 77 D.P.R. 896 (1955).

Las circunstancias apremiantes como excepción al requisito de una orden previa a un registro y allanamiento, serán por ejemplo: que los agentes demuestren que existía una urgencia para la acción policíaca, debido a la existencia de circunstancias que impedían la obtención previa de la orden. Entre estas se encuentran las siguientes: el riesgo a la seguridad pública y/o para la policía si no se actúa rápidamente; la gravedad del delito imputado; la posibilidad de que la evidencia sea destruida; la posibilidad de fuga, y un claro e inminente peligro contra alguna vida. *Pueblo v. Rivera Colón*, 91 J.T.S. 61. En los casos donde se encuentre una circunstancia apremiante, el Estado tiene el peso de probar las circunstancias de excepción que justifican apartarse de la norma general. *Pueblo v. Malavé*, id.

Algunas de las excepciones, donde se permitirá registrar y/o allanar sin orden de arresto, según el caso, lo serán:

1. Evidencia a simple vista; véase, *Pueblo v. Dolce*, 105 D.P.R. 170 (1976).
2. Evidencia arrojada o abandonada; vea, *Pueblo v. Eurasquin*, 96 D.P.R. 1 (1964), *Pueblo v. Rodríguez Cruz*, 109 D.P.R. 591 (1980).

3. Campos abiertos; vea, *Pueblo v. Lebrón*, 108 D.P.R. 324 (1979).[6]
4. En persecución ("hot Pursuit"); vea, *Pueblo v. Riscard*, 95 D.P.R. 405 (1967).[7]
5. Registros administrativos o en una actividad altamente reglamentada por el Estado; vea, *E.L.A. v. Coca Cola*, 115 D.P.R. 197 (1984).[8]
6. Registro sin fronteras; vea, *Torres v. Puerto Rico*, 442 U.S. 465 (1979).
7. Registros de automóviles (estos son registros tipo inventario); vea, *Pueblo v. Sosa Díaz*, 90 D.P.R. 622 (1964).[9]
8. Registros en prisiones; vea, *Pueblo v. Falú*, 116 D.P.R. 828 (1986).[10]
9. Registros en las escuelas; vea, New Jersey v. T.L.O., 105 S.C.T. 733 (1985).
10. Registros en estructuras abandonadas; vea, *Pueblo v. Miranda*, 97 J.T.S. 84.
11. Registro incidental al arresto (si el área registrada está al alcance inmediato del sujeto y el propósito es ocupar armas o instrumentos que pueden ser utilizados por el arrestado para agredir a los agentes o intentar una fuga, o para evitar la destrucción de evidencia); vea, *Pueblo v. Miranda*, id.

---

[6] Doctrina vigente, véase, 97 J.T.S. 84.

[7] Doctrina vigente, véase, 97 J.T.S. 84.

[8] Doctrina vigente, véase, 95 J.T.S. 164.

[9] Doctrina vigente, véase, 97 J.T.S. 84.

[10] Doctrina vigente, véase, 97 J.T.S. 110.

12. Registro en circunstancias de emergencia; vea, *Pueblo v. Miranda*, id.
13. Cuando el registro es consentido directa o indirectamente, para que sea válido el consentimiento, es indispensable que sea prestado por quien tenga autoridad para prestarlo y que se haga de manera voluntaria, sin mediar coacción, directa o indirectamente. En determinadas situaciones y ante la ausencia del titular del derecho, un tercero puede prestar válidamente su consentimiento para el registro de una propiedad. Para consentir válidamente el registro, no se requiere que la persona que presta el consentimiento posea un interés legal en la propiedad. Lo importante es que posea autoridad común u otra relación suficiente respecto a la propiedad a ser registrada. El concepto de autoridad común con respecto a la propiedad depende del uso mutuo de la propiedad por personas que tienen un control conjunto; vea, *Pueblo v. Miranda*, id.

La orden debe ser expedida, una vez el Tribunal verifica la solicitud juramentada y encuentra una causa probable, Regla 231 Reglas de Procedimiento Procesal. La medida para determinar causa probable es, si los hechos e inferencias expuestos en la declaración jurada bastan para creer, a juicio de una persona prudente y razonable, que existe evidencia en el lugar a ser allanado por la cual la ley autoriza que se expida una orden de allanamiento. *Pueblo v. Rivera*, 79 D.P.R. 742 (1956). Al expedir una orden se requiere que la declaración jurada esté por escrito, sea clara, detallada y sin contradicciones, para que el Tribunal no tenga dudas. Si el juez tuviese alguna duda, el declarante tendrá que estar disponible en caso de tener que interrogarlo, *Pueblo v. Pagán Santiago*, 92 J.T.S. 56, *Pueblo v. Muñoz Santiago*, 92 J.T.S. 149. Es necesario que de la declaración surjan todos los elementos para determinar causa probable. No es válido que se añadan, posteriormente, declaraciones juradas adicionales. 34 L.P.R.A. Ap.II R. 231.

Cuando se libra la orden para registrar una cosa **no** hay que incluir en la orden de allanamiento el nombre de la persona que la ocupa o posee. A diferencia de si la orden se expide para registrar a una persona, en cuyo caso, deberá de nombrarse o identificarse y el procedimiento será "in Personam". *Pueblo v. Rivera*, 87 D.P.R. 564 (1963), *Pueblo v. Negrón*, 72 D.P.R. 883 (1951). Pero al describir las cosas debe ser específica, pues si no sería nula la orden. *Flores Valentín v. Tribunal Superior*, 91 D.P.R. 805 (1965).

La orden debe ser diligenciada dentro de diez (10) días desde su expedición; si no podrá ser nula. Regla 232 de Procedimiento Criminal. 34 L.P.R.A. Ap. II R.232.

Una orden de arresto que se obtenga de una manera ilegal, sin que existiere una causa probable, será sancionada a discreción del Tribunal, como un delito menos grave. Código Penal de Puerto Rico art. 140, 33 L.P.R.A. art. 140.

Se va a permitir al Estado que registre, sin una orden previa, cuando se haga contemporáneo al arresto efectuado legalmente. Así también se podrá registrar el lugar o propiedad en que se efectuó el arresto. El registro debe limitarse a las áreas aledañas, de alcance inmediato y a la persona, *Pueblo v. Hoffman*, 100 D.P.R. 556 (1972). Las razones son; el poder descubrir y ocupar objetos relacionados con el delito por el cual se arrestó, armas e instrumentos similares que puedan utilizarse para escapar de la custodia o causar daño corporal. Este derecho que posee el Estado es uno limitado, por lo que el simple hecho de que se efectúe un arresto legal no significa que pueda hacerse un registro o una incautación sin orden. Habrá que evaluar caso a caso las circunstancias que lo rodearon en el momento de hacer el arresto. *Pueblo v. Díaz Sosa*, 90 D.P.R. 622 (1964), *Pueblo v. Zayas*, 120 D.P.R. 158 (1987).

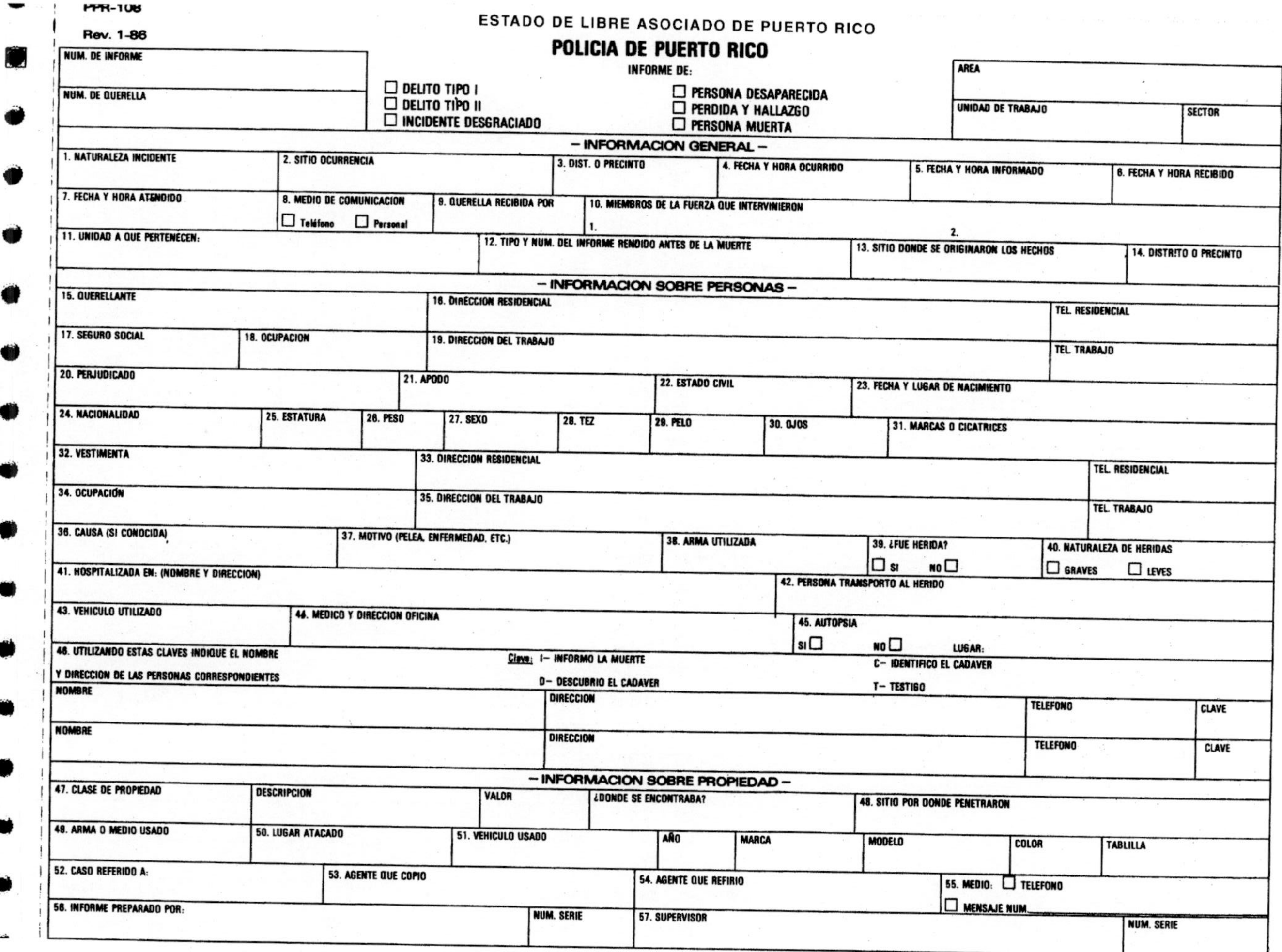

PPR-108
Rev. 1-86

ESTADO DE LIBRE ASOCIADO DE PUERTO RICO

POLICIA DE PUERTO RICO

INFORME DE:

NUM. DE INFORME

NUM. DE QUERELLA

☐ DELITO TIPO I
☐ DELITO TIPO II
☐ INCIDENTE DESGRACIADO

☐ PERSONA DESAPARECIDA
☐ PERDIDA Y HALLAZGO
☐ PERSONA MUERTA

AREA

UNIDAD DE TRABAJO | SECTOR

– INFORMACION GENERAL –

1. NATURALEZA INCIDENTE | 2. SITIO OCURRENCIA | 3. DIST. O PRECINTO | 4. FECHA Y HORA OCURRIDO | 5. FECHA Y HORA INFORMADO | 6. FECHA Y HORA RECIBIDO

7. FECHA Y HORA ATENDIDO | 8. MEDIO DE COMUNICACION ☐ Teléfono ☐ Personal | 9. QUERELLA RECIBIDA POR | 10. MIEMBROS DE LA FUERZA QUE INTERVINIERON 1. 2.

11. UNIDAD A QUE PERTENECEN: | 12. TIPO Y NUM. DEL INFORME RENDIDO ANTES DE LA MUERTE | 13. SITIO DONDE SE ORIGINARON LOS HECHOS | 14. DISTRITO O PRECINTO

– INFORMACION SOBRE PERSONAS –

15. QUERELLANTE | 16. DIRECCION RESIDENCIAL | TEL. RESIDENCIAL

17. SEGURO SOCIAL | 18. OCUPACION | 19. DIRECCION DEL TRABAJO | TEL. TRABAJO

20. PERJUDICADO | 21. APODO | 22. ESTADO CIVIL | 23. FECHA Y LUGAR DE NACIMIENTO

24. NACIONALIDAD | 25. ESTATURA | 26. PESO | 27. SEXO | 28. TEZ | 29. PELO | 30. OJOS | 31. MARCAS O CICATRICES

32. VESTIMENTA | 33. DIRECCION RESIDENCIAL | TEL. RESIDENCIAL

34. OCUPACIÓN | 35. DIRECCION DEL TRABAJO | TEL. TRABAJO

36. CAUSA (SI CONOCIDA) | 37. MOTIVO (PELEA, ENFERMEDAD, ETC.) | 38. ARMA UTILIZADA | 39. ¿FUE HERIDA? ☐ SI NO ☐ | 40. NATURALEZA DE HERIDAS ☐ GRAVES ☐ LEVES

41. HOSPITALIZADA EN: (NOMBRE Y DIRECCION) | 42. PERSONA TRANSPORTO AL HERIDO

43. VEHICULO UTILIZADO | 44. MEDICO Y DIRECCION OFICINA | 45. AUTOPSIA SI ☐ NO ☐ LUGAR:

46. UTILIZANDO ESTAS CLAVES INDIQUE EL NOMBRE Y DIRECCION DE LAS PERSONAS CORRESPONDIENTES

Clave: I– INFORMO LA MUERTE | D– DESCUBRIO EL CADAVER | C– IDENTIFICO EL CADAVER | T– TESTIGO

NOMBRE | DIRECCION | TELEFONO | CLAVE

NOMBRE | DIRECCION | TELEFONO | CLAVE

– INFORMACION SOBRE PROPIEDAD –

47. CLASE DE PROPIEDAD | DESCRIPCION | VALOR | ¿DONDE SE ENCONTRABA? | 48. SITIO POR DONDE PENETRARON

49. ARMA O MEDIO USADO | 50. LUGAR ATACADO | 51. VEHICULO USADO | AÑO | MARCA | MODELO | COLOR | TABLILLA

52. CASO REFERIDO A: | 53. AGENTE QUE COPIO | 54. AGENTE QUE REFIRIO | 55. MEDIO: ☐ TELEFONO ☐ MENSAJE NUM.

56. INFORME PREPARADO POR: | NUM. SERIE | 57. SUPERVISOR | NUM. SERIE

NEGOCIADO DE IMPRENTA - 722-9060

1—81

ESTADO DE LIBRE ASOCIADO DE PUERTO RICO

POLICIA DE PUERTO RICO

INFORME DE ROBO

NUM. DE INFORME

NUM. DE QUERELLA

AREA

UNIDAD DE TRABAJO

1. Víctima ☐ Herida ☐ Muerta

2. Hora: ____ Fecha: ____

3. Tipo de Negocio ____ Dirección:

4. Arma(s) Utilizada(s)

5. Cometido por ☐ hombre ☐ mujer

6. Forma de la Cara ☐ redonda ☐ cuadrada ☐ ovalada

7. Usó Careta ☐ Sí ☐ No

8. Nariz

9. Orejas

10. raza / color

11. Edad Aprox. ____ años

12. Peso Aprox. ____ lbs.

13. Estatura Aprox. ____ pies ____ pulgadas

14. Color Pelo

15. Color Ojos

16. Gorra o Sombrero ☐ Sí ☐ No

17. Espejuelos ☐ Sí ☐ No

18. Tipo de espejuelos

19. Características especiales

20. Vestimenta

	Sí	No	Color o Tipo
traje	☐	☐	____
chaqueta	☐	☐	____
pantalón	☐	☐	____
camisa	☐	☐	____
suéter	☐	☐	____
zapatos	☐	☐	____
tenis	☐	☐	____

21. Bigote ☐ Sí ☐ No

22. Postizo ☐ Sí ☐ No

23. Tatuaje ☐ Sí ☐ No

24. ¿Cómo escaparon? ☐ Auto ☐ A Pie

25. Marca de Auto

26. Modelo y Color

27. Tablilla

28. Dirección que tomaron al huir

29. Propiedad, valores o dinero apropiado

30. Palabras exactas que dijeron durante el robo

31. Apodo(s) o nombre(s) si dijeron alguno(s)

32. Idioma ☐ inglés ☐ español ☐ otro:

33. Acento

34. ☐ zurdo ☐ derecho

35. ☐ nervioso ☐ tranquilo

36. Precauciones que tomaron

37. ¿Pueden identificarlo?

38. ¿Esta(n) dispuesto(s) a ir al tribunal?

39. Breve resumen del caso

Agente Investigador — Placa — Fecha Informe — Firma Supervisor

UNIDAD DE ROBO

GUIAS PARA REGISTROS Y ALLANAMIENTOS DE COMPUTADORAS

Cuando pensamos en el crimen cibernético tenemos que visualizarlo como una manifestación de los delitos ya clasificados como tal en el código Penal, la diferencia estriba en la tecnología envuelta.

Por lo que en varios lugares lo que han hecho los legisladores es adaptar las leyes existentes a los crímenes cibernéticos, situación que pronto se dará en Puerto Rico. Por ejemplo, si una ley decía que se prohibía la creación y distribución de pornografía infantil, dicha ley se enmendó para incluir el uso de las computadoras o sus redes computarizadas. Child Pornography and Prevention Act. of 1996. 18 U.S.C. 2251 (c) (2) (3) (A) & (B).

Nuestra constitución requiere una garantía al hacer un registro y al allanar alguna propiedad. Más al allanar una computadora se debe ser más cuidadoso por lo que se han hecho leyes de privacidad más restrictivas para proteger la información que esta guardada o transmitida por una computadora. Por esta razón, en los Estados Unidos se creo el Acta de Privacidad en la Comunicación electrónica. (ECPA). 18 U.S.C. 2511-2709, (1986). La misma es para proteger todos los informes de comunicación Electrónica. (Ver tabla – la misma incluye la sección de la ley y puntos mas importantes.)

SECTION AND TITLE	HIGHLIGHTS
§2511. Interception and disclosure of wire, oral, or electronic communications prohibited	Exception: An operator of a switchboard, or an officer, employee, or agent of a provider of wire or electronic communication service can intercept, disclose or use information obtained under certain conditions.
§ 2512. Manufacture, distribution, possession, and advertisement of wire, oral, or electronic communication intercepting devices prohibited	It is acceptable for a service provider or US government employee to manufacture, possess, or transport devices that can intercept wire, oral, or electronic communications.
§ 2513. Confiscation of wire, oral, or electronic communication interception devices	Interception devices may be seized and forfeited to the United States if they are in violation of the previous two sections.
§ 2515. Prohibition of use as evidence of intercepted wire or oral communications	This section explicitly states that any communications intercepted in violation of the ECPA cannot be used as evidence.
§ 2516. Authorization for interceptionof wire, oral, or electronic communications	Only a select few (e.g. the Attorney General) can request authorization from a Federal judge for a Federal agency (e.g. F81) to intercept communications for a range of federal crimes. Similar conditions apply to state attorneys, agencies, and judges.
§ 2517. Authorization for disclosure and use of intercepted wire, oral, or electronic communications	If an intercepted transmission contains evidence of additional crimes this evidence can only be used if approved by a judge.
§ 2518. Procedure for interception of wire, oral, or electronic communications	Must have probable cause and have exhausted all other options (or other options are too dangerous or are unlikely to succeed). Also, the recording of evidence will be done in such a way as will protect the recording from editing or other alterations and a copy of the evidence will be made available to the judge issuing the order and sealed under his direction (to preserve the evidence).
§ 2519. Reports concerning interception of wire, oral, or electronic communications	Reports must be submitted to the Administrative Office of the US Courts describing various aspects of all interceptions approved under the ECPA.
§ 2520. Recovery of civil damages	Any individuals whose communications are intercepted, disclosed or intentionally used in violation of the ECPA may recover civil damages up to two years after the violation.

§ 2521. Injunction against illegal interception	The Attorney General may initiate a civil action in a district court to prevent an imminent or ongoing violation of the ECPA.
§ 2701. Unlawful access to stored communications	Exceptions: Several individuals can authorize access to stored communications including a person who created or received the communication and the Communication service provider.
§ 2702. Disclosure of contents	A person or entity providing electronic communication or remote computing service to the public can only disclose the contents of stored communications under very specific conditions.
§ 2703. Requirements for government access	Communications that have been stored for more than 180 days are less protected than those that have been stored for less time. The subscriber or customer must be notified unless a warrant or court order specifies otherwise.
§ 2704. Backup preservation	A government entity may require that the Owner to whom the request is directed makes a copy of evidence before the subscriben or customer is notified of the subpoena or court orden.
§ 2705. Delayed notice	A government entity may request that a subscriber or customer not be notified for up to ninety days.
§ 2706. Cost reimbursement	A government entity will reimburse the person or entity that provides the information if any costs are accrued in the process.
§ 2707. Civil action	Any individuals whose stored communications are accessed in violation of the ECPA may recover civil damages up to two years after the violation.
§ 2708. Exclusivity of remedies	This short section explicitly states that the remedies and sanctions described in the ECPA are the only ones for nonconstitutional violations of the ECPA.
§ 2709. Counterintelligence access to telephone toll and transaction records	A wire or electronic communication Owner must provide the Director of the FBI, or any other designated individuals in the FBI, with subscriber information, toll billing records, and electronic communication transactional records if the information is relevant to an authorized foreign counterintelligence investigation.

Esta ley (ECPA) estipula, que para obtener una autorización para interceptar transmisiones, los agentes policiales deben llevar a cabo un procedimiento especifico y obtener una orden judicial. Los requisitos son mas flexibles al momento de requerirá información almacenada. Ver 18USC2702 (1), (1986). Esta distribución entre información almacenada y comunicaciones transmitidas es debido a que, el interceptar comunicaciones es una intromisión mayor al derecho de intimidad.

Las guías para registrar y allanar computadoras surgen de *US Federal Guidelines for Searching and Seizing Computer (Dos 1994).* Al aplicar las guías se debe distribuir entre el **equipo físico** y la **información** y aplicar estos conceptos a la ley de *ECPA* y los preceptos institucionales permeados en nuestra Constitución.

GARANTIAS CONSTITUCIONALES

Una de las funciones principales de un investigador es proteger los derechos constitucionales del acusado. El violar uno de los principios constitucionales podría tener repercusiones.

En los procesos criminales el Art. II Sec. II de la Constitución del Estado Libre Asociado de Puerto Rico se le garantiza al acusado los siguientes derechos:

1- **Presunción de inocencia -** Este proyecto constitucional garantiza al acusado que toda convicción siempre esta sostenida por prueba que establezca más allá de toda duda razonable todos los elementos del delito y la conexión del acuoso con los mismos. Estos no significa que toda duda posible tenga que se destruida y que la culpabilidad tenga que establecerse con certeza matemática, sino que la evidencia establezca aquella certeza moral que convence, dirige la inteligencia y satisface la razón. Duda razonable es una duda fundada, producto del raciocinio de todos los elementos de juicios envueltos en el caso. No debe ser pues, una duda especulativa o imaginaria. [11]

2- **Juicio rápido y público** - El propósito de esta garantía constitucional es no exponer al acusado a la ansiedad que provoca la incertidumbre que acompaña el inicio de todo proceso penal, perjudicar su defensa al aumentar la posibilidad de que de esa aparezcan sus testigos, que su memoria le falle, o prolongar su encarcelamiento sino le ha sido posible prestar fianza.[12] De otro lado, existe un gran interés social en evitar la demora en los procesos criminales con la consiguiente congestión en los calendarios, tan dañinos a los fines de la justicia.

3- **Ser notificado de la naturaleza y causa de la acusación recibiendo copia de la misma** – El oficial del orden publico tiene que entregarle al imputado de un delito copia de la denuncia formulada contra este. Este derecho se renuncia si el imputado no lo reclama a tiempo. [13]

---

[11] *Pueblo v. Biggio Pastrana,* 116 D.P.R. 784, 760 (1985).

[12] *Pueblo v. Rivera Tirado,* 117 D.P.R. 419 (1986).

[13] *Flores v. Bravo,* 79 D.P.R. 505(1956).

4- **Carearse con los testigos de cargo** - El interés que pretende proteger este derecho estriba en evitar que una persona pueda ser sometida viciosamente a los rigores de un proceso criminal mediante deposiciones o declaraciones **ex parte** de testigos ausentes. Se trata de evitar un juicio par affidávit.[14] El derecho del acusado a confrontarse con los testigos tiene dos vertientes: e contra interrogatorio y el careo. El principal siendo la oportunidad de contra interrogar.[15] No obstante, el acusado puede renunciar a su derecho a estar presente durante el contra interrogatorio. La renuncia ha de ser voluntaria y con conocimiento del derecho que se renuncia. La premisa fundamental detrás de esta garantía, es que las personas suelen mentir menos si están frente al acusado. Lo cual, promueve es esclarecimiento de la verdad.

5- **Obtener la comparecencia compulsoria de testigos a su favor.** - En caso de incumplir con este precepto constitucional

6- **Tener asistencia de abogado -** Este derecho opera desde la etapa investigativa hasta los procedimientos posteriores a la sentencia. Durante la etapa investigativa el derecho surge cuando la investigación se centra sobre el sospechoso. El derecho aplica tanto a imputados por delitos graves como menos graves. Una vez el sospechoso reclama su derecho a asistencia de

[14]*Mattox v. United States,* 156 U.S. 237 (1895).

[15] *Pueblo v. Ruiz Lebrón*, 111 D.P.R. 435 (1981).

abogado, el Estado viene obligado a respetarlo y no puede usar subterfugios para disuadirlo.[16]

7- **En los procesos por delito grave el acusado tendrá derecho a que su juicio se ventile ante un jurado imparcial compuesto por doce (12) vecinos del distrito, quienes podrán rendir por mayoría de votos en el cual deberán concurrir no menos de nueve** (a) - Aunque la disposición constitucional se refiere a delitos graves, el jurado puede entender en aquellos casos menos graves que se hayan presentado en el Tribunal Superior (anterior a la ley de la Judicatura) junto con cualquier delito grave y que no haya una ley que lo prohíba. [17]

De igual forma el jurado puede entender en aquellos casos por delitos menos graves (homicidio involuntario) que la ley expresamente autorice el derecho a juicio por jurado; al igual que en cualquier otro delito menos grave de seis meses de reclusión. [18]

En los juicios por jurado este es responsable de resolver las cuestiones de hecho que surjan durante el proceso y determinar la culpabilidad o no culpabilidad del acusado. La función del juez se limita a resolver las cuestiones de derecho que surjan durante el proceso. Todo acusado puede renunciar a este derecho de manera inteligente, voluntaria y expresa. [19]

---

[16] *Maine v. Moulton,* 106 S. C. t. 477 (1985).

[17] *Pueblo v. Matos Castro,* 90 D.P.R. 528 (1964).

[18] *Pueblo v. Laureano,* 115 D. P. R 447 (1984).

[19] Pueblo v. Juarbe, 95 D. P. R. 753 (1968)

8- **Nadie será puesto en riesgo de ser castigado dos (2) veces por el mismo delito** – Esta garantía es para equilibrar la posición del gobierno y el individuo. No existe doble exposición cuando los imputados de delitos son acusados por los mismos hechos ante un Tribunal Federal y uno estatal.[20]

9- **El silencio del acusado no podrá tenerse en cuenta ni comentarse en su contra -** esta garantía establece que el Fiscal esta impedido de comentar el silencio del acusado durante el juicio. De hacerlo ello podría conllevar la disolución automática del proceso o la revocación de la convicción.

10- **Nadie será obligado a incriminarse mediante su propio testimonio.** Este también toma vigor desde que la investigación que realiza el oficial del orden público se torna adversativa contra el sospechoso.[21] Por lo que, en este momento es importante que se le hagan al acusado las advertencia de *Miranda. Miranda v. Arizona,* 384 U. S. 436 (1966). Ver confesiones y admisiones.

11- **Todo acusado tendrá derecho a quedar en libertad bajo fianza antes de mediar un fallo condenatorio.**

12- **Las fianzas y las multas no serán excesivas.**

13- **La determinación preventiva antes del juicio no excederá de seis (6) meses.**

---

20 *Pueblo v. Castro García,* 120 D. P. R. 740 (1988).

21 *Rivera v. Jefe de Penitenciaría,* 92 D. P. R. 765 (1965).

14- **Nadie será encarcelado por deuda.**

15- **Juicio justo e imparcial**

16- **Estar presente durante el juicio.** Este derecho puede ser renunciado.[22] La renuncia por la ausencia voluntaria del acusado.

La renuncia es voluntaria cuando el acusado consiente de su derecho y obligación de estar presente, carece de razón valida para ausentarse. Por otro lado, la renuncia puede ser expresa. En casos menos graves el acusado no tiene que estar presente durante el proceso siempre que este representado por su abogado. En casos graves el acusado tiene que expresarle al Tribunal su deseo de no estar presente durante el juicio.

17- **El Hábea s Corpus.**

OBJETOS RETENIDOS

Al hacer un arresto legal, el agente que lo ejecuta puede retenerle a la persona arrestada los artículos que haya utilizado para cometer el delito y todos los objetos que puedan constituir prueba razonable contra ella.

Para desempeñar sus funciones en la jurisdicción que la asignan, un investigador deberá conocer todas las reglas y leyes vigentes aplicables a los arrestos, registros y allanamientos. Por lo tanto, el Código Penal, las decisiones del Tribunal Supremo de dicho Estado y las Reglas de Procedimiento Criminal aplicables al estado deben estar siempre con el investigador.

---

22 *Pueblo v. Lourido Pérez,* 115 D. P. R. 798 (1984).

EVALUACIÓN
CAPÍTULO 10

1. Se oyen tres disparos (usted ha visto quién los ha hecho), luego unos gritos de mujer -"Lo han matado"- y de una discoteca sale un joven corriendo con un arma de fuego en las manos. ¿Qué haría usted?- ¿Lo arrestaría?- ¿Cuál será su procedimiento? Y si está equivocado y el que salió es un agente encubierto que persigue al criminal que salió por una ventana del costado del edificio y usted no lo ha visto.
2. Tiene usted que arrestar a dos sospechosos y se encuentra solo aunque armado, y ellos (le consta) están desarmados. ¿Cómo hace para inmovilizar a ambos si sólo cuenta con un juego de esposas? -sea creativo-.
3. Si en el caso anterior se ha efectuado un crimen serio y hay la posibilidad de que por lo menos uno de los sospechosos esté armado, ¿Cómo procede? ¿En qué circunstancias su proceder puede ser menos cauteloso?
4. ¿Cuáles son las excepciones a la presunción de irrazonabilidad de un registro sin orden?
5. ¿Cuál usted cree que es el propósito de la Sec. 11, Art. II de la Constitución del Estado Libre Asociado de Puerto Rico?

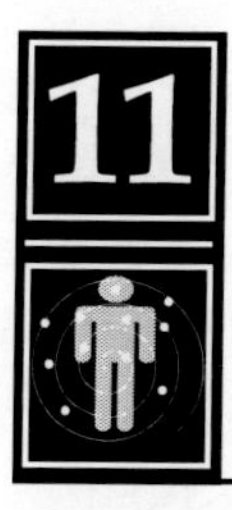

LA CORTE Y EL INVESTIGADOR

Una vez se ha practicado el arresto, el papel que juega el investigador cambia significativamente. Ya no es el principal encargado del caso, pues ahora lo será el ministerio público.

Aun así su importancia dentro del caso sigue siendo significativa, ya que tendrá que seguir ayudando al fiscal, al presentar la evidencia del caso.

Cumple con esa función presentándose en el tribunal como testigo. Por esta razón, el investigador debe tener un conocimiento general del las reglas de evidencia y del proceso judicial.

EVIDENCIA

Evidencia puede ser definida como cualquier hecho que hace posible dilucidar una controversia en un caso y que sea admitida por un Tribunal. Por lo tanto, una prueba siempre sera admisible, siempre y cuando haga un hecho más o menos probable con relación a la ocurrencia de un hecho. Al examinar las reglas 18 y 19 de las Reglas de Evidencia, señala el caso *Pueblo v. Rosaly,* que dichas disposiciones establecen como principios generales: 1. que toda evidencia pertinente es admisible; 2. y que toda evidencia pertinente es aquella tendente a hacer un hecho más probable o menos probable de lo que sería sin tal evidencia. *Pueblo v. Rosaly*, 128 D.P.R. 729 (1991). 32 L.P.R.A. Ap. IV R. 18 y 19.

Aclara la regla 19 que, aunque una evidencia sea pertinente, la misma puede ser excluida cuando su valor probatorio es poco con relación a estos factores: 1. el peligro de causar perjuicio indebido; 2. probabilidad de causar confusión; 3. pueda desorientar al jurado; 4. dilate los procedimientos; 5. innecesaria acumulación de prueba acumulativa. Regla 19 de las Reglas de Evidencia; *Pueblo v. Ortiz*, 89 J.T.S. 11, *Pueblo v. Hernández*, 90 J.T.S. 74. 32 L.P.R.A. Ap. IV R.19.

En nuestra jurisdicción existen las reglas de evidencia compiladas en el título de las Leyes de Puerto Rico. Las reglas de evidencia se crearon en sus inicios para evitar que el jurado pudiera entrar en contacto con una evidencia impropia.

No debemos confundir los términos evidencia con prueba. Estos son conceptos distintos, aunque relacionados entre sí. Evidencia son los hechos que se le presentan al Tribunal o al jurado para que estos los tomen en consideración. Una prueba es aquella combinación de todos los factores (de todas las evidencias) para determinar la culpabilidad del acusado. Si lo viéramos como un gran bizcocho un pedazo sería una evidencia, pero el bizcocho en su totalidad es la prueba de culpabilidad.

PROCESO JUDICIAL

Es importante que los agentes y los investigadores estén conscientes del proceso que se lleva a cabo en el tribunal, porque en muchas ocasiones tendrán que servir de testigos. Su función como testigos es traer al tribunal hechos de primera mano. Es decir, de conocimiento propio. Cuando nos referimos al conocimiento propio no se incluye en la misma el expresar opiniones. 32 L.P.R.A. Ap. IV R.38 y 51.

Algunos agentes de la uniformada no tienen una idea completa de cómo se lleva a cabo el proceso judicial. Esto es así porque muchas veces no pueden estar presentes en todo el caso. Es usual que en un caso los testigos sean secuestrados de la sala, para evitar que el testimonio de un testigo sea influenciado por el de otro. 32 L.P.R.A. Ap. IV Regla 43 (E). Ver, *Pueblo v. Ortiz*, 116 D.P.R. 868 (1985). La regla antes mencionada, sufrió una enmienda importante con relación a lo antes dicho, y es que se le permitirá al ministerio público tener un agente investigador a su lado, aun cuando el mismo sea un testigo en el caso.

En un caso criminal que se ve con un jurado, el proceso judicial comienza con la selección y juramentación del jurado. El proceso continúa con las argumentaciones iniciales de fiscalía y de la defensa (esta no es obligatoria, como lo es para fiscalía). Estas argumentaciones son para expresarle las alegaciones de las partes al jurado. El ministerio público le señala al jurado cómo va a probar que el acusado cometió el crimen más allá de toda duda razonable. Siempre comienza fiscalía, ya que es el que tiene el peso de la prueba (debido a la presunción de inocencia). La defensa trata de probar que el crimen no fue cometido por el acusado, que no se cometió ningún crimen o que si se cometió, el acusado tenía una excusa legítima en ley (ejemplo legítima defensa).

Luego, el ministerio público presenta todo su caso incluyendo a todos los testigos que tenga disponibles. Al presentar el caso, se llama al primer testigo y fiscalía pasa a hacerle un interrogatorio directo. El interrogatorio directo siempre lo conduce el abogado que presenta al testigo. Por lo tanto, el abogado de defensa seguirá este modo de interrogatorio, que explicaremos, cuando tenga su turno.

Las características básicas del interrogatorio directo son; a. que tiene que limitarse, el mismo, a materias que se hayan expuesto en las alegaciones y b. que **no** se permitirá el uso de preguntas sugestivas (preguntas que sugieren su respuesta). Con relación a las preguntas sugestivas, existen ocasiones en que se van a permitir. El caso *Pueblo v. Arenas*, nos las enumera:

1. Si el testigo se torna hostil, es decir, si el testigo de momento se va con la otra parte.
2. Cuando el declarante es de la parte adversa.
3. Un testigo que este identificado con la otra parte.
4. Un testigo con deficiencia mental de expresión o minoridad.
5. Un testigo que tiene temor de expresarse por cualquier razón, incluso por pudor. *Pueblo v. Arenas*, 39 D.P.R. 16 (1929).

Cuando el mismo testigo es interrogado por el abogado de la defensa, al proceso se le conoce como un contrainterrogatorio. En los contrainterrogatorios debemos tener presentes los siguientes principios: a. **sí** pueden hacerse preguntas sugestivas, b. se dirige hacia la credibilidad del testigo.

La credibilidad de un agente o de un investigador es como la de cualquier otro testigo. Un oficial tiene la misma responsabilidad de presentarse, de su apariencia, de su manera de declarar ("demeanor"), de la sustancialidad de su testimonio y de poder persuadir al jurado. En la etapa del contrainterrogatorio, el abogado de defensa trata de desacreditar el testimonio brindado por el oficial, usualmente basándose en su experiencia en el área o en su ocupación. Lo que tratará de hacer la defensa es impugnar al testigo. 32 L.P.R.A. Ap. IV R. 44.

Un oficial puede sobrepasar esta barrera preparándose adecuadamente y meticulosamente para el proceso.

Si en el contrainterrogatorio el abogado de la defensa logra confundir al testigo, el ministerio público tiene la oportunidad de dirigir un interrogatorio re-directo, una vez la defensa termina con el contrainterrogatorio. En este interrogatorio no se permitirán preguntas sugestivas (con excepción de los casos enumerados) y el mismo estará limitado a lo que fue objeto del contrainterrogatorio.

De la misma manera tendrá oportunidad nuevamente la defensa de hacer otro interrogatorio al que llamamos, re-contrainterrogatorio. Este lo dirige el abogado de la defensa y está limitado directa o indirectamente a lo que fue objeto del re-directo.

Una vez termina el ministerio público de presentar a todos sus testigos y su prueba, el abogado de la defensa alega que no se ha probado el caso con prueba suficiente que demuestre los elementos del delito, o que no se ha probado que se cometiera un delito o por último que no demostró que el acusado tuviese conexión alguna con la comisión del delito. Si dicha moción se declara con lugar, se termina el juicio en esta etapa, pero si no el abogado de la defensa pasa a presentar toda su prueba.

El modo de presentación por parte de la defensa tiene que ser de la misma manera y orden en que lo hizo el ministerio público. Las cuatro etapas mencionadas fueron:

1. Interrogatorio directo

2. Contrainterrogatorio
3. Re-directo
4. Re-contrainterrogatorio

Una vez la defensa presenta toda su evidencia, el ministerio público tiene oportunidad de refutar ("rebuttal"). Nueva evidencia podría presentarse, o un testigo podría ser reexaminado para clarificar su testimonio o para rehabilitarlo. Si a la fiscalía le dan oportunidad de refutar, la defensa tendrá igual oportunidad, a esto le llamamos sub-refutación ("surrebuttal").

Una vez se presenta la evidencia por todas las partes, cada abogado (fiscalía y defensa) presentan sus argumentaciones finales. Estas son un resumen al jurado de toda la evidencia presentada. El ministerio público trata de probar que se presentó prueba suficiente que no deja lugar a dudas sobre la culpabilidad del acusado y, por lo tanto, que el jurado lo debe declarar culpable del delito cometido. El abogado de la defensa a su vez, trata de persuadir al jurado que la fiscalía ha fallado en presentar prueba que demuestre la culpabilidad del acusado más allá de toda duda razonable.

Terminadas las argumentaciones finales, el juez instruye al jurado acerca de la manera en que deben traer su decisión y sobre los distintos grados del delito bajo consideración. También les explica sobre las leyes aplicables al caso y les advierte de sus responsabilidades.

EVALUACIÓN
CAPÍTULO 11

1. ¿Cuál es la meta principal de la defensa, de fiscalía y del juez?
2. Es responsabilidad del ministerio público, no de los agentes policíacos, las contradicciones de evidencia que se presenten ante el Tribunal. Explique su respuesta.
3. ¿Qué debe hacer un testigo cuando uno de los abogados objeta, y esa objeción es sostenida por el juez? Explique.
4. Prepare unos hechos donde indique cuál es la función del agente de la policía durante el juicio.

TERRORISMO Y BIOTERRORISMO

DR. RODULFO GAUTHIER

ALGO DE HISTORIA

El terrorismo es tan viejo como la guerra y tiene sus raíces en ésta. Así que una posible definición de terrorismo puede ser: el uso sistemático del terror o violencia impredecible contra el gobierno, el pueblo o contra individuos para obtener un objetivo político, estratégico o táctico en un conflicto. El *Diccionario Clave* define terrorismo como la "táctica política que pretende lograr sus objetivos por medio de la violencia y el asesinato".

Si contemplamos la anterior definición a la luz de lo que pensaba Sun Tzu en el "Arte de la Guerra", manual sobre este tema escrito ya hace varios siglos vemos que sus recomendaciones sobre la guerra se siguen en la práctica del terrorismo. Así Sun Tzu dice:

Capítulo I

- Toda Guerra está basada en el engaño.
- Mantén al enemigo bajo estrés y debilitado.
- Ataca cuando el enemigo no está preparado, cuando no te espera.

Como se pueden apreciar estos preceptos se cumplen a cabalidad en una guerra terrorista y si vamos a ser congruentes en todo conflicto está involucrado el terrorismo.

Ya el historiador griego Xenofonte (~431-350 B.C.) en su relato sobre la «Retirada de los 10, 000" escribió sobre la efectividad de la guerra psicológica contra la población enemiga. La inquisición española utilizó el arresto arbitrario la tortura y la ejecución para castigar y aterrorizar a los que veía como herejes y el uso del terror fue abiertamente utilizado por Robespierre como una manera de estimular las virtudes revolucionarias durante el período de la Revolución Francesa que muy adecuadamente llevó sobrenombre del «Reino del Terror" (1793-94).

Este tipo de actividad fue adoptada en la segunda mitad del siglo XIX por los anarquistas de la Europa del Oeste, Rusia y Estados Unidos, los cuales consideraban que la mejor manera de efectuar cambios políticos y sociales era asesinando personas en posición de poder.

De 1840 al 1905, fueron asesinados reyes, primeros ministros y distintos oficiales del gobierno ya fuera con bombas o a tiros.

Así el asesinato del Tzar Alejandro produjo cambios en Rusia que hicieron posibles la revolución comunista al encontrarse este país involucrado en el conflicto de la Primera Guerra Mundial, la cual fue precipitada por el asesinato del Archiduque en Sarajevo por un terrorista servio.

Podríamos seguir abundando sobre la historia del terrorismo pero dejamos en mano del lector el profundizar en este tema histórico de gran interés. Puede fácilmente encontrar cómo en nuestro propio país se ha utilizado el terrorismo, ya sea por aquellos que promueven la rebelión armada en contra del «status quo" como la aplicación del terrorismo gubernamental en la persecución sistemática de todos aquellos que pensaban o piensan de manera distinta al gobierno establecido.

BIOTERRORISMO

El bioterrorismo involucra el uso de agentes biológicos por parte de los perpetradores para lograr sus objetivos políticos. Los agentes biológicos son patógenos o toxinas. Los patógenos son microorganismos que causan enfermedades, las toxinas por el contrario son sustancias químicas derivadas de organismos vivos.

Microorganismos para Bioterrorismo y Guerra Biológica

a) *Baccillus anthracis* (antrax)
b) *Yersinia pestis* (causa la plaga)
c) Virus de la viruela (Pox Virus)
d) Virus de fiebres hemorrágicas
e) *Clostridium perfrigens* (causa envenenamiento de las comidas) es fácil de producir cepas resistentes
f) Pox de camello (muy usado por Irak)
g) *Clostridium botulinum* (botulismo)

Tóxicos para Bioterrorismo y Guerra Bioquímica

a) Botulina (bacterial)
b) El recino (vegetal)
c) Sarín (químico)
d) Soman (químico)

e) Saxitoxina (dinoflagelado)
f) ESB (endotoxina estafilococal B)

La historia del bioterrorismo es tan larga como la del terrorismo. Ya en el siglo sexto antes de Cristo los ejércitos asirios envenenaban los pozos enemigos con ergot, en el 184 A. C., durante la batalla naval contra el rey Eumedes de Pérgamo las tropas de Anibal Barca, lanzaban cantaros de barro llenos de serpientes a los barcos enemigos y durante el sitio de la ciudad de Kaffa (1346) las tropas arrojaban por encima de las murallas cadáveres de apestados; sistema que también usaron las tropas rusas en 1710 contra la ciudad de Reval.

Todo esto unido al uso durante la Primera Guerra Mundial de armas químicas, ha llevado a que las naciones consideren una prohibición de dicho tipo de armas, acuerdo escasamente respetado por las mismas naciones firmantes.

Así en 1950 - 51, los Estados Unidos aumentaron y mejoraron sus facilidades para la guerra bacteorológica, y en 1956 el Mariscal Zhucov anunció que la Unión Soviética estaba lista para utilizar agentes biológicos y químicos en una guerra.

En 1966, el gobierno norteamericano llevó a cabo pruebas secretas de un ataque simulado con agentes bacterianos en el «Subway" de Nueva York que mostró que un gran número de ciudadanos podían ser fácilmente contaminados. Ya para 1969-70, el presidente Nixon prohíbe expresamente la investigación sobre armas biológicas, limitándolas a la defensa y en 1972 unas 103 naciones firmaron el tratado de Prohibición del Desarrollo, Producción y Almacenaje de Armas Bacteriológicas y de Toxinas.

A pesar de esto hay una serie de países que producen microorganismos para guerra biológica y toxinas. Entre estos están:

- Siria
- Cuba (desde mediados de 1980)
- Taiwán
- Irak
- Corea del Norte
- China (mantiene desde 1980 un programa de producción)
- Israel
- India
- Irán
- Rusia (que todavía posee parte del arsenal biológico de la ex-Unión Soviética y parte no se sabe donde está)

La realidad es que cualquier grupo terrorista con ciertos medios económicos y tecnológicos puede producir varios de los agentes biológicos más dañinos.

VENTAJAS DE LOS AGENTES BIOLÓGICOS

Los agentes biológicos poseen una serie de ventajas sobre los agentes químicos y nucleares de destrucción masiva.

1) Son baratos - Es de notar que Sadan Hussein, ordenó comenzar los experimentos con cepas de antrax en un laboratorio sencillo equipado con unas muestras de antrax compradas por

$35.00 a un laboratorio de Maryland en Estados Unidos.

2) Son relativamente sencillos de hacer a diferencia de un arma nuclear, no necesitan un grupo de expertos y materiales de alta tecnología.
3) Son fáciles de esconder - Un grupo de terroristas pueden con gran facilidad transportar y esconder suficiente cantidad de material biológico para producir millones de muertes.
4) Pueden resultar altamente efectivos - Un ejemplo de su efectividad es que mientras un arma nuclear de un megaton detonada en Washington DC, producirá 1.5 millones de muertos, en cambio 100 kilogramos de antrax dispersados en Washington DC, causarían unos 3 millones de muertes.

El agente biológico para ser utilizado como arma tiene que ser diseminado apropiadamente para cumplir su objetivo de infectar el mayor número de personas a la vez. El mayor temor es que el agente biológico se disperse como aerosol. Esta es la forma en que cubrirá una zona más extensa y al mismo tiempo se ha comprobado que muchas enfermedades son más mortíferas cuando se contraen por las vías respiratorias.

En fin cualquier país o grupo terrorista que pueda organizar una industria farmacéutica o de biotecnología de medianas proporciones tiene la capacidad para desarrollar armas biológicas.

TIPOS DE ARMAS BIOLÓGICAS

Algunas de las sustancias biológicas que puedan ser utilizadas como armas en el bioterrorismo y sus efectos son mencionadas a continuación. La lista no es exhaustiva y la mayoría de los mencionados son sencillos de conseguir y utilizar, cosa que los hace extraordinariamente peligrosos.

ANTRAX

El antrax es una enfermedad infecciosa bacteriana que se propaga por contacto con animales infectados, manejando productos contaminados, ingiriendo carnes infectadas o inhalando esporas dispersadas en el aire. Esta enfermedad afecta típicamente al ganado y por largo tiempo ha sido el foco de la investigación biológica para ser utilizado como arma. Cuba, Irak, Irán y varios países lo tienen almacenado en gran escala y la Ex-Unión Soviética había desarrollado cepas resistentes a los antibióticos.

Las esporas de este microorganismo son altamente resistentes a cambios en el medio ambiente y pueden ser fácilmente esparcidas en un campo de batalla o una ciudad.

Es sumamente efectivo como arma y cuando se convierte a polvo puede ser inhalado lo que da la forma de infección más letal.

En su primera fase la infección es relativamente sencilla de detectar y tratar. El paciente tendrá síntomas similares a los de un fuerte catarro o influenza, seguido de una congestión pulmonar severa.

La condición puede entrar a una fase de latencia por varios días y comenzar una segunda fase, casi siempre mortal ya que un gran número de los microorganismos que producen las toxinas antracicas se acumulan en el cuerpo.

Es de notar que las esporas del antrax pueden sobrevivir por años en cadáveres enterrados.

¿QUÉ ORIGINA EL ANTRAX?

Es causado por la bacteria *Bacillus anthracis* que produce una endospora con una dura capa protectora, permitiendo que la bacteria sobreviva por décadas como esporas.

El antrax es sumamente peligroso por:

- Ser altamente letal
- Uno de los agentes biológicos más sencillos de producir.
- Fácil de usar como un arma.
- Fácil de diseminar por aire a un área extensa.
- Fácil de conservar y mantiene su actividad por largos períodos de tiempo.

Período de incubación de la infección - uno a seis días luego de ser infectado ocurren los primeros síntomas.

TIPOS DE INFECCIÓN POR ÁNTRAX

- **Cutáneo** - el menos peligroso y primariamente envuelve la piel. Es debido a contacto con productos animales contaminados. Es la manifestación más común. El índice de mortalidad puede ser de un 20% en parientes sin tratar.[1]
- **Gastrointestinal** - por ingerir animales infectados o productos animales contaminados.

---

1 Patrick R. Murria, K. S. Rosenthal, G. S. Kobayashi, M. A. *Medical Microbiology,* Pfaller. 3 ed., 1997.

Esta manifestación es muy rara aunque de ocurrir tiene una alta tasa de mortalidad.

- **Respiratorio** - Es la forma más mortal y es causada por inhalar esporas. Esta ha sido la forma utilizada por los bioterroristas para infectar a sus víctimas en recientes ataques ocurrida los Estados Unidos.

Los síntomas de antrax por inhalación mimetizan los de un fuerte catarro o influenza.

1) Dolor en las coyunturas como en un ataque viral.
2) Fiebre, malestar general, fatiga, tos, molestia en el pecho seguida de dificultad severa de respirar.

La manera de diagnosticarlo es esencialmente por cultivo de sangre o fluidos corporales aislando el bacilo, o medir los anticuerpos que aparecen en el transcurso de la enfermedad.

Una vez que los síntomas se han presentado, la enfermedad es altamente mortal y usualmente el tratamiento para ese momento no es tan efectivo. Después que los síntomas aparecen un tratamiento masivo con antibióticos, lo más que hace es bajar la mortalidad del 99% al 80% Lo cual no es muy consolador.

Es de notar que existe una vacuna, pero no es fácil vacunar a toda la población civil (las directrices estipulan primero la vacunación del personal militar), ni se tiene suficiente vacuna para hacerlo.

Una de las maneras que los bioterroristas han utilizado para diseminar antrax es en forma de polvo es mediante el uso de cartas en el correo. De sospecharse que una carta o paquete pueda contender antrax, esto no debe ser manejado con las manos (usar guantes médicos y mascarilla). Debe aislar el paquete o carta, no aproximarse, sellar el área y avisar a las autoridades competentes. Lavarse inmediatamente las manos si lo ha tocado e informar, para que si es necesario se instauren medidas profilácticas de tratamiento a todos los que entraron en contacto.

VIRUELA

Esta enfermedad es causada por el Pox virus y fue eliminada mediante vacunación masiva para 1980. El último caso reportado ocurrió en Somalia. Se caracteriza en su forma clásica por una fiebre súbita, dolor de cabeza, dolores musculares en la espalda, vómitos, agotamiento físico y aún delirio. Unos dos a tres días después de estos síntomas es que aparece la erupción cutánea. Hay algunas personas vivientes que han sido vacunadas pero eso fue hace muchos años y se considera que la vacunación solo inmuniza por unos diez años. El virus se transmite por vía aérea, por inhalación de gotículas, polvos y por contacto directo.

CLOSTRIDIUM PERFRINGENS

Esta es una bacteria común en las fuentes de envenenamiento por alimentos. La bacteria crece fácilmente en carnes que han estado a temperatura ambiente y como el antrax sus esporas pueden vivir en la tierra. Se encuentra en el suelo, agua y en el intestino de animales (incluyendo el hombre).

El microorganismo al infectar heridas produce gangrena gaseosa, la que presenta como síntomas dolor e inflamación de las áreas infectadas. Luego causa shock, ictericia y muerte. Como el antrax es tratable con antibióticos (penicilina) pero es sencillo producir cepas resistentes a los antibióticos.

BOTULINA

Esta es más una toxina producida por la bacteria *clostridium botulinum* que causa el botulismo. Al igual que la del antrax la bacteria que lo produce puede encontrarse en la tierra. En ocasiones afecta a personas que ingieren alimentos enlatados en los cuales no ha habido el cuidado adecuado al enlatarlos y donde ha crecido la bacteria. Esta produce una sustancia altamente tóxica que ingerida, causa visión borrosa, boca reseca, dificultad al tragar y hablar, debilidad y otros síntomas que llegan a parálisis, fallo respiratorio y muerte.

Puede ser tratado por una anti-toxina pero no es muy eficaz luego que aparecen los primeros síntomas.

Autor:

Dr. Rodulfo A. Gauthier Portuondo.

Posee una maestría en Química, Física y un doctorado en Odontología.

Ofrece charlas y conferencias sobre bioterrorismo.

APÉNDICE 1

CANONES DE ÉTICA POLICIACA

ARTÍCULO 1. *Responsabilidad primordial en el trabajo*

La principal responsabilidad del servicio policiaco y de los oficiales en particular, es la protección del pueblo de los Estados Unidos de Norteamérica mediante la defensa de sus leyes; la principal, entre éstas, es la Constitución de los Estados Unidos de Norteamérica y sus Enmiendas. El oficial de policía representa siempre a toda la comunidad, y su voluntad legalmente expresada, y nunca será el instrumento de un partido político o un grupo determinado.

ARTÍCULO 2. *Limitaciones de autoridad*

El primer deber de un oficial de policía como defensor de la ley, es conocer los límites que ésta determina para el ejercicio de sus funciones. Debido a que representa la voluntad legal de la comunidad -ya sea local, estatal o federal debe estar consciente de las limitaciones y prohibiciones que el pueblo le ha impuesto por medio de las leyes. Deberá reconocer el principio del sistema norteamericano de gobierno, que no confiere a ningún hombre, grupo de hombres o institución, un poder absoluto, y debe asegurarse de que, como defensor primordial de este sistema, no pervierta su carácter.

ARTÍCULO 3. *Obligación de familiarizarse con las leyes y las responsabilidades inherentes a sí mismo y a otros funcionarios*

El oficial de policía debe dedicarse asiduamente al estudio de los principios de las leyes que ha jurado defender. Se asegurará de cuáles son sus responsabilidades en los detalles de su aplicación; pidiendo ayuda a sus superiores en cuestiones técnicas o de principio, cuando no las encuentre claras. Se esforzará en especial, por comprender con amplitud su relación con otros funcionarios públicos; esto incluye otras dependencias de policía; sobre todo, en materia de jurisdicción, tanto geográfica, como substancial.

Artículo 4. *Utilización de medios adecuados para lograr fines apropiados*

El oficial de policía debe tener siempre presente su responsabilidad de prestar atención estricta a la selección de los medios que deba emplear para cumplir con los deberes de su profesión Las violaciones a las leyes o la negligencia para salvaguardar la seguridad y proteger las propiedades del público, por parte de un funcionario, son intrínsecamente malas; provocan una disposición semejante en la mentalidad del público y por tanto resultan contraproducentes. La utilización de medios ilegales, por valiosos que puedan ser los fines perseguidos, ocasionan por fuerza una falta de respeto a la ley y a los funcionarios encargados de aplicarla. Para que las leyes sean respetadas, deben primero tenerles respeto quienes las aplican.

Artículo 5. *Cooperación con funcionarios públicos en el cumplimiento de sus deberes autorizados*

El oficial de policía debe colaborar plenamente con otros funcionarios públicos para el cumplimiento de deberes autorizados, y prescindir de su afiliación a partidos o sus prejuicios personales. Sin embargo, debe asegurarse concienzudamente de hacer lo correcto conforme a la ley y debe evitar que se utilice su cargo público ya sea consciente o inconscientemente, para cualquier acto incorrecto o ilegal. En cualquier situación sujeta a discusiones debe solicitar la autorización de sus superiores, y entregarles un informe completo del servicio o acto que se ofrece a su consideración.

Artículo 6. *Comportamiento en privado*

El oficial de policía debe tener en cuenta la identificación tan especial que el público hace de él como defensor de la ley. La relajación de conducta o modales en su vida privada, la expresión de una falta de respeto a las leyes o el intento de obtener privilegios especiales sólo desprestigian a los funcionarios y los servicios policíacos. La comunidad y el servicio requieren que los oficiales encargados de vigilar el cumplimiento de las leyes, lleven una vida de hombres decentes y honestos. Abrazar la carrera de policía no implica que un hombre tenga el derecho a privilegios especiales. Proporciona la satisfacción y el orgullo de continuar y llevar adelante una tradición ininterrumpida de protección de la nación entera. El oficial de policía que reflexione sobre esta tradición no la degradará, por el contrario, se comportará en su vida privada en tal forma que el público lo considere un ejemplo de estabilidad, fidelidad y moralidad.

ARTÍCULO 7. *Comportamiento para con el público*

El oficial de policía, al tener en cuenta su responsabilidad para con toda la comunidad, debe tratar a sus integrantes de una manera acertada para inculcar respeto a sus leyes y su fuerza policiaca.

El oficial de policía debe comportarse en su vida oficial en una forma que inspire confianza y seguridad. Así pues, no será altanero ni servil, puesto que ningún ciudadano en lo personal, tiene la obligación de reverenciarlo, ni el derecho a darle órdenes. El oficial prestará servicio donde pueda y exigirá respeto a las leyes. Y no hará esto por preferencia o prejuicio personal, sino más bien como representante de la ley debidamente designado, que cumple con una obligación jurada.

ARTÍCULO 8. *Comportamiento en los arrestos y el trato de los infractores de la ley*

El oficial de policía debe ejercer su autoridad para realizar un arresto en forma tal, que haya un acuerdo estricto con la ley y con el respeto que se debe a los derechos ciudadanos del presunto delincuente. Su profesión no le da derecho para enjuiciar a los violadores de la ley, ni para aplicar castigos por los delitos. Debe tener, en todo momento, una apreciación clara de sus responsabilidades y limitaciones relativas a la detención de estos transgresores; y su conducta será tal, que se reduzca al mínimo la necesidad de recurrir a la fuerza. Para este fin, debe cultivar la dedicación al servicio del público y defender equitativamente sus leyes, tanto al ocuparse de quienes las violan, como al tratar con quienes las respetan.

ARTÍCULO 9. *Donativos y favores*

El oficial de policía como individuo que representa al Gobierno, tiene la gran responsabilidad de mantener en alto, con su propia conducta, el honor y la integridad de todas las instituciones del mismo. Por lo tanto, evitará colocarse en situaciones en que cualquier persona pueda esperar consideraciones especiales o en las que el público pudiera tener motivos para sospechar que se le da a alguien un trato preferente. Así, deberá rechazar firmemente los regalos, favores o las recompensas, grandes o pequeñas, que en opinión del público, pueden interpretarse como capaces de influir en su propio juicio mientras desempeña sus deberes.

ARTÍCULO 10. *Presentación de pruebas*

El oficial de policía debe preocuparse, tanto por perseguir a los delincuentes, como por defender a los inocentes. Debe darse cuenta de los hechos que constituyen las pruebas y presentarlos en forma imparcial, sin malicia; al hacerlo, pasará por alto las distinciones sociales, políticas y de otra índole, que existan entre las personas involucradas, así podrá fortalecer la tradición de confianza y la integridad de la palabra de un oficial.

El oficial de policía debe hacer un esfuerzo especial por aumentar su percepción y sus capacidades de observación, y tener siempre en cuenta que en muchas situaciones será el único testigo imparcial de los hechos ocurridos en un caso.

Artículo 11. *Actitud hacia la profesión*

El oficial de policía debe considerar el cumplimiento de sus deberes, como algo que le ha sido confiado por el pueblo y reconocer su responsabilidad como servidor público. Por medio de un estudio diligente y de una dedicación a su propio mejoramiento, debe esforzarse en aplicar la ciencia de la mejor manera a la resolución de delitos y, en el campo de las relaciones humanas también hará un esfuerzo por ejercer una dirección efectiva en asuntos que afecten a la seguridad pública. Debe apreciar la importancia y la responsabilidad de su profesión, y entender que el trabajo de policía es una profesión honrosa que presta un servicio valioso a su comunidad y su país.

APÉNDICE 2

CONSTITUCIÓN DE LOS ESTADOS UNIDOS DE AMÉRICA

Preámbulo

Nosotros, El Pueblo de los Estados Unidos, a fin de formar una Unión más perfecta, establecer la justicia, afianzar la tranquilidad interior, proveer a la Defensa común, promover el bienestar general y asegurar para nosotros mismos y para nuestros descendientes los beneficios de la Libertad, estatuimos y sancionamos esta CONSTITUCIÓN para los Estados Unidos de América.

ARTÍCULO I

Sección 1. Todos los poderes legislativos otorgados en la presente Constitución corresponderán a un Congreso de los Estados Unidos, que se compondrá de un Senado y una Cámara de Representantes.

Sección 8. El Congreso tendrá facultad: Para... crear tribunales inferiores a la Suprema Corte; ...

Sección 9. El privilegio de habeas corpus no se suspenderá, salvo cuando la seguridad pública lo exija en los casos de rebelión o invasión.

No se expedirán decretos de interdicción ni se aprobarán leyes con efecto retroactivo.

ARTÍCULO II

Sección 1. Se deposita el poder ejecutivo en un Presidente de los Estados Unidos.

ARTÍCULO III

Sección 1. Se depositará el poder judicial de los Estados Unidos en una Suprema Corte y en los tribunales inferiores que el Congreso instituya y establezca en lo sucesivo. Los jueces, tanto del tribunal supremo como de los inferiores, continuarán en sus funciones mientras observen buena conducta y recibirán, en períodos fijos, una remuneración por sus servicios que no será disminuida durante el tiempo de su encargo.

Sección 2. Todos los delitos serán juzgados por medio de un jurado, excepto en los casos de acusación por responsabilidades oficiales, y el juicio de que se habla tendrá lugar en el Estado en que el delito se haya cometido; pero cuando no se haya cometido dentro de los límites de ningún Estado, el juicio se celebrará en el lugar o lugares que el Congreso haya dispuesto por medio de una ley.

Sección 3. La traición contra los Estados Unidos sólo consistirá en hacer la guerra en su contra o en unirse a sus enemigos, impartiéndoles ayuda y protección. A ninguna persona se la condenará por traición si no es sobre la base de la declaración de dos testigos que hayan presenciado el mismo acto perpetrado abiertamente o de una confesión en sesión pública de un tribunal.

ARTÍCULO IV

Sección 2. Los ciudadanos de cada Estado tendrán derecho en los demás a todos los privilegios e inmunidades de los ciudadanos de éstos.

La persona acusada en cualquier Estado por traición, delito grave u otro crimen, que huya de la justicia y fuere hallada en otro Estado, será entregada, al solicitarlo así la autoridad ejecutiva del Estado del que se haya fugado, con el objeto de que sea conducida al Estado que posea jurisdicción sobre el delito.

ARTÍCULO VI

... Esta Constitución, y las leyes de los Estados Unidos que se expidan con arreglo a ella, y todos los tratados celebrados o que se celebren bajo la autoridad de los Estados Unidos, serán la suprema ley del país y los jueces de cada Estado estarán obligados a observarlos, a pesar de cualquier cosa en contrario que se encuentre en la Constitución o las leyes de cualquier Estado.

Declaración de Derechos

ENMIENDA PRIMERA

El Congreso no hará ley alguna por la que adopte una religión como oficial del Estado o se prohíba practicarla libremente, o que coarte la libertad de palabra o de imprenta, o el derecho del pueblo para reunirse pacíficamente y para pedir al Gobierno la reparación de agravios.

ENMIENDA SEGUNDA

Siendo necesaria una milicia bien ordenada para la seguridad de un Estado libre, no se violará el derecho del pueblo a poseer y portar armas.

ENMIENDA TERCERA

En tiempo de paz a ningún militar se le alojará en casa alguna sin el consentimiento del propietario; ni en tiempo de guerra, como no sea en la forma que prescriba la ley.

ENMIENDA CUARTA

El derecho de los habitantes de que sus personas, domicilios, papeles y efectos se hallen a salvo de pesquisas y aprehensiones arbitrarias, será inviolable, y no se expedirán al efecto mandamientos que no apoyen en un motivo verosímil, estén corroborados mediante juramento o protesta y describan con particularidad el lugar que debe ser registrado y las personas o cosas que han de ser detenidas o embargadas.

ENMIENDA QUINTA

Nadie estará obligado a responder de un delito castigado con la pena capital o con otra infamante si un gran jurado no lo denuncia o acusa, a excepción de los casos que se presenten en las fuerzas de mar o tierra o en la milicia nacional cuando se encuentre en servicio efectivo en tiempo de guerra o peligro público; tampoco se pondrá a persona alguna dos veces en peligro de perder la vida o algún miembro con motivo del mismo delito; ni se le compelerá a declarar contra sí misma en ningún juicio criminal ni se le privará de la vida, la libertad o la propiedad sin el debido proceso legal; ni se ocupará la propiedad privada para uso público sin una justa indemnización.

ENMIENDA SEXTA

En toda causa criminal, el acusado gozará del derecho de ser juzgado rápidamente y en público por un jurado imparcial del distrito y Estado en que el delito se haya cometido, distrito que deberá haber sido determinado previamente por la ley; así como de que se le haga saber la naturaleza y causa de la acusación, de que se le caree con los testigos que depongan en su contra, de que se obligue a comparecer a los testigos que le favorezcan y de contar con la ayuda de un abogado que le defienda.

ENMIENDA SÉPTIMA

El derecho a que se ventilen ante un jurado los juicios de derecho consuetudinario en que el valor que se discuta exceda de veinte dólares, será garantizado, y ningún hecho de que haya conocido un jurado será objeto de nuevo examen en tribunal alguno de los Estados Unidos, como no sea con arreglo a las normas del derecho consuetudinario.

ENMIENDA OCTAVA

No se exigirán fianzas excesivas, ni se impondrán multas excesivas, ni se infligirán penas crueles y desusadas.

ENMIENDA NOVENA

No por el hecho de que la Constitución enumera ciertos derechos ha de entenderse que niega o menosprecia otros que retiene el pueblo.

ENMIENDA DÉCIMA

Los poderes que la Constitución no delega a los Estados Unidos ni prohíbe a los Estados, quedan reservados a los Estados respectivamente o al pueblo.

APÉNDICE 3

CONSTITUCIÓN DEL ESTADO LIBRE ASOCIADO DE PUERTO RICO

Nosotros, el pueblo de Puerto Rico, a fin de organizarnos políticamente sobre una base plenamente democrática, promover el bienestar general y asegurar para nosotros y nuestra posteridad el goce cabal de los derechos humanos, puesta nuestra confianza en Dios Todopoderoso, ordenamos y establecemos esta Constitución para el Estado Libre Asociado que en el ejercicio de nuestro derecho natural ahora creamos dentro de nuestra unión con los Estados Unidos de América.

Al así hacerlo declaramos:

Que el sistema democrático es fundamental para la vida de la comunidad puertorriqueña;

Que entendemos por sistema democrático aquél donde la voluntad del pueblo es la fuente del poder público, donde el orden político está subordinado a los derechos del hombre y donde se asegura la libre participación del ciudadano en las decisiones colectivas;

Que consideramos factores determinantes en nuestra vida la ciudadanía de los Estados Unidos de América y la aspiración a continuamente enriquecer nuestro acervo democrático en el disfrute individual y colectivo de sus derechos y prerrogativas; la lealtad a los postulados de la Constitución Federal; la convivencia en Puerto Rico de las dos grandes culturas del hemisferio americano; el afán por la educación; la fe en la justicia; la devoción por la vida esforzada, laboriosa y pacífica; la fidelidad a los valores del ser humano por encima de posiciones sociales, diferencias raciales e intereses económicos; y la esperanza de un mundo mejor basado en estos principios.

ARTÍCULO I

DEL ESTADO LIBRE ASOCIADO

SECCIÓN 1.— Se constituye el Estado Libre Asociado de Puerto Rico. Su poder político emana del pueblo y se ejercerá con arreglo a su voluntad, dentro de los términos del convenio acordado entre el pueblo de Puerto Rico y los Estados Unidos de América.

SECCIÓN 2.— El gobierno del Estado Libre Asociado de Puerto Rico tendrá forma republicana y sus Poderes Legislativo, Ejecutivo y Judicial, según se establecen por esta Constitución, estarán igualmente subordinados a la soberanía del pueblo de Puerto Rico.

SECCIÓN 3.— La autoridad política del Estado Libre Asociado de Puerto Rico se extenderá a la Isla de Puerto Rico y a las islas adyacentes dentro de su jurisdicción.

SECCIÓN 4.— La sede de gobierno será la ciudad de San Juan Bautista de Puerto Rico.

ARTÍCULO II

CARTA DE DERECHOS

SECCIÓN 1.— La dignidad del ser humano es inviolable. Todos los hombres son iguales ante la ley. No podrá establecerse discrimen alguno por motivo de raza, color, sexo, nacimiento, origen o condición social, ni ideas políticas o religiosas. Tanto las leyes como el sistema de instrucción pública encarnarán estos principios de esencial igualdad humana.

SECCIÓN 2.— Las leyes garantizarán la expresión de la voluntad del pueblo mediante el sufragio universal, igual, directo y secreto, y protegerán al ciudadano contra toda coacción en el ejercicio de la prerrogativa electoral.

SECCIÓN 3.— No se aprobará ley alguna relativa al establecimiento de cualquier religión ni se prohibirá el libre ejercicio del culto religioso. Habrá completa separación de la iglesia y el estado.

SECCIÓN 4.— No se aprobará ley alguna que restrinja la libertad de palabra o de prensa o el derecho del pueblo a reunirse en asamblea pacífica y a pedir al gobierno la reparación de agravios.

SECCIÓN 5.— Toda persona tiene derecho a una educación que propenda al pleno desarrollo de su personalidad y al fortalecimiento del respeto de los derechos del hombre y de las libertades fundamentales. Habrá un sistema de instrucción pública el cual será libre y enteramente no sectario. La enseñanza será gratuita en la escuela primaria y secundaria y, hasta donde las facilidades del Estado lo permitan, se hará obligatoria para la escuela primaria. No se utilizará propiedad ni fondos públicos para el sostenimiento de escuelas o instituciones educativas que no sean las del Estado. Nada de lo contenido en esta disposición impedirá que el Estado pueda prestar a cualquier niño servicios no educativos establecidos por ley para protección o bienestar de la niñez.*

SECCIÓN 6.— Las personas podrán asociarse y organizarse libremente para cualquier fin lícito, salvo en organizaciones militares o cuasi militares.

SECCIÓN 7.— Se reconoce como derecho fundamental del ser humano el derecho a la vida, a la libertad y al disfrute de la propiedad. No existirá la pena de muerte. Ninguna persona será privada de su libertad o propiedad sin debido proceso de ley, ni se negará a persona alguna en Puerto Rico la igual protección de las leyes. No se aprobarán leyes que menoscaben las obligaciones contractuales. Las leyes determinarán un mínimo de propiedad y pertenencias no sujetas a embargo.

SECCIÓN 8.— Toda persona tiene derecho a protección de ley contra ataques abusivos a su honra, a su reputación y a su vida privada o familiar.

---

*Por la Resolución Número 34, aprobada por la Convención Constituyente y ratificada en el Referéndum celebrado el 4 de noviembre de 1952, se agregó al final de la Sección 5 del Artículo 11 lo siguiente: «La asistencia obligatoria a las escuelas públicas primarias, hasta donde las facilidades del Estado lo permitan, según se dispone en la presente, no se interpretará como aplicable a aquéllos que reciban instrucción primaria en escuelas establecidas bajo auspicios no gubernamentales.»

SECCIÓN 9.— No se tomará o perjudicará la propiedad privada para uso público a no ser mediante el pago de una justa compensación y de acuerdo con la forma provista por ley. No se aprobará ley alguna autorizando a expropiar imprentas, maquinarias o material dedicados a publicaciones de cualquier índole. Los edificios donde se encuentren instaladas sólo podrán expropiarse previa declaración judicial de necesidad y utilidad públicas mediante procedimientos que fijará la Ley, y sólo podrán tomarse antes de la declaración judicial, cuando se provea para la publicación un local adecuado en el cual pueda instalarse y continuar operando por un tiempo razonable.

SECCIÓN 10.— No se violará el derecho del pueblo a la protección de sus personas, casas, papeles y efectos contra registros, incautaciones y allanamientos irrazonables.

No se interceptará la comunicación telefónica.

Sólo se expedirán mandamientos autorizando registros, allanamientos o arrestos por autoridad judicial, y ello únicamente cuando exista causa probable apoyada en juramento o afirmación, describiendo particularmente el lugar a registrarse, y las personas a detenerse o las cosas a ocuparse.

Evidencia obtenida en violación de esta sección será inadmisible en los tribunales.

SECCIÓN 11.— En todos los procesos criminales, el acusado disfrutará del derecho a un juicio rápido y público, a ser notificado de la naturaleza y causa de la acusación recibiendo copia de la misma, a carearse con los testigos de cargo, a obtener la comparecencia compulsoria de testigos a su favor, a tener asistencia de abogado, y a gozar de la presunción de inocencia.

En los procesos por delito grave el acusado tendrá derecho a que su juicio se ventile ante un jurado imparcial compuesto por doce vecinos del distrito, quienes podrán rendir veredicto por mayoría de votos en el cual deberán concurrir no menos de nueve.

Nadie será obligado a incriminarse mediante su propio testimonio y el silencio del acusado no podrá tenerse en cuenta ni comentarse en su contra.

Nadie será puesto en riesgo de ser castigado dos veces por el mismo delito.

Todo acusado tendrá derecho a quedar en libertad bajo fianza antes de mediar un fallo condenatorio.

La detención preventiva antes del juicio no excederá de seis meses. Las fianzas y las multas no serán excesivas. Nadie será encarcelado por deuda.

SECCIÓN 12.— No existirá la esclavitud, ni forma alguna de servidumbre involuntaria salvo la que pueda imponerse por causa de delito, previa sentencia condenatoria. No se impondrán castigos crueles e inusitados. La suspensión de los derechos civiles incluyendo el derecho al sufragio cesará al cumplirse la pena impuesta.

No se aprobarán leyes ex post facto ni proyectos para condenar sin celebración de juicio.

SECCIÓN 13.— El auto de habeas corpus será concedido con rapidez y libre de costas. No se suspenderá el privilegio del auto de habeas corpus a no ser que, en casos de rebelión, insurrección o invasión, así lo requiera la seguridad pública. Sólo la Asamblea Legislativa tendrá el poder de suspender el privilegio del auto de habeas corpus y las leyes que regulan su concesión.

La autoridad militar estará siempre subordinada a la autoridad civil.

SECCIÓN 14.— No se conferirán títulos de nobleza ni otras dignidades hereditarias. Ningún funcionario o empleado del Estado Libre Asociado aceptará regalos, donativos, condecoraciones o cargos de ningún país o funcionario extranjero sin previa autorización de la Asamblea Legislativa.

SECCIÓN 15.— No se permitirá el empleo de menores de catorce años en cualquier ocupación perjudicial a la salud o a la moral, o que de alguna manera amenace la vida o integridad física.

No se permitirá el ingreso de un menor de dieciséis años en una cárcel o presidio.

SECCIÓN 16.— Se reconoce el derecho de todo trabajador a escoger libremente su ocupación y a renunciar a ella, a recibir igual paga por igual trabajo, a un salario mínimo razonable, a protección contra riesgos para su salud o integridad personal en su trabajo o empleo, y a una jornada ordinaria que no exceda de ocho horas de trabajo. Sólo podrá trabajarse en exceso de este límite diario, mediante compensación extraordinaria que nunca será menor de una vez y media el tipo de salario ordinario, según se disponga por ley.

SECCIÓN 17.— Los trabajadores de empresas, negocios y patronos privados y de agencias o instrumentalidades del gobierno que funcionen como empresas o negocios privados tendrán el derecho a organizarse y a negociar colectivamente con sus patronos por mediación de representantes de su propia y libre selección para promover su bienestar.

SECCIÓN 18.— A fin de asegurar el derecho a organizarse y a negociar colectivamente, los trabajadores de empresas, negocios y patronos privados y de agencias o instrumentalidades del gobierno que funcionen como empresas o negocios privados tendrán, en sus relaciones directas con sus propios patronos, el derecho a la huelga, a establecer piquetes y a llevar a cabo otras actividades concertadas legales.

Nada de lo contenido en esta sección menoscabará la facultad de la Asamblea Legislativa de aprobar leyes para casos de grave emergencia cuando estén claramente en peligro la salud o la seguridad públicas, o los servicios públicos esenciales.

SECCIÓN 19.— La enumeración de derechos que antecede no se entenderá en forma restrictiva ni supone la exclusión de otros derechos pertenecientes al pueblo en una democracia, y no mencionados específicamente. Tampoco se entenderá como restrictiva de la facultad de la Asamblea Legislativa para aprobar leyes en protección de la vida, la salud y el bienestar del pueblo.

*SECCIÓN 20.— El Estado Libre Asociado reconoce, además, la existencia de los siguientes derechos humanos:

El derecho de toda persona a recibir gratuitamente la instrucción primaria y secundaria.

El derecho de toda persona a obtener trabajo.

El derecho de toda persona a disfrutar de un nivel de vida adecuado que asegure para sí y para su familia la salud, el bienestar y especialmente la alimentación, el vestido, la vivienda, la asistencia médica y los servicios sociales necesarios.

El derecho de toda persona a la protección social en el desempleo, la enfermedad, la vejez o la incapacidad física.

El derecho de toda mujer en estado grávido o en época de lactancia y el derecho de todo niño, a recibir cuidados y ayudas especiales. Los derechos consignados en esta sección están íntimamente vinculados al desarrollo progresivo de la economía del Estado Libre Asociado y precisan, para su plena efectividad, suficiencia de recursos y un desenvolvimiento agrario e industrial que no ha alcanzado la comunidad puertorriqueña.

En su deber de propiciar la libertad integral del ciudadano, el pueblo y el gobierno de Puerto Rico se esforzarán por promover la mayor expansión posible de su sistema productivo, asegurar la más justa distribución de sus resultados económicos, y lograr el mejor entendimiento entre la iniciativa individual y la cooperación colectiva. El Poder Ejecutivo y el Poder Judicial tendrán presente este deber y considerarán las leyes que tiendan a cumplirlo en la manera más favorable posible.

ARTÍCULO III

DEL PODER LEGISLATIVO

SECCIÓN 1.— El Poder Legislativo se ejercerá por una Asamblea Legislativa, que se compondrá de dos Cámaras-el

*Por la Resolución Número 34, aprobada por la Convención Constituyente y ratificada en el Referéndum celebrado el 4 de noviembre de 1952, fue eliminada la Sección 20 del Artículo 11.

Senado y la Cámara de Representantes-cuyos miembros serán elegidos por votación directa en cada elección general.

SECCIÓN 2.— El Senado se compondrá de veintisiete Senadores y la Cámara de Representantes de cincuenta y un Representantes, excepto cuando dicha composición resultare aumentada a virtud de lo que se dispone en la Sección 7 de este Artículo.

SECCIÓN 3.— Para los fines de la elección de los miembros a la Asamblea Legislativa, Puerto Rico estará dividido en ocho distritos senatoriales y en cuarenta distritos representativos. Cada distrito senatorial elegirá dos Senadores y cada distrito representativo un Representante.

Se elegirán además once Senadores y once Representantes por Acumulación. Ningún elector podrá votar por más de un candidato a Senador por Acumulación ni por más de un candidato a Representante por Acumulación.

SECCIÓN 4.— En las primeras y siguientes elecciones bajo esta Constitución regirá la división en distritos senatoriales y representativos que aparece en el Artículo VIII. Dicha división será revisada después de cada censo decenal a partir del año 1960, por una Junta que estará compuesta del Juez Presidente del Tribuna Supremo como Presidente y de dos miembros adicionales nombrados por el Gobernador con el consejo y consentimiento del Senado. Los dos miembros adicionales no podrán pertenecer a un mismo partido político. Cualquier revisión mantendrá el número de distritos senatoriales y representativos aquí creados, los cuales estarán compuestos de territorios contiguos y compactos y se organizarán, hasta donde sea posible, sobre la base de población y medios de comunicación. Cada distrito senatorial incluirá siempre cinco distritos representativos.

La Junta adoptará sus acuerdos por mayoría y sus determinaciones regirán para las elecciones generales que se celebren después de cada revisión. La Junta quedará disuelta después de practicada cada revisión.

SECCIÓN 5.— Ninguna persona podrá ser miembro de la Asamblea Legislativa a menos que sepa leer y escribir cualquiera de los dos idiomas, español o inglés; sea ciudadano de los Estados Unidos y de Puerto Rico y haya residido en Puerto Rico por lo menos durante los dos años precedentes a la fecha de la elección o nombramiento. Tampoco podrán ser miembros del Senado las personas que no hayan cumplido treinta años de edad, ni podrán ser miembros de la Cámara de Representantes las que no hayan cumplido veinticinco años de edad.

SECCIÓN 6.— Para ser electo o nombrado Senador o Representante por un distrito será requisito haber residido en el mismo durante no menos de un año con anterioridad a su elección o nombramiento. Cuando hubiere más de un distrito representativo en un municipio, se cumplirá este requisito con la residencia en el municipio.

SECCIÓN 7.— Cuando en una elección general resultaren electos más de dos terceras partes de los miembros de cualquiera de las cámaras por un solo partido o bajo una sola candidatura, según ambos términos se definan por ley, se aumentará el número de sus miembros en los siguientes casos:

(a) Si el partido o candidatura que eligió más de dos terceras partes de los miembros de cualquiera o ambas cámaras hubiese obtenido menos de dos terceras partes del total de los votos emitidos para el cargo de Gobernador, se aumentará el número de miembros del Senado o de la Cámara de Representantes o de ambos Cuerpos, según fuere el caso, declarándose electos candidatos del partido o partidos de minoría en número suficiente hasta que la totalidad de los miembros del partido o partidos de minoría alcance el número de nueve en el Senado y de diecisiete en la Cámara de Representantes. Cuando hubiere más de un partido de minoría, la elección adicional de candidatos se hará en la proporción que guarde el número de votos emitidos para el cargo de Gobernador por cada uno de dichos partidos con el voto que para el cargo de Gobernador depositaron en total esos partidos de minoría.

Cuando uno o más partidos de minoría hubiese obtenido una representación en proporción igual o mayor a la proporción de votos alcanzada por su candidato a Gobernador, no participará en la elección adicional de candidatos hasta tanto se hubiese completado la representación que le correspondiese bajo estas disposiciones, a cada uno de los otros partidos de minoría.

(b) Si el partido o candidatura que eligió más de dos terceras partes de los miembros de cualquiera o ambas cámaras hubiese obtenido más de dos terceras partes del total de los votos emitidos para el cargo de Gobernador, y uno o más partidos de minoría no eligieron el número de miembros que les correspondía en el Senado o en la Cámara de Representantes o en ambos cuerpos, según fuere el caso, en proporción a los votos depositados por cada uno de ellos para el cargo de Gobernador, se declararán electos adicionalmente sus candidatos hasta completar dicha proporción en lo que fuere posible, pero los Senadores de todos los partidos de minoría no serán nunca, bajo esta disposición, más de nueve ni los Representantes más de diecisiete.

Para seleccionar los candidatos adicionales de un partido de minoría, en cumplimiento de estas disposiciones, se considerarán, en primer término, sus candidatos por acumulación que no hubieren resultado electos en el orden de los votos que hubieren obtenido y, en segundo término sus candidatos de distrito que, sin haber resultado electo, hubieren obtenido en sus distritos respectivos la más alta proporción en el número de votos depositados en relación con la proporción de los votos depositados a favor de otros candidatos no electos del mismo partido para un cargo igual en otros distritos.

Los Senadores y Representantes adicionales cuya elección se declare bajo esta sección serán considerados para todos los fines como Senadores o Representantes por Acumulación.

La Asamblea Legislativa adoptará las medidas necesarias para reglamentar estas garantías, y dispondrá la forma de adjudicar las fracciones que resultaren en la aplicación de las reglas contenidas en esta sección, así como el número mínimo de votos que deberá depositar un partido de minoría a favor de su candidato a Gobernador para tener derecho a la representación que en la presente se provee.

*SECCIÓN 8.— El término del cargo de los Senadores y Representantes comenzará el día dos de enero inmediatamente siguiente a la fecha en que se celebre la elección general en la cual hayan sido electos. Cuando surja una vacante en el cargo de Senador o Representante por un distrito, antes de los quince meses inmediatamente precedentes a la fecha de la próxima elección general, el Gobernador convocará, dentro de los treinta días siguientes a la fecha en que se produzca la vacante, a elección especial en dicho distrito, la cual habrá de celebrarse no más tarde de noventa días después de convocada, y la persona que resulte electa en dicha elección especial ocupará el cargo hasta la expiración del término de su antecesor. Cuando dicha vacante ocurriere en el transcurso de una sección legislativa, o cuando la Asamblea Legislativa o el Senado fueren convocados para una fecha anterior a la certificación del resultado de la elección especial, el presidente de la cámara correspondiente nombrará a la persona recomendada por el organismo directivo central del partido a que pertenecía el Senador o Representante cuyo cargo quedó vacante, para que ocupe el cargo hasta que se certifique la elección del candidato que resulte electo. Cuando la vacante ocurra dentro de los quince meses anteriores a una elección general, o cuando ocurra en el cargo de un Senador o un Representante por Acumulación, se cubrirá por el presidente de la cámara correspondiente, a propuesta del partido político

* En el referéndum celebrado conjuntamente con las elecciones generales del 3 de noviembre de 1964, se aprobó una enmienda a la Sección 8 del Artículo III de la Constitución quedando dicha sección redactada como sigue:

«Sección 8-El término del cargo de los Senadores y Representantes comenzará el día dos de enero inmediatamente siguiente a la fecha en que se celebre la elección general en la cual hayan sido electos. Cuando surja una vacante en el cargo de Senador o Representante por un distrito, dicha vacante se cubrirá según se disponga por ley. Cuando la vacante ocurra en el cargo de un Senador o un Representante por Acumulación, se cubrirá por el Presidente de la Cámara correspondiente, a propuesta del partido político a que pertenecía el Senador o Representante cuyo cargo estuviese vacante, con un candidato seleccionado en la misma forma en que lo fue su antecesor. La vacante de un cargo de Senador o Representante por Acumulación electo como candidato independiente, se cubrirá por elección en todos los distritos.»

a que pertenecía el Senador o Representante cuyo cargo estuviese vacante, con un candidato seleccionado en la misma forma en que lo fue su antecesor. La vacante de un cargo de Senador o Representante por Acumulación electo como candidato independiente, se cubrirá por elección en todos los distritos.

SECCIÓN 9.— Cada cámara será el único juez de la capacidad legal de sus miembros, de la validez de las actas y del escrutinio de su elección; elegirá sus funcionarios; adoptará las reglas propias de cuerpos legislativos para sus procedimientos y gobierno interno; y con la concurrencia de tres cuartas partes del número total de los miembros de que se compone, podrá decretar la expulsión de cualquiera de ellos por las mismas causas que se señalan para autorizar juicios de residencia en la sección 21 de este Artículo. Cada cámara elegirá un presidente de entre sus miembros respectivos.

SECCIÓN 10.— La Asamblea Legislativa será un cuerpo con carácter continuo durante el término de su mandato y se reunirá en sesión ordinaria cada año a partir del segundo lunes de enero. La duración de las sesiones ordinarias y los plazos para la radicación y la consideración de proyectos serán prescritos por ley. Cuando el Gobernador convoque a la Asamblea Legislativa a sesión extraordinaria sólo podrá considerarse en ella los asuntos especificados en la convocatoria o en mensaje especial que el Gobernador le envíe en el curso de la sesión, la cual no podrá extenderse por más de veinte días naturales.

SECCIÓN 11.— Las sesiones de las cámaras serán públicas.

SECCIÓN 12.— Una mayoría del número total de los miembros que componen cada cámara constituirá quórum, pero un número menor podrá recesar de día en día y tendrá autoridad para compeler la asistencia de los miembros ausentes.

SECCIÓN 13.— Las cámaras legislativas se reunirán en el Capitolio de Puerto Rico, y ninguna de ellas podrá suspender sus sesiones por más de tres días consecutivos sin el consentimiento de la otra.

SECCIÓN 14.— Ningún miembro de la Asamblea Legislativa será arrestado mientras esté en sesión la cámara de la cual forme parte, ni durante los quince días anteriores o siguientes a cualquier sesión, excepto por traición, delito grave, o alteración de la paz; y todo miembro de la Asamblea Legislativa gozará de inmunidad parlamentaria por sus votos y expresiones en una u otra cámara o en cualquiera de sus comisiones.

SECCIÓN 15.— Ningún Senador o Representante podrá ser nombrado, durante el término por el cual fue electo o designado, para ocupar en el Gobierno de Puerto Rico, sus municipios o instrumentalidades, cargo civil alguno creado, o mejorado en su sueldo, durante dicho término. Ninguna persona podrá ocupar un cargo en el Gobierno de Puerto Rico, sus municipios o instrumentalidades y ser al mismo tiempo Senador o Representante. Estas disposiciones no impedirán que un legislador sea designado para desempeñar funciones ad *honorem.*

SECCIÓN 16.— La Asamblea Legislativa tendrá facultad para crear, consolidar o reorganizar departamentos ejecutivos y definir sus funciones.

SECCIÓN 17.— Ningún proyecto de ley se convertirá en ley a menos que se imprima, se lea, se remita a comisión y ésta lo devuelva con un informe escrito; pero la cámara correspondiente podrá descargar a la comisión del estudio e informe de cualquier proyecto y proceder a la consideración del mismo. Las cámaras llevarán libros de actas donde harán constar lo relativo al trámite de los proyectos y las votaciones emitidas a favor y en contra de los mismos. Se dará publicidad a los procedimientos legislativos en un diario de sesiones, en la forma que se determine por ley. No se aprobará ningún proyecto de ley, con excepción de los de presupuesto general, que contenga más de un asunto, el cual deberá ser claramente expresado en su título, y toda aquella parte de una ley cuyo asunto no haya sido expresado en el título será nula. La ley de presupuesto general sólo podrá contener asignaciones y reglas para el desembolso de las mismas. Ningún proyecto de ley será enmendado de manera que cambie su propósito original o incorpore materias extrañas al mismo. Al enmendar cualquier artículo o sección de una ley, dicho artículo o sección será promulgado en su totalidad tal como haya quedado enmendado. Todo proyecto de ley para obtener rentas se originará en la Cámara de Representantes, pero el Senado podrá proponer enmiendas o convenir en ellas como si se tratara de cualquier otro proyecto de ley.

SECCIÓN 18.— Se determinará por ley los asuntos que puedan ser objeto de consideración mediante resolución conjunta, pero toda resolución conjunta seguirá el mismo trámite de un proyecto de ley.

SECCIÓN 19.— Cualquier proyecto de ley que sea aprobado por una mayoría del número total de los miembros que componen cada cámara se someterá al Gobernador y se convertirá en ley si éste lo firma o si no lo devuelve con sus objeciones a la cámara de origen dentro de diez días (exceptuando los domingos) contados a partir de la fecha en que lo hubiese recibido.

Cuando el Gobernador devuelva un proyecto, la cámara que lo reciba consignará las objeciones del Gobernador en el libro de actas y ambas cámaras podrán reconsiderar el proyecto, que de ser aprobado por dos terceras partes del número total de los miembros que componen cada una de ellas, se convertirá en ley.

Si la Asamblea Legislativa levanta sus sesiones antes de expirar el plazo de diez días de haberse sometido un proyecto al Gobernador, éste quedará relevado de la obligación de devolverlo con sus objeciones, y el proyecto sólo se convertirá en ley de firmarlo el Gobernador dentro de los treinta días de haberlo recibido.

Toda aprobación final o reconsideración de un proyecto será en votación por lista.

SECCIÓN 20.— Al aprobar cualquier proyecto de ley que asigne fondos en más de una partida, el Gobernador podrá eliminar una o más partidas o disminuir las mismas, reduciendo al mismo tiempo los totales correspondientes.

SECCIÓN 21.— La Cámara de Representantes tendrá el poder exclusivo de iniciar procesos de residencia y con la concurrencia de dos terceras partes del número total de sus miembros formular acusación. El Senado tendrá el poder exclusivo de juzgar y dictar sentencia en todo proceso de residencia; y al reunirse para tal fin los Senadores actuarán a nombre del pueblo y lo harán bajo juramento o afirmación. No se pronunciará fallo condenatorio en un juicio de residencia sin la concurrencia de tres cuartas partes del número total de los miembros que componen el Senado, y la sentencia se limitará a la separación del cargo. La persona residenciada quedará expuesta y sujeta a acusación, juicio, sentencia y castigo conforme a la Ley. Serán causas de residencia la traición, el soborno, otros delitos graves, y aquellos delitos menos graves que impliquen depravación. El Juez Presidente del Tribunal Supremo presidirá todo juicio de residencia del Gobernador.

Las cámaras legislativas podrán ventilar procesos de residencia en sus sesiones ordinarias o extraordinarias. Los presidentes de las cámaras a solicitud por escrito de dos terceras partes del número total de los miembros que componen la Cámara de Representantes, deberán convocarlas para entender en tales procesos.

SECCIÓN 22.— Habrá un Contralor que será nombrado por el Gobernador con el consejo y consentimiento de la mayoría del número total de los miembros que componen cada Cámara. El Contralor reunirá los requisitos que se prescriban por ley; desempeñará su cargo por un término de diez años y hasta que su sucesor sea nombrado y tome posesión. El Contralor fiscalizará todos los ingresos, cuentas y desembolsos del Estado, de sus agencias e instrumentalidades y de los municipios, para determinar si se han hecho de acuerdo con la ley. Rendirá informes anuales y todos aquellos informes especiales que le sean requeridos por la Asamblea Legislativa o el Gobernador.

En el desempeño de sus deberes el Contralor estará autorizado para tomar juramentos y declaraciones y para obligar, bajo apercibimiento de desacato, a la comparecencia de testigos y a la producción de libros, cartas, documentos, papeles, expedientes, y todos los demás objetos que sean necesarios para un completo conocimiento del asunto bajo investigación.

El Contralor podrá ser separado de su cargo por las causas y mediante el procedimiento establecido en la sección precedente.

ARTÍCULO IV

DEL PODER EJECUTIVO

SECCIÓN 1.—El Poder Ejecutivo se ejercerá por un Gobernador, quien será elegido por voto directo en cada elección general.

SECCIÓN 2.— El Gobernador ejercerá su cargo por el término de cuatro años a partir del día dos de enero del año siguiente al de su elección y hasta que su sucesor sea electo y tome posesión. Residirá en Puerto Rico, en cuya ciudad capital tendrá su despacho.

SECCIÓN 3.— Nadie podrá ser Gobernador a menos que, a la fecha de la elección, haya cumplido treinta y cinco años de edad, y sea, y haya sido durante los cinco años precedentes, ciudadano de los Estados Unidos de América y ciudadano y residente *bona fide* de Puerto Rico.

SECCIÓN 4.— Los deberes, funciones y atribuciones del Gobernador serán:

Cumplir y hacer cumplir las leyes.

Convocar la Asamblea Legislativa o el Senado a sesión extraordinaria cuando a su juicio los intereses públicos así lo requieran. Nombrar, en la forma que se disponga por esta Constitución o por ley, a todos los funcionarios para cuyo nombramiento esté facultado. El Gobernador podrá hacer nombramientos cuando la Asamblea Legislativa no esté en sesión. Todo nombramiento que requiera el consejo y consentimiento del Senado o de ambas cámaras quedará sin efecto al levantarse la siguiente sesión ordinaria.

Ser comandante en jefe de la milicia.

Llamar la milicia y convocar el *posse comitatus* a fin de impedir o suprimir cualquier grave perturbación del orden público, rebelión o invasión.

Proclamar la ley marcial cuando la seguridad pública lo requiera en casos de rebelión o invasión o inminente peligro de ellas. La Asamblea Legislativa deberá inmediatamente reunirse por iniciativa propia para ratificar o revocar la proclama.

Suspender la ejecución de sentencias en casos criminales, conceder indultos, conmutar penas y condonar total o parcialmente multas y confiscaciones por delitos cometidos en violación de las leyes de Puerto Rico. Esta facultad no se extiende a procesos de residencia.

Sancionar o desaprobar con arreglo a esta Constitución, las resoluciones conjuntas y los proyectos de ley aprobados por la Asamblea Legislativa.

Presentar a la Asamblea Legislativa, al comienzo de cada sesión ordinaria, un mensaje sobre la situación del Estado y someterle además un informe sobre las condiciones del Tesoro de Puerto Rico y los desembolsos propuestos para el año económico siguiente. Dicho informe contendrá los datos necesarios para la formulación de un programa de legislación.

Ejercer las otras facultades y atribuciones y cumplir los demás deberes que se le señalen por esta Constitución o por ley.

SECCIÓN 5.— Para el ejercicio del Poder Ejecutivo el Gobernador estará asistido de Secretarios de Gobierno que nombrará con el consejo y consentimiento del Senado. El nombramiento del Secretario de Estado requerirá, además, el consejo y consentimiento de la Cámara de Representantes, y la persona nombrada deberá reunir los requisitos establecidos en la sección 3 de este Artículo. Los Secretarios de Gobierno constituirán colectivamente un consejo consultivo del Gobernador que se denominará Consejo de Secretarios.

SECCIÓN 6.— Sin perjuicio de la facultad de la Asamblea Legislativa para crear, reorganizar y consolidar departamentos ejecutivos de gobierno, y para definir sus funciones, se establecen los siguientes: de Estado, de Justicia, de Instrucción Pública, de Salud, de Hacienda, de Trabajo, de Agricultura y Comercio y de Obras Públicas. Cada departamento ejecutivo estará a cargo de un Secretario de Gobierno.

SECCIÓN 7.— Cuando ocurra una vacante en el cargo de Gobernador producida por muerte, renuncia, destitución, incapacidad total y permanente, o por cualquier otra falta absoluta, dicho cargo pasará al Secretario de Estado, quien lo desempeñará por el resto del término y hasta que un nuevo

Gobernador sea electo y tome posesión. La ley dispondrá cuál de los Secretarios de Gobierno ocupará el cargo de Gobernador en caso de que simultáneamente quedaren vacantes los cargos de Gobernador y de Secretario de Estado.

SECCIÓN 8.— Cuando por cualquier causa que produzca ausencia de carácter transitorio el Gobernador esté temporalmente impedido de ejercer sus funciones, lo sustituirá, mientras dure el impedimento, el Secretario de Estado. Si por cualquier razón el Secretario de Estado no pudiere ocupar el cargo, lo ocupará el Secretario de Gobierno que se determine por ley.

SECCIÓN 9.— Cuando el Gobernador electo no tomase posesión de su cargo, o habiéndolo hecho ocurra una vacante absoluta en el mismo sin que dicho Gobernador haya nombrado un Secretario de Estado o cuando habiéndolo nombrado éste no haya tomado posesión, la Asamblea Legislativa electa, al reunirse en su primera sesión ordinaria, elegirá por mayoría del número total de los miembros que componen cada cámara, un Gobernador y éste desempeñará el cargo hasta que su sucesor sea electo en la siguiente elección general y tome posesión.

SECCIÓN 10.— El Gobernador podrá ser destituido por las causas y mediante el procedimiento que esta Constitución establece en la sección 21 del Artículo III.

ARTÍCULO V

DEL PODER JUDICIAL

SECCIÓN 1.—El Poder Judicial de Puerto Rico se ejercerá por un Tribunal Supremo, y por aquellos otros tribunales que se establezcan por ley.

SECCIÓN 2.— Los tribunales de Puerto Rico constituirán un sistema judicial unificado en lo concerniente a jurisdicción, funcionamiento y administración. La Asamblea Legislativa, en cuanto no resulte incompatible con esta Constitución, podrá crear y suprimir tribunales, con excepción del Tribunal Supremo, y determinará su competencia y organización.

SECCIÓN 3.— El Tribunal Supremo será el tribunal de última instancia en Puerto Rico y se compondrá de un juez presidente y cuatro jueces asociados. El número de sus jueces sólo podrá ser variado por ley, a solicitud del propio Tribunal Supremo.

*SECCIÓN 4.— El Tribunal Supremo funcionará bajo reglas de su propia adopción, en pleno o dividido en salas. Todas las decisiones del Tribunal Supremo se adoptarán por mayoría de sus jueces. Ninguna ley se declarará inconstitucional a no ser por una mayoría del número total de los jueces de que esté compuesto el tribunal de acuerdo con esta Constitución o con la Ley.

SECCIÓN 5.— El Tribunal Supremo, cada una de sus salas, así como cualquiera de sus jueces, podrán conocer en primera instancia de recursos de hábeas corpus y de aquellos otros recursos y causas que se determinen por ley.

SECCIÓN 6.— El Tribunal Supremo adoptará para los tribunales, reglas de evidencia y de procedimiento civil y criminal que no menoscaben, amplíen o modifiquen derechos sustantivos de las partes. Las reglas así adoptadas se remitirán a la Asamblea Legislativa al comienzo de su próxima sesión ordinaria y regirán sesenta días después de la terminación de dicha sesión, salvo desaprobación por la Asamblea Legislativa, la cual tendrá facultad, tanto en dicha sesión como posteriormente, para enmendar, derogar o complementar cualquiera de dichas reglas, mediante ley específica a tal efecto.

SECCIÓN 7.— El Tribunal Supremo adoptará reglas para la administración de los tribunales las que estarán sujetas a las leyes relativas a suministros, personal, asignación y fiscalización de fondos, y a otras leyes aplicables en general al gobierno. El Juez

* En el referéndum celebrado el 8 de noviembre de 1960 se aprobó una enmienda a la Sección 4 del Artículo V de la Constitución quedando dicha sección redactada como sigue:

«Sección 4.-El Tribunal Supremo funcionará, bajo reglas de su propia adopción, en pleno o dividido en salas compuestas de no menos de tres jueces. Ninguna ley se declarará inconstitucional a no ser por una mayoría del número total de los jueces de que esté compuesto el tribunal de acuerdo con esta Constitución o con la ley.»

Presidente dirigirá la administración de los tribunales y nombrará un director administrativo, quien desempeñará su cargo a discreción de dicho magistrado.

SECCIÓN 8.— Los jueces serán nombrados por el Gobernador con el consejo y consentimiento del Senado. Los jueces del Tribunal Supremo no tomarán posesión de sus cargos hasta que sus nombramientos sean confirmados por el Senado y los desempeñarán mientras observen buena conducta. Los términos de los cargos de los demás jueces se fijarán por ley y no podrán ser de menor duración que la prescrita para los cargos de jueces de igual o equivalente categoría existentes en la fecha en que comience a regir esta Constitución. Todo lo relativo al nombramiento de los demás funcionarios y de los empleados de los tribunales, se determinará por ley.

SECCIÓN 9.—Nadie será nombrado juez del Tribunal Supremo a menos que sea ciudadano de los Estados Unidos y de Puerto Rico, haya sido admitido al ejercicio de la profesión de abogado en Puerto Rico por lo menos diez años antes del nombramiento y haya residido en Puerto Rico durante los cinco años inmediatamente anteriores al mismo.

SECCIÓN 10.—La Asamblea Legislativa establecerá un sistema de retiro para los jueces, retiro que será obligatorio cuando hubieren cumplido setenta años de edad.

SECCIÓN 11.—Los jueces del Tribunal Supremo podrán ser destituidos por las causas y mediante el procedimiento que esta Constitución establece en la sección 21 del Artículo III. Los jueces de los demás tribunales podrán ser destituidos por el Tribunal Supremo por las causas y mediante el procedimiento que se disponga por ley.

SECCIÓN 12.— Ningún juez aportará dinero, en forma directa o indirecta, a organizaciones o partidos políticos, ni desempeñará cargos en la dirección de los mismos o participará en campañas políticas de clase alguna, ni podrá postularse para un cargo público electivo a menos que haya renunciado al de juez por lo menos seis meses antes de su nominación.

SECCIÓN 13.— De modificarse o eliminarse por ley un tribunal o una sala o sección del mismo, la persona que en él ocupare un cargo de juez continuará desempeñándolo durante el resto del término por el cual fue nombrado, y ejercerá aquellas funciones judiciales que le asigne el juez Presidente del Tribunal Supremo.

ARTÍCULO VI

DISPOSICIONES GENERALES

SECCIÓN 1.— La Asamblea Legislativa tendrá facultad para crear, suprimir, consolidar y reorganizar municipios, modificar sus límites territoriales y determinar lo relativo a su régimen y función; y podrá autorizarlos, además, a desarrollar programas de bienestar general y a crear aquellos organismos que fueren necesarios a tal fin.

Ninguna ley para suprimir o consolidar municipios tendrá efectividad hasta que sea ratificada, en referéndum, por la mayoría de los electores capacitados que participen en el mismo en cada uno de los municipios a suprimirse o consolidarse. La forma del referéndum se determinará por ley que deberá incluir aquellos procedimientos aplicables de la legislación electoral vigente a la fecha de la aprobación de la ley.

*SECCIÓN 2.— El poder del Estado libre Asociado de Puerto Rico para imponer y cobrar contribuciones y autorizar su imposición y cobro por los municipios, se ejercerá según se disponga por la Asamblea Legislativa, y nunca será rendido o

*En el referéndum celebrado el 10 de diciembre de 1961 se aprobó una enmienda a la Sección 2 del Articulo VI de la Constitución quedando dicha Sección redactada como sigue:

«Sección 2.- El poder del Estado libre Asociado para imponer y cobrar contribuciones y autorizar su imposición y cobro por los municipios se ejercerá según se disponga por la Asamblea Legislativa, y nunca será rendido o suspendido. El poder del Estado Libre Asociado de Puerto Rico para contraer y autorizar deudas se ejercerá según se disponga por la Asamblea Legislativa, pero ninguna obligación directa del Estado Libre Asociado de Puerto Rico por dinero tomado a préstamo directamente por el Estado Libre Asociado de Puerto Rico evidenciada mediante bonos o pagarés para el pago de la cual la buena fe, el crédito y el poder de imponer contribuciones del Estado Libre Asociado de Puerto Rico fueren empeñados será emitida por el Estado Libre

suspendido. El poder del Estado Libre Asociado de Puerto Rico para contraer y autorizar deudas se ejercerá según se disponga por la Asamblea Legislativa.

SECCIÓN 3.—Las reglas para imponer contribuciones serán uniformes en Puerto Rico.

SECCIÓN 4.— Las elecciones generales se celebrarán cada cuatro años en el día del mes de noviembre que determine la Asamblea Legislativa. En dichas elecciones serán elegidos el Gobernador, los miembros de la Asamblea Legislativa y los

---

Asociado de Puerto Rico si el total de (i) el monto del principal de e intereses sobre dichos bonos y pagarés, junto con el monto del principal de e intereses sobre la totalidad de tales bonos y pagarés hasta entonces emitidos por el Estado Libre Asociado y en circulación pagaderos en cualquier año económico y (ii) cualesquiera cantidades pagadas por el Estado Libre Asociado en el año económico inmediatamente anterior al año económico corriente en concepto de principal e intereses correspondientes a cualesquiera obligaciones evidenciadas mediante bonos o pagarés garantizadas por el Estado Libre Asociado, excediere el 15% del promedio del monto total de las rentas anuales obtenidas de acuerdo con las disposiciones de las leyes del Estado Libre Asociado e ingresadas en el Tesoro de Puerto Rico en los dos años económicos inmediatamente anteriores al año económico corriente; y ninguno de dichos bonos o pagarés emitidos por el Estado Libre Asociado para cualquier fin que no fuere facilidades de vivienda vencerá con posterioridad a un término de 30 años desde la fecha de su emisión y ningún bono o pagaré emitido para fines de vivienda vencerá con posterioridad a un término de 40 años desde la fecha de su emisión; y el Estado Libre Asociado no garantizará obligación alguna evidenciada mediante bonos o pagarés si el total de la cantidad pagadera en cualquier año económico en concepto de principal e intereses sobre la totalidad de las antes referidas obligaciones directas hasta entonces emitidas por el Estado Libre Asociado y en circulación y las cantidades a que se hace referencia en la cláusula (ii) excediere el 15 por ciento del promedio del monto total de dichas rentas anuales.

La Asamblea Legislativa fijará límites para la emisión de obligaciones directas por cualquier municipio de Puerto Rico por dinero tomado a préstamo directamente por dicho municipio evidenciadas mediante bonos o pagarés para el pago de las cuales la buena fe, el crédito y el poder para imponer contribuciones de dicho municipio fueren empeñados; disponiéndose, sin embargo, que ninguno de dichos bonos o pagarés será emitido por municipio alguno en una cantidad que, junto con el monto de la totalidad de tales bonos y pagarés hasta entonces emitidos por dicho municipio y en circulación, exceda el por ciento determinado por la Asamblea Legislativa, el cual no será

demás funcionarios cuya elección en esa fecha se disponga por ley.

*Será elector toda persona que haya cumplido veintiún años de edad, y reúna los demás requisitos que se determine por ley. Nadie será privado del derecho al voto por no saber leer o escribir o por no poseer propiedad.

Se dispondrá por ley todo lo concerniente al proceso electoral y de inscripción de electores, así como lo relativo a los partidos políticos y candidaturas.

Todo funcionario de elección popular será elegido por voto directo y se declarará electo aquel candidato para un cargo que obtenga un número mayor de votos que el obtenido por cualquiera de los demás candidatos para el mismo cargo.

SECCIÓN 5.— Las leyes deberán ser promulgadas conforme al procedimiento que se prescriba por ley y contendrán sus propios términos de vigencia.

SECCIÓN 6.— Cuando a la terminación de un año económico no se hubieren aprobado las asignaciones necesarias para los gastos ordinarios de funcionamiento del gobierno y para el pago de intereses y amortización de la deuda pública durante el siguiente año económico, continuarán rigiendo las partidas consignadas en las últimas leyes aprobadas para los mismos fines

---

menor del cinco por ciento (5%) ni mayor del diez por ciento (10%) del valor total de la tasación de la propiedad situada en dicho municipio.

El Secretario de Hacienda podrá ser requerido para que destine los recursos disponibles incluyendo sobrantes al pago de los intereses sobre la deuda pública y la amortización de la misma en cualquier caso al cual fuere aplicable la Sección 8 de este Articulo VI mediante demanda incoada por cualquier tenedor de bonos o pagarés emitidos en evidencia de la misma».

*En el referéndum celebrado el 1 de noviembre de 1970 se aprobó una enmienda a la tercera oración de la Sección 4 del Artículo VI, quedando dicha oración redactada como sigue:

«Será elector toda persona que haya cumplido dieciocho años de edad, y reúna los demás requisitos que se determine por ley».

y propósitos, en todo lo que fueren aplicables, y el Gobernador autorizará los desembolsos necesarios a tales fines hasta que se aprueben las asignaciones correspondientes.

SECCIÓN 7.— Las asignaciones hechas para un año económico no podrán exceder de los recursos totales calculados para dicho año económico, a menos que se provea por ley para la imposición de contribuciones suficientes para cubrir dichas asignaciones.

SECCIÓN 8.— Cuando los recursos disponibles para un año económico no basten para cubrir las asignaciones aprobadas para ese año, se procederá en primer término, al pago de intereses y amortización de la deuda pública, y luego se harán los demás desembolsos de acuerdo con la norma de prioridades que se establezca por ley.

SECCIÓN 9.— Sólo se dispondrá de las propiedades y fondos públicos para fines públicos y para el sostenimiento y funcionamiento de las instituciones del Estado, y en todo caso por autoridad de ley.

SECCIÓN 10.— Ninguna ley concederá compensación adicional a un funcionario, empleado, agente o contratista por servicios al gobierno, después que los servicios hayan sido prestados o después que se haya formalizado el contrato. Ninguna ley prorrogará el término de un funcionario público ni disminuirá su sueldo o emolumentos después de su elección o nombramiento. Ninguna persona podrá recibir sueldo por más de un cargo o empleo en el gobierno de Puerto Rico.

SECCIÓN 11.— Los sueldos del Gobernador, de los Secretarios de Gobierno, de los miembros de la Asamblea Legislativa, del Contralor y de los Jueces se fijarán por ley especial y, con excepción del sueldo de los miembros de la Asamblea Legislativa, no podrán ser disminuidos durante el término para el cual fueron electos o nombrados. Los del Gobernador y el Contralor no podrán ser aumentados durante dicho término. Ningún aumento en los sueldos de los miembros de la Asamblea Legislativa tendrá efectividad hasta vencido el término de la Asamblea Legislativa que lo apruebe. Cualquier reducción de los sueldos de los miembros de la Asamblea

Legislativa sólo tendrá efectividad durante el término de la Asamblea Legislativa que la apruebe.

SECCIÓN 12.— Los edificios y propiedades pertenecientes al Estado Libre Asociado que hasta ahora han sido usados y ocupados por el Gobernador como Jefe Ejecutivo, y aquéllos que usare y ocupare en la misma capacidad, no devengarán rentas.

SECCIÓN 13.— El procedimiento para otorgar franquicias, derechos, privilegios y concesiones de carácter público o cuasi público será determinado por ley, pero toda concesión de esta índole a una persona o entidad privada deberá ser aprobada por el Gobernador o por el funcionario ejecutivo en quien él delegue. Toda franquicia, derecho, privilegio o concesión de carácter público o cuasi público estará sujeta a enmienda, alteración o revocación según se determine por ley.

SECCIÓN 14.— Ninguna corporación estará autorizada para efectuar negocios de compra y venta de bienes raíces; ni se le permitirá poseer o tener dicha clase de bienes a excepción de aquéllos que fuesen racionalmente necesarios para poder llevar adelante los propósitos a que obedeció su creación; y el dominio y manejo de terrenos de toda corporación autorizada para dedicarse a la agricultura estarán limitados, por su carta constitutiva, a una cantidad que no exceda de quinientos acres; y esta disposición se entenderá en el sentido de impedir a cualquier miembro de una corporación agrícola que tenga interés de ningún género en otra corporación de igual índole.

Podrán, sin embargo, las corporaciones efectuar préstamos, con garantías sobre bienes raíces y adquirir éstos cuando sea necesario para el cobro de los préstamos; pero deberán disponer de dichos bienes raíces así obtenidos dentro de los cinco años de haber recibido el título de propiedad de los mismos.

Las corporaciones que no se hayan organizado en Puerto Rico, pero que hagan negocios en Puerto Rico, estarán obligadas a cumplir lo dispuesto en esta sección, hasta donde sea aplicable.

Estas disposiciones no impedirán el dominio, la posesión o el manejo de terrenos en exceso de quinientos acres por el Estado Libre Asociado y sus agencias o instrumentalidades.

SECCIÓN 15.— La Asamblea Legislativa determinará todo lo concerniente a la Bandera, el Escudo y el Himno del Estado Libre Asociado. Una vez así establecidos, cualquier ley que los cambie no comenzará a regir hasta un año después de celebradas las elecciones generales siguientes a la fecha de la aprobación de dicha ley.

SECCIÓN 16.— Todos los funcionarios y empleados del Estado Libre Asociado, sus agencias, instrumentalidades y subdivisiones políticas prestarán, antes de asumir las funciones de sus cargos, juramento de fidelidad a la Constitución de los Estados Unidos de América y a la Constitución y a las leyes del Estado Libre Asociado de Puerto Rico.

SECCIÓN 17.— En casos de invasión, rebelión, epidemia o cualesquiera otros que provoquen un estado de emergencia, el Gobernador podrá convocar a la Asamblea Legislativa para reunirse fuera del sitio en que tengan su asiento las cámaras, siempre con sujeción a la aprobación o desaprobación de la Asamblea Legislativa. As¡ mismo podrá ordenar el traslado e instalación provisional del Gobierno, con sus agencias, instrumentalidades y organismos fuera de la sede del gobierno, por el tiempo que dure la emergencia.

SECCIÓN 18.— Toda acción criminal en los tribunales del Estado Libre Asociado se instruirá a nombre y por autoridad de «El Pueblo de Puerto Rico» mientras otra cosa no se dispusiere por ley.

SECCIÓN 19.— Será política pública del Estado Libre Asociado la más eficaz conservación de sus recursos naturales, así como el mayor desarrollo y aprovechamiento de los mismos para el beneficio general de la comunidad; la conservación y mantenimiento de los edificios y lugares que sean declarados de valor histórico o artístico por la Asamblea Legislativa; reglamentar las instituciones penales para que sirvan a sus propósitos en forma efectiva y propender, dentro de los recursos disponibles, al tratamiento adecuado de los delincuentes para hacer posible su rehabilitación moral y social.

ARTÍCULO VII

DE LAS ENMIENDAS A LA CONSTITUCIÓN

SECCIÓN 1.— La Asamblea Legislativa podrá proponer enmiendas a esta Constitución mediante resolución concurrente que se apruebe por no menos de dos terceras partes del número total de los miembros de que se compone cada cámara. Toda proposición de enmienda se someterá a los electores capacitados en referéndum especial, pero la Asamblea Legislativa podrá, siempre que la resolución concurrente se apruebe por no menos de tres cuartas partes del número total de los miembros de que se compone cada cámara, disponer que el referéndum se celebre al mismo tiempo que la elección general siguiente. Cada proposición de enmienda deberá votarse separadamente y en ningún caso se podrá someter más de tres proposiciones de enmienda en un mismo referéndum. Toda enmienda contendrá sus propios términos de vigencia y formará parte de esta Constitución si es ratificada por el voto de la mayoría de los electores que voten sobre el particular. Aprobada una proposición de enmienda, deberá publicarse con tres meses de antelación, por lo menos, a la fecha del referéndum.

SECCIÓN 2.— La Asamblea Legislativa podrá, mediante resolución concurrente aprobada por dos terceras partes del número total de los miembros de que se compone cada cámara, consultar a los electores capacitados si desean que se convoque a una convención constituyente para hacer una revisión de esta Constitución. La consulta se hará mediante referéndum que se celebrará al mismo tiempo que la elección general; y si se deposita a favor de la revisión una mayoría de los votos emitidos sobre el particular, se procederá a la revisión en Convención Constituyente elegida en la forma que se disponga por ley. Toda revisión de esta Constitución deberá someterse a los electores capacitados en referéndum especial para su aprobación o rechazo por mayoría de los votos que se emitan.

SECCIÓN 3.— Ninguna enmienda a esta Constitución podrá alterar la forma republicana de gobierno que por ella se establece o abolir su Carta de Derechos.*

ARTÍCULO VIII

DE LOS DISTRITOS SENATORIALES Y DE LOS REPRESENTATIVOS

SECCIÓN 1.— Los distritos senatoriales y representativos serán los siguientes:

I.- DISTRITO SENATORIAL DE SAN JUAN, que se compondrá de los siguientes Distritos Representativos: 1.— La Capital de Puerto Rico excluyendo los actuales precintos electorales de Santurce y Río Piedras; 2.— Las zonas electorales números 1 y 2 del actual precinto de Santurce; 3.— La zona electoral número 3 del actual precinto de Santurce; 4—La zona electoral número 4 del actual precinto de Santurce y 5.— Los barrios Hato Rey, Puerto Nuevo y Caparra Heights de la Capital de Puerto Rico.

II. DISTRITO SENATORIAL DE BAYAMON, que se compondrá de los siguientes Distritos Representativos: 6.— El municipio de Bayamón; 7.— Los municipios de Carolina y Trujillo Alto; 8.— El actual precinto electoral de Río Piedras excluyendo los barrios Hato Rey, Puerto Nuevo y Caparra Heights de la Capital de Puerto Rico; 9.— Los municipios de Cataño, Guaynabo y Toa Baja y 10.— Los municipios de Toa Alta, Corozal y Naranjito.

---

*Por la Resolución Número 34, aprobada por la Convención Constituyente y ratificada en el Referéndum celebrado el 4 de noviembre de 1952, se agregó al final de la Sección 3 del Artículo VII lo siguiente: «Cualquier enmienda o revisión de esta Constitución deberá ser, compatible con la resolución decretada por el Congreso de los Estados Unidos aprobando esta Constitución, con las disposiciones aplicables de la Constitución de los Estados Unidos, con la Ley de Relaciones Federales con Puerto Rico y con la Ley Pública 600 del Congreso Octogésimoprimero, adoptada con el carácter de un convenio.»

III.- DISTRITO SENATORIAL DE ARECIBO, que se compondrá de los siguientes Distritos Representativos: 11.— Los municipios de Vega Baja, Vega Alta y Dorado; 12.— Los municipios de Manatí y Barceloneta; 13.— Los municipios de Ciales y Morovis; 14.— El municipio de Arecibo y 15.—El municipio de Utuado.

IV.- DISTRITO SENATORIAL DE AGUADILLA, que se compondrá de los siguientes Distritos Representativos: 16.— Los municipios de Camuy, Hatillo y Quebradillas; 17.— Los municipios de Aguadilla e Isabela; 18.— Los municipios de San Sebastián y Moca; 19.— Los municipios de Lares, Las Marías y Maricao y 20.— Los municipios de Añasco, Aguada y Rincón.

V.- DISTRITO SENATORIAL DE MAYAGÜEZ, que se compondrá de los siguientes Distritos Representativos: 21.— El municipio de Mayagüez; 22.— Los municipios de Cabo Rojo, Hormigueros y Lajas; 23.— Los municipios de San Germán y Sabana Grande; 24.— Los municipios de Yauco y Guánica y 25.— Los municipios de Guayanilla y Peñuelas.

VI.- DISTRITO SENATORIAL DE PONCE, que se compondrá de los siguientes Distritos Representativos: 26— Los barrios primero, segundo, tercero, cuarto, quinto, sexto y la Playa de la ciudad de Ponce, del municipio de Ponce; 27.— Todo el municipio de Ponce, exceptuando los barrios, primero, segundo, tercero, cuarto, quinto, sexto y la Playa de la ciudad de Ponce; 28.— Los municipios de Adjuntas y Jayuya; 29.— Los municipios de Juana Diaz, Santa Isabel y Villalba y 30.— Los municipios de Coamo y Orocovis.

VII.- DISTRITO SENATORIAL DE GUAYAMA, que se compondrá de los siguientes Distritos Representativos: 31.— Los municipios de Aibonito, Barranquitas y Comerío; 32.— Los municipios de Cayey y Cidra; 33.— Los municipios de Caguas y Aguas Buenas; 34.—Los municipios de Guayama y Salinas y 35—Los municipios de Patillas, Maunabo y Arroyo.

VIII.- DISTRITO SENATORIAL DE HUMACAO, que se compondrá de los siguientes Distritos Representativos: 36.—Los municipios de Humacao y Yabucoa; 37.— Los municipios de

Juncos, Gurabo y San Lorenzo; 38.— Los municipios de Naguabo, Ceiba y Las Piedras; 39.— Los municipios de Fajardo, Vieques y la Isla de Culebra y 40.— Los municipios de Río Grande, Loíza y Luquillo.

SECCIÓN 2.— Las zonas electorales número 1, 2, 3 y 4 incluidas en tres distritos representativos comprendidos en el distrito senatorial de San Juan, son las mismas actualmente existentes para fines de organización electoral, en el segundo precinto de San Juan.

ARTÍCULO IX

DISPOSICIONES TRANSITORIAS

SECCIÓN 1.— Al comenzar a regir esta Constitución todas las leyes que no estén en conflicto con la misma continuarán en vigor íntegramente hasta que sean enmendadas o derogadas o hasta que cese su vigencia de acuerdo con sus propias disposiciones.

Salvo que otra cosa disponga esta Constitución, la responsabilidad civil y criminal, los derechos, franquicias, concesiones, privilegios, reclamaciones, acciones, causas de acción, contratos y los procesos civiles, criminales y administrativos subsistirán no obstante la vigencia de esta Constitución.

SECCIÓN 2.— Todos los funcionarios que ocupen cargos por elección o nombramiento a la fecha en que comience a regir esta Constitución, continuarán en el desempeño de los mismos y continuarán ejerciendo las funciones de sus cargos que no sean incompatibles con esta Constitución, a menos que las funciones de los mismos sean abolidas o hasta tanto sus sucesores sean seleccionados y tomen posesión de acuerdo con esta Constitución y con las leyes aprobadas bajo la autoridad de la misma.

SECCIÓN 3.— Independientemente del límite de edad fijado por esta Constitución para el retiro obligatorio, todos los jueces de los tribunales de Puerto Rico que estén desempeñando sus cargos a la fecha en que comience a regir esta Constitución continuarán como jueces hasta la expiración del término por el cual fueron nombrados y los del Tribunal Supremo continuarán en sus cargos mientras observen buena conducta.

SECCIÓN 4.— El Estado Libre Asociado de Puerto Rico será sucesor de El Pueblo de Puerto Rico a todos los efectos, incluyendo, pero sin que se entienda como una limitación, el cobro y pago de deudas y obligaciones de acuerdo con los términos de las mismas.

SECCIÓN 5.— En lo sucesivo la expresión «ciudadano del Estado Libre Asociado de Puerto Rico», sustituirá a la expresión «ciudadano de Puerto Rico» según ésta ha sido usada antes de la vigencia de esta Constitución.

SECCIÓN 6.— Los partidos políticos continuarán disfrutando de todos los derechos que les reconozca la ley electoral, siempre que reúnan los requisitos mínimos exigidos para la inscripción de nuevos partidos por la ley vigente al comenzar a regir esta Constitución. La Asamblea Legislativa, cinco años después de estar en vigor la Constitución, podrá cambiar estos requisitos, pero cualquier ley que aumente los mismos, no será efectiva hasta después de celebrada la elección general siguiente a la aprobación de la misma.

SECCIÓN 7.— La Asamblea Legislativa podrá aprobar las leyes que fueren necesarias para complementar y hacer efectivas estas disposiciones transitorias a fin de asegurar el funcionamiento del Gobierno, hasta que los funcionarios que en esta Constitución se proveen sean electos o nombrados y tomen posesión de sus cargos, y hasta que esta Constitución adquiera vigencia en todos sus aspectos.

SECCIÓN 8.— De crearse un Departamento de Comercio, el departamento denominado de Agricultura y Comercio en esta Constitución, se llamará Departamento de Agricultura.

SECCIÓN 9.— La primera elección bajo las disposiciones de esta Constitución se celebrará en la fecha que se disponga por ley, pero no más tarde de seis meses después de la fecha en que comience a regir esta Constitución y la siguiente, se celebrará en el mes de noviembre de 1956, en el día que se determine por ley.

SECCIÓN 10.— Esta Constitución comenzará a regir cuando el Gobernador así lo proclame, pero no más tarde de sesenta días después de su ratificación por el Congreso de los Estados Unidos.

Dada en Convención reunida en el Capitolio de Puerto Rico el día seis de febrero del año de Nuestro Señor de mil novecientos cincuenta y dos.

REFERENCIAS

Constitución de los Estados Unidos

Constitución del Estado Libre Asociado de Puerto Rico

U.S.C. 2251, (c)(2)(3)(A)(B), Child Pornography and Prevention Act, (1996).

U.S.C. 2511-2709, Acta de Privacidad en la Comunicación Electrónica, (1986).

Ley de la Policía, Ley núm. 53 de 10 de junio de 1996, enmendada septiembre de 1997.

Ley del 3 de marzo de 1904, sec. 3.

33 L.P.R.A. Ap. II, Comentado por Dora Nevares-Muñiz.

34 L.P.R.A. Ap. IV, Comentada y Anotada por Equity.

Reglamento de la Policía, sec. 5.2 art. 5.

Alfred R. Stone, Stuart M. DeLuca, *Investigating Crimes*, 1980.

Charles R. Swanson, Niel C. Chamelin, Leonard Territo, *Criminal Investigation*, ed. 5, 1992.

Dora Nevares-Muñiz, *Derecho Penal Puertorriqueño,* ed. Nevares-Muñiz, 1983.

Francisco Ruiz González, *Introducción a la Investigación* Criminal, Tercera ed., 1998.

James N. Gilbert, *Criminal Investigation Essays and Cases*, Ed. Sharon Rudd, 1990.

John J. Horgan, *Criminal Investigation*, 1974

José E. Martínez Valentín, *La Policía en la Historia de Puerto Rico*, San Juan P.R., ed. Luiggi, 1973.

Luis F. Sotelo Regil, La Investigación del Crimen, ed. Limusa, 1974.

Luis Marco del Pont, *Derecho Penitenciario,* 1995.

Luis Muñiz Argüelles, Migdalia Fratichelli Torres, *La Investigación Jurídica en el Derecho Puertorriqueño*, ed. Bosch, 1991.

Nilda Rosalina Camacho Vega, *La Selección de la Policía, San Juan*, 1990.

Patrick R. Murria, Ken S. Rosenthal, George S. Kobayashi, Michael A. Pfaller, *Medical Microbiology,* Ed. 3, 1997.

Paul B. Weston, Kenneth M. Wells, Criminal Investigation, ed.5, 1990.

Vernon Fox, *Introduction to Criminology*, ed. Koehn, 1985.

William Dienstein, *Manual Técnico del Investigador Policíaco*, ed. Limusa, S.A., 1980.

Archivalli v. E.L.A., 110 D.P.R. 767 (1981).

Cortés Portalatín v. Colón, 103 D.P.R. 734 (1975).

Cruz v. Sierra, 93 J.T.S. 109.

E.L.A. v. Coca Cola, 115 D.P.R. 197 (1984).

Escobedo v. Illinois, 378 U.S. 478 (1964).

Figueroa Ferrer v. E.L.A., 107 D.P.R. 250 (1978).

Flores v. Bravo, 79 D.P.R. 505 (1956).

Flores v. Tribunal Superior, 91 D.P.R. 805 (1965).

Haweyek v. Autoridad, 123 D.P.R. 526 (1989).

Maine v. Moulton, 106 S.C.T. 477 (1985).

Mattox v. United States, 156 U.S. 237 (1995).

Miranda v. Arizona, 384 U.S. 435 (1966).

New Jersey v. T.L.O., 105 S.ct. 733 (1935).

Pueblo en interés N.R.O., 94 J.T.S 118.

Pueblo ex rel J.L.D.R., 114 D.P.R. 497 (1983).

Pueblo v. Acevedo, 112 D.P.R. 770 (1981).

Pueblo v. Albizu, 77 D.P.R. 896 (1955).

Pueblo v. Alcalá, 109 D.P.R. 326 (1980).

Pueblo v. Arena, 39 D.P.R. 16 (1929).

Pueblo v. Arrocho Medina, 93 D.P.R. 162 (1966).

Pueblo v. Bianchi, 117 D.P.R. 484 (1986).

Pueblo v. Benjamín Igartúa, 92 J.T.S. 24.

Pueblo v. Biggio, 116 D.P.R. 748 (1985).

Pueblo v. Canino, 93 J.T.S. 157.

Pueblo v. Castro García, 120 D.P.R. 740 (1988).

Pueblo v. Colón, 91 J.T.S. 66.

Pueblo v. Cruz Rivera, 100 D.P.R. 345 (1971).

Pueblo v. Delgado, 128 D.P.R. 721 (1991).

Pueblo v. Díaz Sosa, 90 D.P.R. 622 (1964).

Pueblo v. Dolce, 105 D.P.R. 170 (1976).

Pueblo v. Echevarría, 91 J.T.S. 43.

Pueblo v. Espinet, 110 D.P.R. 70 (1980).

Pueblo v. Eurasquin, 96 D.P.R. 1 (1964).

Pueblo v. Falú, 116 D.P.R. 828 (1986).

Pueblo v. Félix Rivera, 96 J.T.S. 92.

Pueblo v. Flores, 88 D.P.R. 913 (1963).

Pueblo v. Fradera, 88 J.T.S. 45.

Pueblo v. García, 93 J.T.S. 124.

Pueblo v. González, 109 D.P.R. 683 (1980).

Pueblo v. Guzmán, 92 J.T.S. 142.

Pueblo v. Hernández, 90 J.T.S. 74.

Pueblo v. Hoffman, 100 D.P.R. 556 (1972).

Pueblo v. Juarbe, 95 D.P.R. 753 (1968).

Pueblo v. Lebrón, 108 D.P.R. 324 (1979).

Pueblo v. Laureano, 115 D.P.R. 447 (1984).

Pueblo v. López, 118 D.P.R. 515 (1987).

Pueblo v. López, 92 J.T.S. 142.

Pueblo v. Lourido Pérez, 115 D.P.R. 798 (1984).

Pueblo v. Luzón, 113 D.P.R. 315 (1982).

Pueblo v. Malavé, 120 D.P.R. 470 (1988).

Pueblo v. Matos Castro, 90 D.P.R. 528 (1964).

Pueblo v. Meléndez, 94 J.T.S. 103.

Pueblo v. Miranda Albelo, 97 J.T.S. 84.

Pueblo v. Muñoz Santiago, 92 J.T.S. 149.

Pueblo v. Negrón, 72 D.P.R. 882 (1951).

Pueblo v. Ortiz, 89 J.T.S. 11.

Pueblo v. Ortiz, 116 D.P.R. 868 (1985).

Pueblo v. Pacheco, 92 J.T.S. 69.

Pueblo v. Pagan Santiago, 92 J.T.S. 56.

Pueblo v. Pellot, 121 D.P.R. 791 (1988).

Pueblo v. Ramírez Lebrón, 123 D.P.R. 391 (1989).

Pueblo v. Reyes, 123 D.P.R. 786 (1989).

Pueblo v. Ríos Tuzón, 113 D.P.R. 315 (1982).

Pueblo v. Riscard, 95 D.P.R. 405 (1967).

Pueblo v. Rivera, 79 D.P.R. 742 (1956).

Pueblo v. Rivera, 91 J.T.S. 61.

Pueblo v. Rivera, 87 D.P.R. 564 (1963).

Pueblo v. Rivera Rivera, 96 J.T.S. 92.

Pueblo v. Rivera Tirado, 117 D.P.R. 419 (1986).

Pueblo v. Robles González, 125 D.P.R. 750 (1990).

Pueblo v. Rodríguez Cruz, 109 D.P.R. 591 (1980).

Pueblo v. Rosario, 92 J.T.S. 24.

Pueblo v. Ruíz Lebrón, 111 D.P.R. 435 (181).

Pueblo v. Rosally Soto, 128 D.P.R. 729 (1991).

Pueblo v. Sosa, 90 D.P.R. 622 (1964).

Pueblo v. Sulman, 103 D.P.R. 429 (1975).

Pueblo v. Torres Albertini, 115 D.P.R. 128 (1984).

Pueblo v. Velazco, 91 J.T.S. 32.

Pueblo v. Yip, 97 J.T.S. 14.

Pueblo v. Zayas, 120 D.P.R. 158 (1987).

Queen v. Dudley and Stephens, Inglaterra, 1884.

Rivera v. Jefe de Penitenciaría, 92 D.P.R. 765 (1965).

Torres v. Puerto Rico, 442 U.S. 465 (1979).

C.C. Smith, G.A. Davies and H.B. Hall, *Diccionario Internacional*, Langenscheidt, 1988.

Espasa Calpe, *Diccionario Jurídico Espasa*, 1991.

Ignacio Rivera García, *Diccionario de Términos Jurídicos*, 1976.

Joaquín Turina, *Diccionario de Uso del Español Actual*, España, 1996.

Parker, D. (1998) *Fighting Computer Crime*, New York, Charles Scribner's and Sons.

Rosenblatt, K.S. (1999), *High-Technology Crime:*

Investigating Cases Involving Computer, San Jose, C.A.: KSK Publications.

Carter, D.L. and Katz, A.J. (1996). *Computer Crime: An Emerging Challenger for Law Enforcement,* FBI Law Enforcement Bulletin, http:llwww.Fbi.gob//eb/dec061.txt.

CSI/FBI (1998) 1998 CSI/FBI Computer Crime and Security Survey, http://www.gocsi.com.

US Department of Justice (DOJ) (1994) Federal Guidlines for Searching and Seizing Computers, http://www.usdoj.gov/criminal/cybercrime/search.